新世纪网络教育系列教材

心理学

刘学兰　陈筱洁◎编著

清华大学出版社
北京

内 容 简 介

本书以普通心理学体系为基本框架，结合发展心理学、教育心理学、社会心理学、健康心理学的有关内容，力求反映心理学最新的研究成果与趋势，对心理学的基本原理做了整体概述，注重心理学原理的应用。本书内容涉及：绪论、认知心理、智力与创造力、情意心理、人格心理、人际心理、心理健康、教学心理 8 章 27 个专题。

本书适合作为各高等院校、全国高校网络教育（远程教育、继续教育）机构心理学课程的教材，也适合作为一线教师、教育科研者和心理学科研爱好者的参考书。

本书封面贴有清华大学出版社防伪标签，无标签者不得销售。
版权所有，侵权必究。举报：010-62782989，beiqinquan@tup.tsinghua.edu.cn.

图书在版编目（CIP）数据

心理学/刘学兰，陈筱洁编著．—北京：清华大学出版社，2013（2022.5重印）
（新世纪网络教育系列教材）
ISBN 978-7-302-33616-7

Ⅰ．①心… Ⅱ．①刘… ②陈… Ⅲ．①心理学－网络教育－教材 Ⅳ．①B84

中国版本图书馆 CIP 数据核字（2013）第 197764 号

责任编辑：田在儒
封面设计：李　丹
责任校对：李　梅
责任印制：朱雨萌

出版发行：清华大学出版社
网　　址：http://www.tup.com.cn，http://www.wqbook.com
地　　址：北京清华大学学研大厦 A 座　　邮　编：100084
社 总 机：010-83470000　　邮　购：010-62786544
投稿与读者服务：010-62776969，c-service@tup.tsinghua.edu.cn
质量反馈：010-62772015，zhiliang@tup.tsinghua.edu.cn
课件下载：http://www.tup.com.cn，010-83470410
印 装 者：天津鑫丰华印务有限公司
经　　销：全国新华书店
开　　本：185mm×260mm　　印　张：19.25　　字　数：380 千字
版　　次：2013 年 8 月第 1 版　　印　次：2022 年 5 月第10次印刷
定　　价：55.00 元

产品编号：040693-02

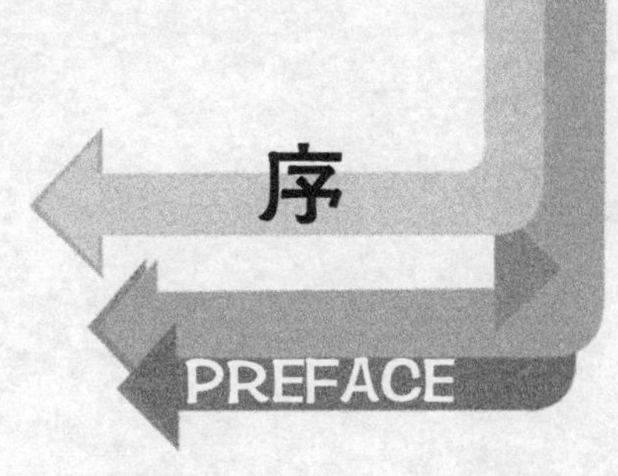

序

PREFACE

21世纪是一个变革的时代,以多媒体计算机和互联网为主要标志的电子信息通信技术正在引发教育界的一场深刻革命。高等教育正在从精英教育走向大众化、普及化,学校也由封闭走向开放,成为构建面向全民终身学习的学习型社会的中坚力量。

华南师范大学于2002年经教育部批准,成为现代远程教育试点高校。学校还是"全国教师教育网络联盟计划"核心成员单位,全国高校现代远程教育协作组成员单位,并被教育部推荐为"国培计划"教师远程培训机构。经过近十年的探索与实践,华南师范大学网络教育学院在高等学历教育、非学历培训、校园开放教育等领域均取得了丰硕成果,并充分彰显"教师教育"、"实验研究"、"教育帮扶"、"区域辐射"四大特色。"华师在线"也已成为国内网络教育品牌之一。

在长期的远程教育实践和研究中,华南师范大学网络教育学院不仅着力于新技术、新媒体的教育应用,而且不断地对传统媒体进行改良和创新。对远程教育印刷教材的执著追求、深入研究和大胆创新就是代表。近年来,我们针对网络教育面向成人的特点,充分发挥印刷教材作为远程学习主要内容载体和联系其他教学媒体纽带的作用,以霍姆伯格有指导的教学会谈理论为指导,设计、开发了具有鲜明远程教育特色的、适合成人学习者使用的《网络学习方法——教你做成功的网络学习者》等教材,受到了学员和专家的广泛好评。

为进一步推广远程教育印刷教材的编写经验,使更多的学员从中受益,我们与清华大学出版社合作,组织专家编写了本套"新世纪网络教育系列教材"。该系列教材选题丰富、体例新颖,非常适合自学,是网络学习的有效补充。

丛书大胆创新,突出"远程特色",以学生为中心、目标为导向、案例为载体,强调针对性、交互性和实用性。与其说这是系列教材,我更倾向于说这是系列"学"材,通过改变传统意义上的"教"与"学"的关系,让学生与"学"材交流、对话,掌握知识,是本丛书的最大特点。丛书在语言风格上,力求生动活泼、通俗易懂;在编写体例上,力求体系清晰、结构严谨;在内容组织上,力求循序渐进、难易适度,满足不同程度学习者的学习需求。

系列教材的编写、出版,汇聚了众多知名专家的广博智慧,更离不开出版社的大力支持。清华大学出版社柴文强副编审为本套丛书的出版作出了巨大贡献,在此特别鸣谢!

许晓艺

于华南师范大学教师新村

前言

FOREWORD

虽然科学的心理学从诞生到现在不过只有130多年的历史,但随着社会的发展与进步,心理学正迅速渗透到社会生活与国家建设的各个角落,已经成为我国发展最快的学科之一。无论是在学校教育、企事业管理、健康维护等各个方面,还是在经济建设、军事、体育等各个领域,都日益显现出对心理学知识、心理学人才的急需。心理学在促进人类的健康和全面发展,应对各种各样的社会问题与挑战中正扮演着越来越重要的角色。

为了更好地完善自我,认识他人,越来越多的人开始自觉地关注、学习和应用心理学。心理学也成为网络远程教育的学生踊跃选修的热门学科之一。但心理学发展迅速、理论丰富、分支众多,如何能让非心理学专业的学生通过网络教育掌握心理学的基本原理,并能在实践中运用这些原理,是摆在我们面前的一个新课题。本书正是为了满足这一需要而编写的。根据网络教育学生的实际需要,我们以普通心理学为基本框架,融合了人际交往、心理健康、教学心理的相关内容,力图在有限的篇幅内,浓缩心理学的精华与读者共享。在编写过程中,我们力求做到科学性、实用性和可读性。

本书是学习心理学的入门教材。我们希望通过对本书的学习,能激发学生学习心理学的兴趣,使学生掌握心理学的基础知识、基本原理和基本规律,形成科学的心理学观念,并能运用心理学的有关原理解决生活、学习与工作中的实际问题。本书既适合做网络教育的教材,也适合做各大专院校学生的公共课教材,同时也可作为广大心理学爱好者的参考读物。

本书的两位作者都是华南师范大学心理学院的教师,有着长期的公共课心理学教学实践,对网络远程教育也都有深入的认识和丰富的经验。刘学兰确定了全书框架和总体思路,并撰写了第一章、第三章、第四章、第七章和第八章;陈筱洁撰写了第二章、第五章和第六章。最后,由刘学兰进行了全书的统稿。

本书在撰写与出版过程中,得到了华南师范大学网络教育学院领导和老师们的大力支持,在此深表感谢。在编写过程中,我们参考了国内外大量的相关文献与研究成果,在此谨向书后所附参考文献的原作者们致以诚挚谢意。

由于能力与水平所限,书中定有不少疏漏和不当之处,恳请同行专家和读者朋友们不吝指正。

刘学兰　陈筱洁
2013 年 4 月于华南师范大学

目录

CONTENTS

第一章

绪 论

人的心理现象是宇宙间最复杂而又最神奇的现象之一,恩格斯把它誉为“地球上最美的花朵”。心理学就是对人的心理现象及其规律进行研究的科学。自从1879年科学的心理学诞生以来,心理学走过了130多年不平坦的历程。如今,随着社会的发展与进步,心理学正以令人难以置信的速度迅速渗透到社会生活与国家建设的各个方面。心理学在促进人类的自身发展、应对各种社会问题中正扮演着越来越重要的角色。那么,究竟什么是心理学?什么是心理现象?研究人的心理现象有哪些科学方法?科学的心理学经历了怎样的发展历程?有哪些有影响力的流派?本章将围绕心理学的学科内涵、研究方法和历史发展这3个方面,对这些问题一一做出回答。

学完本章,你将能够:

(1) 认识心理学的研究对象。

(2) 了解心理学的研究任务。

(3) 理解心理学的内涵和本质。

(4) 掌握观察法、访谈法、调查法、实验法等常用的研究方法。

(5) 了解心理学发展历程中的重要流派及其基本观点。

(6) 把握心理学的发展现状与学科体系。

专题导读

很多人都觉得心理学有些神秘,甚至有些玄妙。提到心理学,有的人联想到变态行为,有的人联想到猜透人心,有的人甚至联想到透过水晶球预测未来……这说明,很多人对心理学的内涵尚不了解。学习心理学,首要的任务就是要把握心理学的学科内涵。什么是心理学?什么是心理?这是我们在本专题中要回答的两大问题。概括来说,心理学是研究人的心理现象及其规律的科学;而心理是人脑对客观现实的反映。

心理学的学科内涵

一、什么是心理学

(一)心理学的研究对象

“心理学”一词的英文是“psychology”,是由古希腊文的“psyche”和“logos”二词合成的。“psyche”原本的含义是“生命”、“灵魂”或“精神”,后来被解释为“心灵”;“logos”的含义是“讲述”、“研究”或“解说”。这两个词合起来的意思就是“对心灵或灵魂的解说或研究”。然而,何为“心灵或灵魂”几千年来却一直争论不休,未有定论。

现在,我们普遍认为,心理学是研究人的心理现象及其规律的科学。心理学的研究对象就是人的心理现象及其规律。科学的心理学不仅要对心理现象进行描述,更重要的是要对心理现象进行探究,以揭示其发生、发展的规律。

要正确理解心理学的研究对象,有以下几个问题需要注意:①心理学既要研究正常人群,也要研究特殊人群,但应以研究正常人群的心理活动为主,阐述心理活动最基本的规律。②心理学既要研究个体心理,也要研究群体心理。群体不是个体的简单相加,有不同于个体的独特规律。③心理学既要研究人的意识,也要研究人的潜意识。④心理学既要研究心理,也要研究行为。心理是内隐的,行为是外显的,外显的行为受内隐的心理的支配和调节。因此,通过对行为的研究,我们就可以实现对内部心理活动的了解。

(二)心理现象的构成

既然心理学是研究心理现象及其规律的科学,那么心理现象包括哪些内容呢?一般我们认为,心理现象包括心理过程和个性心理两大部分,如图1-1所示。

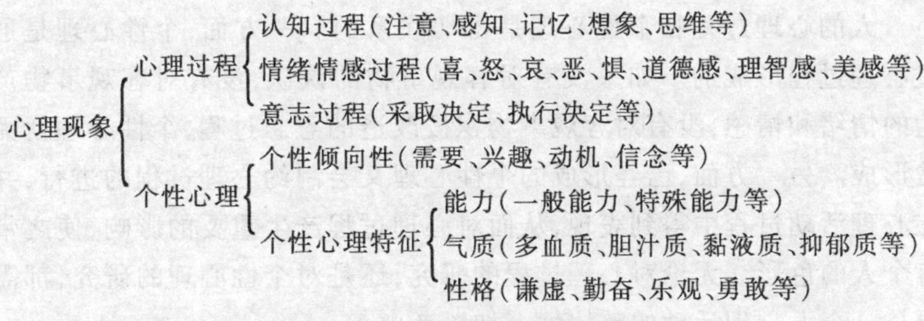

图1-1 心理学研究对象示意图

1. 心理过程

心理过程是心理学研究对象中的一个重要方面,包括认知过程、情绪情感过程和意志过程。

一个处在清醒状态的人,每时每刻都在感知着他周围的环境,有选择地记忆着他所经历过的事情,必要时需要思考问题、推测想象,以做出恰当的判断和推论。这里的感知、记忆、思维、想象等心理现象,属于人对周围环境由浅入深、由现象到本质的认知过程。

人在认知客观事物时,会对事物是否符合自己的需要产生一定的内心体验,例如愉快、痛苦、气愤、悲伤、恐惧等。这些属于人的情绪、情感过程。

人在认识客观事物时,不仅仅是认识它、感受它,还要对它采取一定的行动。一个人有意识地提出目标、制订计划、选择方法、克服困难,以达到预期目的的内部心理活动过程即为意志过程。

知、情、意这3个不同的过程,既有区别,又相互联系。情绪情感过程和意志过程总是以一定的认知活动为前提的,而情绪情感和意志活动又会促进认知的发展;同时,认知过程和意志过程中往往伴随着一定的情绪和情感活动。

2. 个性心理

心理过程是人们共同具有的心理活动,但由于每个人的先天素质和后天环境不同,心理过程产生时又总是带有个人的特征,从而形成了不同的个性心理或称人格心理。个性心理包括个性倾向性和个性心理特征。

个性倾向性是指一个人所具有的意识倾向,也就是人对客观事物的稳定的态度。它是人从事活动的基本动力,决定着人的行为的方向。个性倾向性主要包括需要、动机、兴趣和自我意识等。

个性心理特征是在一个人身上经常表现出来的本质的、稳定的心理特点。例如,有的人擅长推理,有的人擅长绘画,这是能力上的差异;有的人活泼好动,有的人安静沉默,这是气质上的差异;有的人真诚友善,有的人虚伪自私,这是性格上的差异。能力、气质和性格统称为个性心理特征。

人的心理过程和个性心理是密切联系的。一方面,个性心理是通过心理过程形成的。如果没有对客观事物的认识,没有对客观事物产生的情绪和情感,没有对客观事物积极改造的意志过程,个性心理就无法形成。另一方面,已经形成的个性心理又会制约心理过程的进行,并在心理活动过程中得到表现,从而对心理过程产生重要的影响,使之带有个人的色彩。无论对心理过程的研究,还是对个性心理的研究,都需要从一个人心理活动的整体性上加以考虑。

(三)心理学的研究任务

1. 描述和测量人的心理

描述研究对象的特点和状况是心理学研究最基本的目的,它要回答研究对象"是什么"的问题。无论是个体差异的研究,还是对变量之间关系的研究,都离不开测量和描述。例如,心理学通过各种各样的测量,揭示人类注意的品质、记忆的特点、性格的类型、智商的高低、心理健康的程度等,找出其规律性。心理学所使用的测量工具称为量表,科学的量表要有信度和效度。信度是指所测量的数据不应该在测验时有大的变化;效度是指这个测验必须能测量想要测量的东西。例如,用皮尺量头围来测量一个人的智商,尽管每次都得到相同的数据(信度高),但是这种测量不能真正测出一个人的智力(缺乏效度),因为它与智力并无关系。

2. 理解和说明人的心理

理解和说明人的心理活动,实际上就是找出心理现象的原因。如果说描述解决了"是什么"的问题,那么理解和说明就是解决"为什么"的问题。影响心理活动的因素很多,有外在因素,也有内在因素,心理学研究就是查明这些因素的变化与心理活动的确切关系。例如,一个人整天很焦虑,是个性的问题,还是环境的问题,或者源于童年的创伤?一个小孩子上课注意力很不集中,是有多动症,还是个性所致,或是老师教学缺乏吸引力?这都需要我们运用心理学的理论予以解释和说明。

3. 预测和控制人的心理

科学的重要作用在于预测和控制。掌握了人的心理活动规律,就能根据客观现实的需要去预测和控制心理活动。所谓预测是根据研究建立的某一科学理论,通过一系列的逻辑推理,对研究对象以后在特定情境中的反应做出推断的过程。预测要回答的问题是"会怎样"。例如,根据一个学生的智力水平、动机水平和策略水平,可以预测他的学业成就。所谓控制是指根据科学理论操纵某一研究变量或创设一定的情境,使研究对象产生理论预期的行为改变效果。控制要解决"怎样做”的问题。例如,我们运用强化原理,对学生的良好行为予以强化,不良行为予以惩罚,就可以促进良好行为的发生,减少不良行为的出现,实现控制功能。

（四）心理学的学科性质

心理学是介于自然科学和社会科学之间的中间科学,兼有自然科学和社会科学的特点。这一中间科学的特点是与心理现象的特点相适应的。心理现象既是脑的机能,又受社会的制约,是自然和社会相结合的产物。只有从自然和社会两个方面进行研究才能揭示心理活动的实质和规律。所以,研究心理现象的心理学应该是一门自然科学和社会科学相结合的中间科学。研究心理现象的生理机制是自然科学的任务,研究社会对心理活动的制约是社会科学的任务,二者并不冲突。

首先,心理学具有自然科学的性质。心理作为人脑的功能,对心理活动本质和规律的研究离不开对大脑的研究。如现代认知神经科学,把神经科学和脑科学的先进技术手段,如功能性核磁共振技术(FMRI)、事件相关电位技术(ERP)纷纷引入心理学的研究,具有鲜明的自然科学取向。此外,研究脑损伤与各种心理疾病的关系、脑发育对心理发展的影响、遗传在人类行为中的作用等问题,都属于自然科学的研究。即使在传统的行为研究中,心理学也形成了一套与自然科学性质相适应的客观的研究方法,非常强调研究的可观察性、可重复性和可验证性。

其次,心理学具有社会科学的性质。人是社会的人,心理的发生和发展不能离开社会环境的影响。即使是人类最简单的感觉和知觉,也是在社会实践中发展起来的。离开了社会环境和客观现实,人的心理将成为无源之水、无本之木,因此,任何心理现象的研究都不能忽视它赖以生存的现实环境。心理学的很多重要研究领域,如社会心理、教育心理、管理心理、文化心理、消费心理,都是与社会生活直接相关的。在这个意义上,心理学的研究又具有明显的社会科学的性质。

二、什么是心理

（一）心理是脑的机能

人类对心理与脑的关系的认识经历了一个漫长的历史过程。在远古时代,人们不了解自己身体的结构和机能,对心理现象不能正确地解释,认为心理现象是可以脱离身体而存在的一种实体——“灵魂”的作用。当人降生之后,它就进驻人体,控制着身体的活动,一旦“灵魂”永远离去,人就死亡。这种对灵魂的态度极大地影响了古代西方的心理学思想。

思考活动

1. 学了心理学就能知道他人想什么吗?
2. 心理学是只研究心理有障碍的人吗?
3. 如何理解心理学是一门中间科学?

随着社会的进步，人们逐渐认识到身体和心理现象的联系，认为心理须依附于身体，不能脱离身体而独立存在。但那个时代人们对心理现象由身体的哪一部分产生还不清楚，只能从一些表面现象去推测。当时人们认为心脏是心理的器官，因为人只要活着心脏就会跳动，而死亡时心脏就会停止跳动。孟子就说过“心之官则思”。由于存在这种误解，在《说文解字》中，与精神现象有关的字有 280 个，全部由心旁组成。

但随着人类认识经验的积累和医学科学的发展，人们逐渐纠正了这种错误认识，懂得了产生心理的器官不是心脏而是脑。在西方，大约从公元 2 世纪的希腊医生盖伦开始，就较明确地认识到心理与脑的关系。在我国，大概是南宋以后，特别是元、明时代的医书中明确肯定了脑是心理的器官，指出“神不在心而在脑”。这种观点，现在已经成为一种毋庸置疑的常识。

1. 动物演化的研究表明，动物心理的发展与其神经系统的发展相适应

无机物、植物、单细胞动物都没有神经系统，因而不可能有心理现象。经过漫长的发展过程，到了腔肠动物阶段（如水螅），出现了最原始的网状神经系统，但只能对外界具有直接生物学意义的刺激（如食物）进行反应，其反应方式处于低级的感应性水平。环节动物（如蚯蚓）和节肢动物（如蚂蚁）出现了链状神经系统，由于有了神经节和神经索，每一段神经节有相对独立的作用，并由神经索联系起来，构成中枢神经系统，因此，动物开始有了特定的、专门化的感觉。

低等脊椎动物（如鱼类）有了脑泡，正式出现了脑；到了两栖类，有了脑皮层的萌芽；爬行类出现了脑皮层；鸟类和低等哺乳类动物脑皮层较发达了。同脑的这些发展水平相适应，动物心理也发展到相应的知觉水平，能把一个完整刺激物的各种属性综合起来作为一个整体来反应。

灵长类（如猩猩）的大脑皮层有了高度的发展，脑重也明显增加，与此相适应，动物有了思维萌芽，达到动物心理发展的最高阶段。例如，美国学者卡特纳夫妇用手语教会了一只名叫沃休的黑猩猩许多手势，它能应用这些手势与人进行简单的交流，并且能把学会的词迁移到类似的情境中。如学会开门的“开”的手势，它就能把“开”迁移到“开橱柜”、“开水龙头”中去。

可见，动物的神经系统是物质长期发展的产物，经历了一个由低级到高级、由简单到复杂的发展过程。由于神经系统的发展，动物的心理也由低级向高级不断发展。

2. 个体发展史说明，心理的发生发展与脑的发育完善紧密联系

从个体发展史来看，脑发育得越完善，心理发展所达到的水平就越高。孩子刚出生时，大脑的形态结构已接近成人，但皮层神经细胞比较简单,分枝少,神经纤维未髓鞘化,皮层上的沟回比成人浅,皮层比成人薄,因此脑重只有390g左右,约为成人的1/3。儿童出生后脑发育特别迅速,神经细胞在增大,神经纤维分枝在加长增多,神经纤维髓鞘化过程急速进行,脑的重量也随之增加。儿童的脑重在9个月时达660g,相当于成人的1/2;3岁时达到990~1 000g,已相当于成人的2/3;7岁时达到1 280g,达到成人的9/10;12岁时脑重接近成人。随着大脑的发育和完善,儿童的心理发展水平随之迅速提高。可见,心理的发生发展是与脑的发育完善紧密相连的。

3. 医学实践表明,心理现象与脑的活动有密切关系

来自医学的实践告诉我们,心理现象与脑的活动密切相关,脑处在不同的机能状态中就有不同的心理表现,脑不健全时心理活动就会发生障碍。临床上发现,当脑由于外伤或疾病遭受破坏时,人的心理活动就会全部或部分失调,如枕叶受损,就可能变盲;颞叶受损,就可能变聋;左半球额下回受损,病人便不能说话;大脑两半球患肿瘤会使人迅速进入痴呆状态。脑如果受到剧烈的震荡,也会导致人的心理活动异常,如产生幻觉、遗忘症等。人处在不同的心理活动状态下,表现出不同的脑电图。

大量的科学事实表明:脑是心理的器官,心理是脑的机能,没有脑作为物质基础,就不可能有心理现象的产生。

扩展阅读

大脑两半球的一侧优势

从功能上说,在正常情况下,大脑两半球是协同活动的。进入大脑任何一侧的信息会迅速地经过胼胝体传达到另一侧,做出统一的反应。近30年来,由于割裂脑的研究,提供了在切断胼胝体的情况下,分别对大脑两半球的功能进行研究的重要资料。切断胼胝体是为了防止癫痫病的恶化,使病变不致由脑的一侧蔓延到另一侧。由于胼胝体被切断,两半球的功能也被人为地分开了。每个半球只对来自身体对侧的刺激做出反应,并调节对侧身体的运动。这样,人们就可以单独研究两个半球的不同功能。

经研究发现,手术后大脑两半球分割的病人,视力、听力和运动能力都正常,而命名、知觉物体的空间关系、理解语言的能力等都出现选择性的障碍。如果将“铅笔”两个字分别投射在病人左、右眼视野内,“铅”在左,“笔”在右,那么病人能说出“笔”,不能说出“铅”,这是因为“笔”投射在左半球,所以能命名,而“铅”投射在右半球,因而不能用言语描述它。如果把铅笔换到右手上,病人马上就能用语言做出报告。如果让病人根据积木的颜色来排列某种图形，那么他可以用左手而不能用右手完成任务。这说明，两半球可能具有不同的功能。语言功能主要定位在左半球，该半球主要负责语言、阅读、书写、数学运算和逻辑推理等。而知觉物体的空间关系、情绪、欣赏音乐和艺术则定位于右半球。

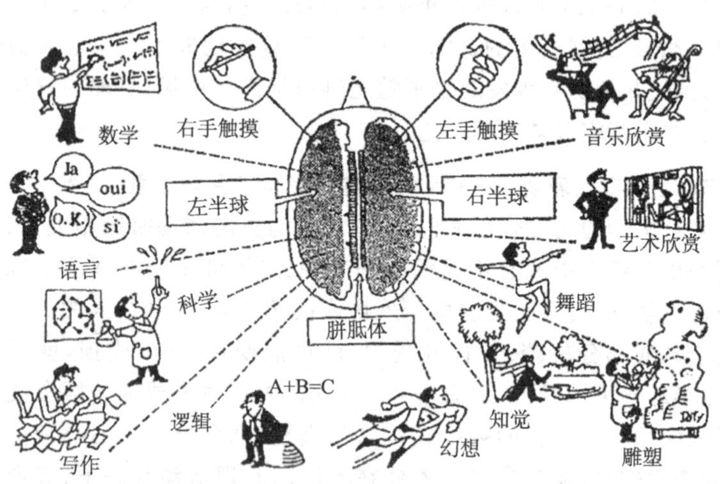

资料来源：彭聃龄．普通心理学(修订版)[M]．北京：北京师范大学出版社，2001，61－62.

（二）心理是客观现实的能动的反映

1. 心理是客观现实的反映

脑是心理的器官，心理是脑的机能，但脑本身并不能独立产生心理。脑只是产生心理的物质器官，只是提供了人的心理产生的可能性，而要使之变为现实性，必须有客观现实的作用。

客观现实是指独立于人的心理之外、不依赖于人的心理而存在的一切事物，包括自然条件、社会环境和人体自身及其内部的生理状态。人的心理是对客观现实的反映，如果没有客观现实的作用，心理也就成为无本之木、无源之水。从最简单的感觉和知觉，到复杂的思维和创造；从情绪情感，到个性特征，都是在客观现实的作用下发展起来的，都离不开客观现实的作用。有些心理现象看上去似乎脱离了客观现实，但究其根源都是客观现实的反映。例如，有些梦境荒诞不经，但无论多荒诞，都是经历过的事物和体验拼凑的结果。有些想象离奇古怪，可以构想出一些现实中不存在的事物，但无论多玄妙，总可以在现实中找到原型。孙悟空、灰太狼、美人鱼的形象虽然在客观现实中不存在，但它们的原型猴子、狼、鱼却都存在于客观现实之中。

2. 心理是客观现实的主观映像

心理虽然来自客观现实，但心理的表现形式是主观的。例如，我们看到一朵花，头脑中产生了花的映像，那朵花和我们头脑中关于花的映像是有区别的，前者是客观存在的事物，后者是一种主观的心理现象，二者不能混为一谈。当然，在头脑中形成的花的映像虽然不是花本身，但同那朵花却是相似的。

人对客观现实的反映总是在主体身上进行的，而每个主体的加工方式不同，因此不同的主体会形成自己特有的主观映像。知识经验、认知方式、情绪状态、需要兴趣、气质性格等因素都会影响主观映像的形成。例如，一个植物学家看花和我们普通人看花，花还是那朵花，但头脑中花的映像可能是不同的，植物学家的映像会细致准确很多。这就是知识经验的作用。同样，由于情绪个性的不同，《红楼梦》中黛玉葬花时看到的花和我们在欣喜时看到的花肯定也有不同的映像。总之，外界事物要转变为个人的心理映像，一定会经过内部主观世界的加工作用，从而使心理映像总是带有鲜明的个人特点。

3. 人的心理在社会生活实践中产生发展

心理活动依赖于人的大脑和客观现实。心理正是在这二者的相互作用过程中产生的，而这种相互作用的过程是在社会生活实践中进行的。

从个体发展层面来看，一个有健全大脑的人，如果脱离了人类社会环境是不可能发展出人类特有的心理机能的。到目前为止，世界范围内所发现的30多起野兽哺育的孩子，大多数是在两三岁时被野兽哺育，在动物世界中长大。他们回到人类社会时都不会直立行走，不会讲话，具有野兽的习性。他们经过长期的训练，可以获得直立行走的能力，但与同龄儿童相比有很大差距，要获得语言能力就更困难。印度狼孩卡玛拉回到人类社会7年后，也只学会45个词，17岁时其智力只相当于4岁小孩的水平。对野孩子的研究认为，人区别于动物的心理、意识、语言、智慧和能力等重要特征都不是天生的，是在人类的社会生活和社会实践中逐步发生、发展和完善起来的。

从社会发展层面来看，在不同的历史时期，由于社会生产力和科学技术发展水平不同、社会实践活动不同，人们的心理表现出不同的水平和特点。

人的心理不仅在实践活动中发生、发展，同时也在实践活动中表现出来。一个人的感知、记忆、思维水平是通过工作、学习、处理问题的活动表现出来的；一个人的兴趣、情绪、性格也是通过他的各种实践活动表现出来的。人的心理不仅在实践中发展和表现，而且还指导着实践，能不断地改造客观现实，表现出能动性。

综上所述，心理是人脑对客观现实的主观的、能动的反映。

专题小结

本专题回答了两大问题:第一,什么是心理学?心理学是研究人的心理现象及其规律的科学,心理现象包括心理过程和人格心理两大部分。心理学的基本任务是测量和描述人的心理,解释和说明人的心理,预测和控制人的心理。心理学是介于自然科学和社会科学之间的中间科学,兼有自然科学和社会科学的特点。第二,什么是心理?心理是人脑对客观现实的能动反映。首先,心理是脑的技能。其次,心理是客观现实的能动的反映。

专题二 心理学的研究方法

专题导读

心理学研究的基本方法有观察法、实验法、访谈法、问卷法和测验法等。这些方法都属于科学方法,具有一致的基本过程,即:根据所要解决的问题提出假设,进行研究设计;采用恰当的方法搜集资料;按照一定程序进行结果的统计处理;最后进行理论分析,得出结论。本专题我们对这些方法的含义、特点、形式等分别加以介绍。

一、观察法

观察法是指在自然情境中对人的行为进行有目的、有计划的系统观察并记录,然后对所作记录进行分析,以期发现心理活动规律的方法。研究者不仅可以直接通过人的感官进行观察,而且可以借助各种仪器、设备进行观察。观察仪器和装置的使用,不仅可以扩大观察的范围,还能大大提高观察结果的精确性和科学性。

观察法多被应用在学校的教育和教学情境、儿童行为、社会团体活动以及动物行为的研究。在实际应用观察法进行心理研究时,通常有两种方式:一种是参与观察,即观察者参与被观察者的活动进行观察;另一种是非参与观察,即观察者不参与被观察者的活动进行观察。无论采取哪种方式,原则上应不使被观察者发现自己的活动被他人观察。

作为科学研究手段的观察法不同于日常观察,它具有目的性和计划性。在观察之前,研究者对观察对象的选择以及观察什么、怎样观察和记录等,都要做详尽的考虑和明确的规定,以便尽可能地收集到对课题有意义的事实材料。观察法通常在现实情境中进行,具有很强的真实性。在实施观察法的过程中,研究对象不知自己正在被观察,其行为完全是自然的,不会存在实验或调查过程中可能存在的虚假反应。观察法一般在一定的理论指导下进行,对结果的解释也应以有关理论为前提。

观察法的主要优点是保持了人的心理活动的自然性和客观性,获得的资料比较真实,具有逼真性。因为在自然条件下,被观察者一般不会有意掩盖自己内心真实的心理活动。但是,观察法也有不足之处,观察者往往处于被动的地位,带有被动性。这是因为它是在自然(非人为)的条件下进行的,要获得足以说明某些心理现象的表现材料往往需要长期的等待;加上心理现象的多因性与条件难以控制,如果没有一定的分析经验与技能,要做出精确的判断是相当不易的。另外,观察法得到的结果有时可能是一种表面现象,不能精确地确定心理活动产生和变化的原因,不能达到解释"为什么"的目的,只能说明现象"是什么"。为了克服观察法的弱点,就出现了有控制的观察,即实验法。

二、实验法

实验法是指通过操纵或控制一些研究变量,探讨一个或几个反应变量随着被操纵变量的变化而变化的趋势,以探求心理现象的原因和发展规律的研究方法。这些被操纵或控制的变量就是自变量,反应变量就是因变量。所以实验法的实质就是通过变量的控制,揭示自变量和因变量之间的因果关系。在心理学研究中,实验法是一种非常重要的研究方法,借助于实验法,我们能探究问题的根源,回答"为什么"的问题。

实验法的特点主要表现在3个方面:一是主动性。在实验过程中,研究者为了操纵或控制自变量、考察因变量的效果,可以根据一定的理论设想自主地选择实验对象、实验任务或人为地创设一定的实验情境。二是可重复性。只有经得起重复验证的结论,才是科学的结论。三是精确性。实验法具有严密的实验设计、严格的实验控制、敏感的实验指标和准确的数据处理,这些使实验结果具有很强的精确性。这些特点实际上也就是实验法的主要优点。

实验法有两种形式:实验室实验法和自然实验法。实验室实验法是在实验室内借助各种专门仪器设备进行心理实验的方法。心理学许多课题都可以在实验室进行研究,尤其是对心理过程和心理的生理机制方面的研究,通过实验室严格的人为条件的控制,可以获得较精确的科学结果,并可对实验的结果进行反复验证。实验法的缺点是,由于被试者意识到正在接受实验,因此,易干扰实验结果的客观性。自然实验法是在自然情境下,由实验者创设或改变一些条件,以引起被试者某些心理活动,从而进行研究的方法。这种方法既在由实验者控制和改变某些变量的条件下进行，又在实验过程中保持着正常活动的自然条件，可使被试者消除紧张情绪而处于自然状态中。因此，研究结果比较切合实际。自然实验法的不足之处是实验情境不易控制。

三、访谈法

访谈法是通过与访谈对象进行有目的、有计划的面对面谈话，了解其内在心理活动的内容、特点和过程的研究方法。实施访谈法需要提出一些精心设计的、针对性很强的问题，引导访谈对象说明自己对某事件的看法，或者表明自己的态度、兴趣、爱好及各种情绪体验。

按有无中介媒体分类，访谈法可分为间接访谈和直接访谈；按有无结构，可分为非结构性访谈、结构性访谈和半结构性访谈；按访谈对象的人数，可分为个别访谈和集体访谈。

在访谈过程中，开始时提出的问题要有助于访谈人员与访谈对象的感情交流，以建立融洽关系；初始阶段最好先提出一些事实性的问题，要内容简单、易于交谈，使访谈活动按照事先的设计轻松自然地展开。注意不要直截了当地一开始就提出一些过于敏感或涉及隐私的问题，以免造成访谈对象的拘谨、抗拒或不愉快。敏感问题应放在访谈结束之前提出。

访谈法的主要优点是能得到第一手的资料，能比较深入地了解研究对象的特点；缺点在于只限于研究少数对象，花费时间较多，实施难度较大。因此，在研究中，访谈法往往和问卷法、测验法、观察法等其他方法结合起来使用。

四、问卷法

问卷法是通过严格设计的书面调查表收集资料的一种研究方法。问卷法能以较小的投入、在较短的时间获取大量心理变量的数据，通过对这些数据进行整理、比较、分析，可发现心理活动的规律。

问卷法实施的一般程序包括如下步骤：①被试者的选择。选取的被试者数量既不能正好等于研究对象的数目，也不能随意多选取。被试者的数量通常可以按选取的被试者数 = 研究对象数/(回收率 × 有效率)计算。②以适当的方式发放问卷。目前常见的分发方式有现场发送、邮寄、登在报纸和期刊上、放在网站上等。根据不同的目的可以选取一种或几种发放方法。③回收问卷。依据发放问卷的方式，采用相应的途径回收问卷。当需要被试者邮寄时，最好附上回信用的邮票。④调查结果的量化和处理，包括对回答内容进行分类整理、质量审核、编码、数据录入、计算机统计处理等。

问卷法的主要优点是简便易行，收集资料迅速，可收集大范围、大样本的资料。主要缺点是：第一，被调查者的合作不易控制，影响了调查资料的可信度，例如答题态度不认真或对问题的理解不一致等。第二，问卷的回收率往往较低，影响取样效果。因此，问卷法不是一种严密的科学方法，通过问卷得到的资料只能作为对问题的初步了解，为进一步的研究提供线索。

五、测验法

测验法是指使用特定的心理量表作为工具，对个体的心理特点进行间接了解并做出量化结论的研究方法。心理量表是通过观察少数有代表性的行为或心理现象，来推论和量化心理活动特点的标准化工具。一个科学的量表必须具有较高的信度和效度、标准计分法和常模。信度是指一个测验的可靠程度，效度是指一个测验有效地测量所要测量的心理品质的程度。

迄今为止，心理学家已经开发出了众多的心理量表，可以用来进行多方面、多领域的心理学研究。常用的心理量表包括智力测验量表、人格测验量表、心理健康测验量表等。例如，韦克斯勒智力量表、瑞文标准推理测验、卡特尔 16 种人格因素测验、艾森克人格问卷、明尼苏达多项人格问卷等都是著名的心理量表。

测验法的优点是：第一，运用标准化的心理量表，有可供比较的常模，比问卷法具有更强的科学性；第二，能对心理进行定量化的分析，可以同时分析多个变量之间的相关程度；第三，测验法方便高效，能在短时间内获取大量的数据。

测验法的缺点是难以从中推出因果性的结论。例如，对被试者进行自信心测验和社会适应性测验，发现二者高度相关，但究竟是因为自信程度高带来的社会适应性强，还是因为社会适应性强导致的自信度高，这其中的因果关系我们无法得知。同时，测验法对研究者有较高要求，如果使用不当或结果解释不当会导致很多问题，例如，智力测验如果被滥用，有可能带来严重的社会问题。

除了上述常用的研究方法外，还有作品分析法、临床法、个案法、模拟法、日记法等。在从事研究时，应根据研究的课题和研究者的资源能力，选择某种方法或综合运用几种方法。

思考活动

1. 哪种研究方法能揭示因果关系？
2. 问卷法和测验法的区别是什么？
3. 作为科学研究手段的观察法和日常观察有什么不同？

专题小结

心理学研究的基本方法有观察法、实验法、访谈法、问卷法和测验法等。观察法是指在自然情境中对人的行为进行有目的、有计划的系统观察并记录，然后对所作记录进行分析，以期发现心理活动规律的方法。实验法是指通过操纵或控制一些研究变量，探讨一个或几个反应变量随着被操纵变量的变化而变化的趋势，以探求心理现象的原因和发展规律的研究方法。访谈法是通过与研究对象进行口头交谈，了解其内在心理活动的内容、特点和过程的研究方法。问卷法是通过严格设计的书面调查表收集资料的一种研究方法。测验法是指使用特定的心理量表为工具，对个体的心理特点进行间接了解并做出量化结论的研究方法。

专题导读

自从 1879 年德国心理学家冯特创建心理学以来，心理学走过了 130 多年的发展历程。本专题对心理学的发展历史进行回顾，并重点介绍精神分析、行为主义和人本主义三大理论；对心理学的现状和体系进行简要介绍，并重点介绍“一干两支”的学科体系。

专题三 心理学的历史和现状

一、心理学的历史与流派

图 1-2 心理学创始人冯特(1832—1920 年)

德国心理学家艾滨浩斯(H. Ebbinghaus)曾经说过：“心理学有一个漫长的过去，但却只有一个短暂的历史。”心理学的渊源可以追溯到 2000 多年前的古希腊和中国先秦时代，但作为一门科学，则是近代才发展起来的。心理学从哲学中真正分离出来成为一门独立的科学，主要由德国心理学家、哲学家和生理学家冯特完成的。1879 年，冯特(图 1-2)在德国的莱比锡大学创立了世界上第一个心理学实验室，用实验的手段来研究心理现象。这一事件标志着科学心理学的诞生，冯特也被称为心理学的鼻祖。

在科学心理学的发展过程中，学派繁多，争论不断。构造主义、机能主义、格式塔学派、精神分析、行为主义、人本主义、认知心理学等，都是心理学发展中有代表性的学派。表 1-1 对主要的心理学派别进行了简要概括。

表 1-1 主要心理学流派概括

流派名称	产生年代	代表人物	研究对象	基本观点
构造主义	19 世纪末	铁钦纳	意识的结构	意识内容可以分解为基本要素
机能主义	19 世纪末	安吉尔、霍尔、卡特尔等	意识的机能	意识的机能比意识的结构更重要
精神分析	1900 年	弗洛伊德、荣格、阿德勒等	无意识	儿童期的无意识经验是人格特征与心理障碍的根源
格式塔学派	1912 年	韦特海默、考夫卡、苛勒	意识的组织	整体体验和知觉大于部分之和
行为主义	1913 年	华生、斯金纳、班杜拉	外显行为	只有可观察的外显行为可作为科学研究的对象
人本主义	20 世纪 50 年代	马斯洛、罗杰斯	人类所独有的特殊经验	人是自主的理性的动物，具有自我发展的潜能，与动物有本质区别
认知心理学	20 世纪 50 年代	奈瑟、皮亚杰、乔姆斯基等	思维等复杂的认知过程	不了解人如何获取、储存和对信息的加工，就不可能对人的行为有真正的理解

下面我们重点介绍精神分析、行为主义和人本主义心理学三大学派。

（一）精神分析

精神分析学派产生于 19 世纪末和 20 世纪初，由奥地利医生弗洛伊德（S. Freud）创立。通常我们把 1900 年弗洛伊德（图 1-3）出版《释梦》作为精神分析诞生的标志。这一理论主要源于弗洛伊德治疗精神病的实践，重视对人类异常行为的分析，强调心理学应该研究无意识现象。

图 1-3 精神分析创始人弗洛伊德（1856—1939 年）

弗洛伊德认为，人的心理包括意识和无意识现象，无意识现象又可以分为前意识和潜意识。所谓前意识，是指能够进入意识中的经验；潜意识则是指根本不能进入或很难进入意识中的经验，它包括原始的本能冲动和欲望，特别是性的欲望。潜意识虽然不为人们所觉察，但却支配着人的一生。无论是正常人的言行举止还是心理疾病患者的症状，以及人类的科学、艺术、宗教和文化活动，都受潜意识的影响和支配。在弗洛伊德看来，意识不过是无意识过程的产物，无意识的精神活动远比意识的精神活动更加重要，因此，精神分析的研究对象是无意识现象，特别是潜意识现象，而不是意识现象。

潜意识虽然重要，但其本身不能被直接认识，因此，必须通过一些独特的方法对它进行研究。由此，弗洛伊德提出了自由联想法、梦的解析法和日常生活的心理分析法。自由联想法就是让患者处于身心放松状态，鼓励其说出脑海里出现的任何观点或情感体验。梦的解析法就是通过对梦的深入分析，以揭示患者潜意识的愿望。日常生活的心理分析法就是通过对正常人的小过失进行分析，如分析口误、笔误、疏忽或遗忘等，同样可以揭示潜意识的愿望。

弗洛伊德的人格理论独具特色。在人格结构上，他把人格看成是由本我（id）、自我（ego）和超我（superego）3 部分构成的系统。本我是人格中最原始的、与生俱来的结构，它由先天的本能和欲望构成，遵循快乐原则，是完全非理性的；超我是内化了的道德标准，遵循至善原则，竭力压抑本我的盲目冲动；自我介于两者之间，遵循现实原则，负责理智地调节本我、超我和外界三者的关系。一个人的精神状态就是人格的 3 个部分相互矛盾、冲突的结果。当自我能很好地平衡三者关系时，人格便处于正常状态；当自我失去对本我和超我的控制时，人就会产生各种焦虑。为了减轻焦虑，自我便发展出了各种潜意识的防卫机制。在人格发展上，弗洛伊德认为人格的发展是建立在性生理和性心理发展的基础上的，据此可把人格发展分为 5 个阶段：口腔期（0 ~ 1 岁）、肛门期（1 ~ 3 岁）、性器期（3 ~ 5 岁）、潜伏期（5 ~ 12 岁）和生殖期（12 ~ 20 岁）。其中，前 3 个阶段是人格发展的最重要的阶段，人格在 5 岁时就已初步形成。

弗洛伊德之后，涌现出了一大批杰出的精神分析学者。尽管他们理论各异，方法不同，但都会强调无意识的作用，重视人格和焦虑的研究，重视早期经验对人格发展和心理疾病的影响。

精神分析学说的最大特点就是强调人的本能的、情欲的、自然性的一面，它首次阐述了无意识的作用，肯定了非理性因素在行为中的作用，开辟了潜意识研究的新领域。精神分析学派重视人格的研究、重视心理应用，它还重视内心冲突和早期经验的作用，这对后来许多心理治疗技术都产生过重要的影响。同时，精神分析揭示了人类深层心理，成为一种可以解释个人、文化和社会历史的世界观和方法论，因此，它超越了心理学的范围，对哲学、文学、历史、艺术、美学、社会学、教育学等众多的社会科学领域都产生了深刻影响。当然，由于精神分析的非理性主义倾向、生物学化倾向、方法论上的局限，以及过于强调性本能的作用，使它一直饱受批评。

（二）行为主义

图 1－4 行为主义创始人华生（1878—1958 年）

行为主义是美国现代心理学的主要流派之一，也是对西方心理学影响最大的流派之一。1913 年美国心理学家华生（J. B. Watson）发表了《行为主义者眼中的心理学》，标志着这一学派的诞生。行为主义的产生在很大程度上受俄国生理学家巴甫洛夫（I. P. Pavlov）条件反射学说的影响。行为主义包括早期的行为主义和新行为主义。早期行为主义的代表人物以华生（图 1－4）为首，新行为主义的主要代表人物则为斯金纳（B. F. Skinner）。

尽管早期行为主义和新行为主义在理论体系上有区别，但在一些基本观点上是一致的。行为主义的基本观点可以归结为 3 点：第一，强调以行为作为研究对象。华生指出，心理学是一门自然科学，而自然科学应以直接经验材料为基础，不能观察的东西，如意识，不能成为科学的对象。心理学要成为真正的自然科学就不能以意识为研究对象。人和动物可观察的活动是行为，因而心理学的对象只能是行为。所谓行为就是有机体用以适应环境变化的各种身体反应的组合。这些反应不外是肌肉收缩和腺体分泌。第二，强调客观的研究方法。行为主义强调要客观观察和测量记录人的行为，反对主观内省的方法，主张采用客观观察法、条件反射法、言语报告法和测验法等客观研究方法。第三，强调环境决定论。行为主义认为，个体的行为不是与生俱来的，不是遗传的，而是在生活环境中学习获得的。环境决定了一个人的行为模式，无论是正常的行为还是病态的行为都是经过学习而获得的，也可以通过学习而更改、增加或消除。

行为主义强调研究行为，强调从刺激与反应的关系上客观地研究行为，而不从主观上加以描述。这种研究方法上的客观原则对当代心理学的发展产生了重大的影响。它的预测和控制行为的观点促进了应用心理学的发展。行为主义不仅对心理学科产生了深远的影响，而且一些基本观点和方法还渗透到很多人文科学中去，从而出现了“行为科学”的名称。直至今天，在教育、管理、心理治疗等领域，行为主义的方法仍然占有重要地位。

但是，由于行为主义否定人的心理和意识，把人等同于动物和机器，变成了“没有心的心理学”，这对心理学的发展产生了消极的影响。同时，其环境决定论的观点也过于极端、过于片面。

（三）人本主义心理学

人本主义心理学在 20 世纪 50—60 年代兴起于美国，是当代心理学主要流派之一,被称为心理学中的“第三思潮”或“第三势力”。它由美国心理学家马斯洛(A. H. Maslow,图 1－5)创立,代表人物还有罗杰斯(C. Rogers)。

图 1－5　人本主义创始人马斯洛(1908—1970 年)

人本主义对精神分析和行为主义都给予了批评,认为精神分析把所有人都看成病人,而行为主义把人等同于动物,都没有研究人的本性和价值。人本主义认为人性本善,主张人是一种自由的、有理性的生物,具有个人发展的潜能,与动物在本质上是完全不同的。人本主义心理学以意识经验为出发点,主要研究人格发展与社会生活的关系,强调人的目的性、创造性和人的价值,关心人的价值和尊严,主张促进人的健康成长和潜能的实现。

人本主义认为,人类行为的心理驱动力不是性本能,而是人的需要;要想充分了解人的行为,就必须考虑到人都有一种指向个人成长的基本需要。据此,马斯洛提出了著名的“需要层次理论”,认为人的基本需要由低往高依次是生理需要、安全需要、归属与爱的需要、尊重的需要和自我实现的需要。一般情况下,只有在低层次的需要满足之后才能产生高层次的需要。“自我实现”是人本主义的核心概念之一。所谓自我实现是指实现个人理想、抱负、追求,充分发挥自己潜能的欲望。马斯洛说:“一个作曲家必须作曲,一位画家必须画画,一位诗人必须写诗,否则他始终都无法安静。一个人能够成为什么,他就必须成为什么,他必须忠实于他自己的本性。这一需要我们就可以称为自我实现的需要。”①马斯洛认为,心理学只有研究健康的人、自我实现的人,才能了解人的价值和潜能。

人本主义开创了心理学研究的新取向。在心理学历史上,研究动物行为、变态心理的人非常多,但是明确提出研究健康人的心理学家则

① [美]马斯洛. 人性能达的境界[M]. 林方译. 昆明:云南人民出版社,1987,53.

很少。人本主义心理学研究健康人的心理特征和发展趋势，关注人的本性和价值，这对于心理学的发展具有重要意义。时至今日，人本主义理论在心理治疗、教育改革和组织管理等领域中仍然发挥着积极的影响作用。但是，人本主义理论不能用实证的方法加以证明，它主要是理论上的推测，运用的是思辨的方法，缺乏客观的标准和严谨性，因此，所得结论的可靠性常常受到人们的怀疑。

扩展阅读

一个具有历史意义的实验

心理学的诞生是件默默无闻的琐事，未曾有一丝张扬。这天，在莱比锡大学一栋叫孔维特的破旧建筑物三楼的一间小屋子里，一位中年教授和两位年轻人正张罗着一些器具准备实验。他们在一张桌子上装了一台测定器(一种铜制的、像一座钟一样的机械装置，上面吊着一个重物，还有两块圆盘)、发声器(一个金属架子，上面升起一只长臂，有只球会从这里落下来，掉在一个平台上)和报务员的发报键、电池及一台变阻器。然后，他们把这5件东西用线连接起来，这套电路比今天开始电气培训的初学者用的那套不会复杂到哪里去。

那位中年教授是威廉·冯特，一个47岁的男人，脸长长的，一身简朴的装束，满脸浓密的胡须；两位年轻人是他的学生，德国人马克斯·弗里德里奇及美国人G.斯坦利·黑尔。这套摆是为弗里德里奇做的，他要用这套东西收集博士论文所需的数据。他的博士论文题目是“知觉的长度”——受试者感知到他已经听到球落在平台上的时候，到他按动发报键之间的时间。随着那只球“砰”的一声落在平台上，随着发报键“嗒”的一响，随着测定器记录下所耗费的时间，现代心理学的时代到来了。

资料来源：卢秀安，陈俊，刘勇．普教与学心理案例[M]．广州：广东高等教育出版社，2002，4.

二、心理学的现状与体系

(一) 心理学的发展现状

心理学的发展现状可用派系融合、学科融合和应用广泛3个词来概括。

第一，派系融合。在心理学的发展历史上，流派纷呈，并且各流派之间有多次论战和交锋。像构造主义和机能主义、格式塔学派和构造主义、行为主义和本能心理学等都有过激烈的论战。但当今的心理学已经不再强调彼此的分歧,派系之间的区别逐渐缩小,派系之间的融合逐渐增强,表现出求同存异、兼收并蓄的发展趋势。例如,20 世纪 50 年代以后开始兴起的认知心理学,就是博采各家之长而发展起来的。如今,人们不再习惯于宣称“我是某某主义”,而更习惯于用各种不同的理论解释同一个问题。

第二,学科融合。心理学吸收了其他学科尤其是新兴学科的新成果、新技术,促进了自身内部的发展,拓宽了研究的范围并加深了研究的深度。随着现代科学的发展,心理学日益渗透到各个研究领域,在心理学和其他学科的结合下,出现了一些新兴的边缘学科或前沿的研究领域。如认知心理学和计算机科学的结合产生了人工智能;神经生理学和心理学的结合产生了神经心理学;认知科学和神经科学的结合产生了认知神经科学。如今有许多新的方法技术应用到了心理学研究中,如眼动技术、功能性核磁共振技术(FMRI)、事件相关电位技术(ERP)等,这进一步促进了心理学与其他学科的融合。

第三,应用广泛。虽然科学的心理学从诞生起到现在不过只有 130 多年的历史,但随着社会的发展与进步,心理学正迅速渗透到社会生活与国家建设的各个角落,无论在学校教育、企事业管理、健康维护方面,还是在经济建设、军事、体育等领域,都日益显现对心理学知识、心理学人才的急需。心理学已经成为我国发展最快的学科之一。当今的心理学再也不是少数学者的专利,而是普及大众越来越关注的领域。心理学在促进人类的健康和全面发展、应对各种各样的社会问题与挑战中正扮演着越来越重要的角色。

(二)当代心理学的体系

自从心理学成为一门独立的学科以来,随着研究领域的不断扩大,研究技术的不断进步,学科内部已经高度分化,目前形成了包含 100 多个分支的学科体系。

如果把心理学整个学科体系形象地比喻为一棵大树,那么众多分支学科就可以比作一个主干和两个枝干。研究一般的心理现象与心理规律的基础性学科组成了它的主干,包括普通心理学、认知心理学、人格心理学、心理测量学等。心理学大树的两个枝干,一个是研究不同领域的心理现象和规律的心理学分支系列,如教育心理学、工业心理学、犯罪心理学、医学与临床心理学、社会心理学等;另一个是研究不同主体的心理现象和规律的分支系列,如老年心理学、教师心理学、女性心理学、犯罪心理学等。当代心理学的学科体系如图 1-6 所示[①]。

---

① 泛珠三角地区九所师范大学联合编写. 现代心理学[M]. 广州:暨南大学出版社,2006,10.

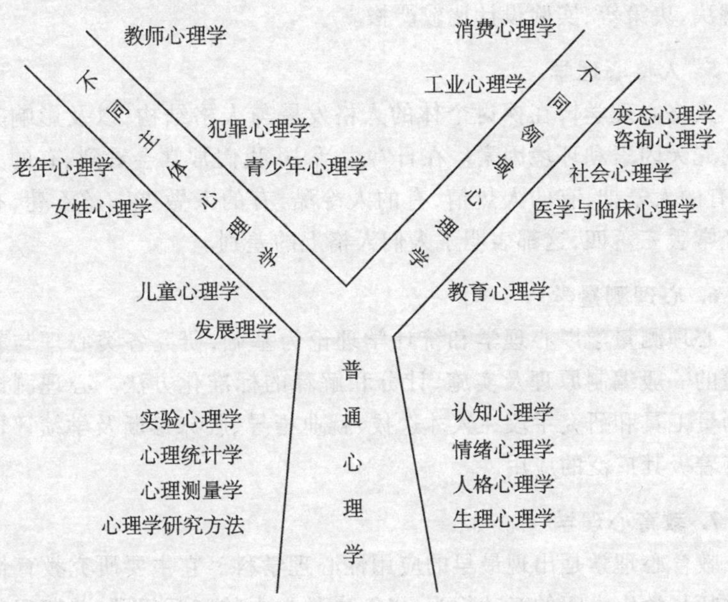

图 1－6 当代心理学学科体系

下面对心理学"一干两支"体系中的重要学科分别加以介绍。

1. 普通心理学

普通心理学是一门研究人的心理活动一般规律的科学。它以正常成人的心理活动为研究对象,研究范围包括两个方面:人的心理过程和个性。从整体上看,正常成人的心理活动达到心理发展的高级水平,体现出人类心理活动的典型特征。普通心理学并不研究人的某一年龄阶段或人的某一特定社会生活领域中的心理现象的特殊规律,而是研究心理现象的一般规律。

2. 实验心理学

实验心理学是在实验控制条件下进行研究的心理学,它强调心理学研究的方法,具体包括如何进行实验设计、如何进行观察记录、如何进行资料分析等。

3. 生理心理学

生理心理学研究心理现象和行为产生的生理机制,试图以脑内的生理事件来解释心理现象。其具体的研究方法是在脑的各种不同形态和功能下观察人的行为或心理活动的变化,或者在人从事某种行为或心理活动时观察脑内的神经活动过程和方式。

4. 认知心理学

认知心理学应用信息加工观点和科学实验的方法来研究人的高级心理过程,主要是认知过程,如注意、知觉、表象、记忆、思维和语言、问题解决、决策等,实验设计比较严格。

5. 人格心理学

人格心理学旨在探讨个体的人格发展与人格结构,以及影响其发展的先天因素和环境因素。在日常生活中,我们常常会看到,有的人聪明,有的人笨拙,有的人热情,有的人冷酷,有的人做事一丝不苟,有的人经常丢三落四,这都表明了人们人格上的差别。

6. 心理测量学

心理测量学以心理学和统计学理论为基础,研究各类心理与教育测验的一般编制原理及实施、计分和解释的标准化方法。心理测试作为测量工具和研究手段在人才选拔、就业指导、临床诊断及学绩评估方面有着极其广泛的应用。

7. 教育心理学

教育心理学是出现最早的应用性心理学科。它主要研究教育情境中教师与学生之间的互动行为,以解决教学中的实际问题,并期望通过建立系统的教学理论来提高整体的教学效果。教育心理学研究的内容主要是学校教育过程中心理活动的规律,如学生应怎样去掌握书本上的知识,学生的学习动机与学习成绩有什么关系,复习有哪些好的方法等。

8. 社会心理学

社会心理学是心理学和社会学之间的一门边缘学科,主要研究个体和群体的社会心理现象。个体社会心理现象指受他人和群体制约的个人的思想、感情和行为,如人际知觉、人际吸引、社会促进和社会抑制、顺从等。群体社会心理现象指群体本身特有的心理特征,如群体凝聚力、社会心理气氛、群体决策等。

9. 工业心理学

工业心理学是应用于工业领域的心理学分支。它主要研究工作中人的行为规律及其心理学基础,从而获得工作心理的原则,以解决实际问题、提高生产率。

10. 医学与临床心理学

医学与临床心理学以行为异常或者心理疾病患者为研究对象,研究诊断、治疗、护理和预防等医疗过程中的各种问题,并对有精神障碍或心身疾病的患者进行心理咨询指导和行为矫正治疗。它主要的工作方式包括与病人谈话、实施心理测验以及提供团体或个人的心理治疗。

11. 咨询心理学

咨询心理学以生活适应困难或心理困扰者为对象,研究心理咨询中的各种问题和方法。咨询心理学的研究对象主要是正常人,而不是患者。心理咨询是一个通过人际关系运用心理学方法帮助来访者自强自立的过程。

12. 犯罪心理学

犯罪心理学旨在运用心理学的原理与方法，探究司法程序中犯罪动机、犯罪证据的信度与效度等，以提高司法的公正性。它主要研究的问题有犯罪动机、犯罪人格、审判心理等。

13. 消费心理学

消费心理学研究的是消费者购买、使用商品和劳务的行为规律，它涉及商品和消费者两个方面。与前者有关的研究包括广告、商品特点、市场营销方法等；与后者有关的研究包括消费者的态度、情感、爱好以及决策过程等。其目的是研究人们在生活消费过程中，在日常购买行为中的心理活动规律及个性心理特征。

14. 发展心理学

研究人类从胎儿生长到年老死亡的全过程，旨在探究个体生命全程中身心变化及其与年龄的关系。根据个体发展的不同阶段，发展心理学还可以分为更细的分支，如婴幼儿心理学、儿童心理学、青少年心理学、成年心理学、中年心理学、老年心理学等。

15. 变态心理学

变态心理学是研究和揭示心理异常现象的发生、发展和变化规律，从而建立系统理论，为心理诊断和治疗提供理论基础的学科。它研究人的认知活动、情意活动、动机活动、智力和人格特征等方面的异常表现，如智力障碍、压力和顺应障碍、焦虑障碍、精神分裂症、人格障碍、忧郁症和自杀等。

专题小结

1879 年，冯特在德国的莱比锡大学创立了世界上第一个心理学实验室，这一事件标志着科学心理学的诞生。精神分析、行为主义、人本主义是心理学发展历史中最有代表性的学派。精神分析研究人的无意识，行为主义研究外在的行为，人本主义则主张研究人的本性和价值。目前，心理学科内部已经高度分化，形成了包含 100 多个分支的学科体系。如果把心理学比喻为一棵大树，那么众多分支学科就可以比作一个主干和两个枝干。“一干”是指研究一般的心理现象与心理规律的基础性学科；“两支”一个是指研究不同领域的心理现象和规律的分支系列，另一个是指研究不同主体的心理现象和规律的分支系列。

思考活动

1. 哪种心理学理论被称为心理学中的“第三势力”？你认为第一和第二势力是指什么？

2. 为什么把第一个心理学实验室的建立作为心理学诞生的标志？

3. 为什么说行为主义是“没有心的心理学”？

思考与练习

一、选择题

1. 冯特在德国莱比锡大学建立第一个心理学实验室是在(　　)年。

A. 1897　　B. 1879　　C. 1789　　D. 1798

2. 心理现象包括心理过程和(　　)。

A. 个性心理　　B. 个性心理特征

C. 个性倾向性　　D. 情感过程

3. 认识、情感和意志统称为(　　)。

A. 个性心理　　B. 心理特征　　C. 心理过程　　D. 个性倾向

4. 创设并控制一定条件,从而引起某种心理现象以进行研究的方法是(　　)。

A. 观察法　　B. 实验法　　C. 调查法　　D. 个案法

5. 下列心理活动中,属于个性倾向性的是(　　)。

A. 感知　　B. 情绪　　C. 兴趣　　D. 气质

6. 下列心理活动中,属于个性心理特征的是(　　)。

A. 思维　　B. 意志　　C. 兴趣　　D. 气质

7. 行为主义理论的创始人是(　　)。

A. 冯特　　B. 华生　　C. 弗洛伊德　　D. 马斯洛

8. 精神分析学派的创始人是(　　)。

A. 冯特　　B. 华生　　C. 弗洛伊德　　D. 马斯洛

二、判断题

1. 人本主义被称为心理学中的"第三势力"。(　　)
2. 在实验法中,反应变量就是自变量。(　　)
3. 需要和兴趣属于人的意志过程。(　　)
4. 弗洛伊德认为,本我遵循至善原则。(　　)
5. 心理是客观现实的能动的反映。(　　)

三、简答题

1. 心理现象可以分为哪些方面?
2. 心理学的研究任务是什么?
3. 心理学的研究方法有哪些?

四、论述题

1. 你认为学习心理学对自己有何意义?

2. 精神分析、行为主义和人本主义对心理学的研究对象有什么不同的看法?

推荐书目与文章列表

[1] [美]理查德·格里格,菲利普·津巴多著,王垒,王甦等译. 心理学与生活(第16版)[M]. 北京:人民邮电出版社,2003.

[2] [美]Roger R. Hock 著,改变心理学的40项研究[M]. 白学军等译. 北京:中国轻工业出版社,2004.

[3] 泛珠三角地区九所师范大学联合编写. 现代心理学[M]. 广州:暨南大学出版社,2006.

[4] 莫雷,温忠麟,陈彩琦. 心理学研究方法[M]. 广州:广东高等教育出版社,2007.

[5] [美]舒尔茨. 现代心理学史[M]. 杨立能等译. 北京:人民教育出版社,2001.

[6] 叶浩生. 心理学史[M]. 北京:高等教育出版社,2005.

[7] 卢秀安,陈俊,刘勇. 教与学心理案例[M]. 广州:广东高等教育出版社,2002.

第二章

认知心理

从看见黄叶飘零而意识到秋天的来临，到仰望着星空而遐想着人类的未来；从回忆着儿时的快乐，到好奇着世上到底有没有神灵……我们几乎每时每刻都在进行着各种各样的观察、想象、记忆和思维活动，这就是认知。从广义上讲，认知泛指一切反映客观事物的特征和规律的活动。从狭义上讲，认知是指人脑进行信息收集和加工的过程，它由一组相关的认知过程共同完成，包括感觉、知觉、注意、记忆、想象、思维等。人类经由认知而获得知识和智慧一直是我们引以为骄傲的资本。那么，我们的认知活动到底有着怎样的规律，如何才能更有效地运用这些认知活动达到对世界、对人生的认识呢？本章将带你学习有关注意、感知觉、记忆、想象和思维等各种具体的认知活动的概念、种类和特征，理解影响这些认知活动的因素和规律，了解判断各种认知活动的品质的标准。

学完本章，你将能够：

（1）掌握注意的概念、种类和影响因素；了解注意的品质。

（2）掌握感觉的概念、种类、感受性的变化规律。

（3）掌握知觉的概念、种类、特征；了解常见的错觉。

（4）掌握记忆的概念、种类、记忆过程及其规律；熟悉常用的记忆策略；了解记忆的品质。

（5）掌握想象的概念、种类和影响想象活动的因素；了解基本的想象手法。

（6）掌握思维的概念、种类、基本的思维方式；掌握问题解决的过程和影响因素；了解思维的品质。

专题导读

走路时想心思撞了人,下棋时全神贯注忘了时间,一声巨响打断了手头的工作……类似这样的经历,大概人人都有。这些现象的发生都是由我们的注意状态的变化导致的。什么是注意?注意有哪些种类?各种注意状态各有哪些特征?有哪些因素会影响这些注意的状态?一个人的注意品质可以从哪些方面来评价?这些问题就是本专题将要为你讲述的内容。

专题一 注　意

一、注意的概念

(一) 注意的含义

注意指我们的心理活动或意识向一定对象的指向和集中。走在路边闻到花香时,我们的意识会指向花香;看电影的时候我们会集中注意力去理解电影画面的内容,生活中我们几乎时时刻刻都离不开注意。

理解注意的含义,需要重视以下几点。

首先,注意是我们顺利进行其他心理活动的平台。在每一个当下,我们其实是被许许多多的内外刺激包围着的。比如你和一位朋友在路边聊天时,周围的行人、树木、花草、车流、各种各样的声音等,一刻也没有停息。但是我们常常对这些刺激视而不见、充耳不闻,因为我们的注意力集中在朋友身上。如果不是注意帮我们将意识锁定在朋友身上,聊天这样的小事情我们都无法顺利完成。其他一切心理活动也都要以正常的注意状态作为平台才能够顺利进行。

其次,注意不能离开其他活动而单独存在。我们找不到一个什么也没有注意的状态,也就是让注意单独存在的状态。注意总是和一定的对象以及对该对象进行感受、认识等心理活动同时存在的。比如有人对我们说:请注意,请注意!他一定是希望我们的注意有所指向。当我们不明白对方让我们注意做什么事情而感到迷惑的时候,我们的注意其实是指向了我们内在的这种迷惑和思索求解的状态。

再次,注意的对象可以是外在的刺激,也可以是内在的刺激。我们不仅可以关注外在的声音、颜色、气味、运动状态等,也可以把注意力集中到自己的内在体验上来。比如全神贯注地思考问题、沉浸在白日梦的想象中、努力地记住一篇文章、感受父母给我们的关怀并深受触动等,都是我们的注意指向内在刺激的时刻。

最后,注意与意识是两个相互关联又并不一样的概念。简单地说,我们可以认为注意是决定什么样的刺激能够进入意识加工的领域,什么样的刺激不能进入意识加工领域的一种选择机制。被选择的对象能够被意识到,未被选择的对象无法在意识的层面上进行加工处理。当然,我们的注意如何、为什么要选择那些对象,却并不总是有意识地进行的,我们常常无意识地选择某个对象进入意识的领域,比如突然冲出的车辆通常都会被我们看到,而这个过程显然是不能预期和控制的。

(二)注意的特征

注意有两大特征:指向性和集中性。

1. 注意的指向性

注意的指向性是指注意在每一个当下的瞬间,总是会选择某一对象,而忽视其他对象的特征。正如我们在图书馆看书,会把注意指向自己正看的书籍,而对旁边的同学看的是什么书、穿的是什么衣服不予关注。可见,即便处于同一个场合,由于不同的人的注意指向的可能是不同的对象,他们所接收到的信息也可以是迥然不同的。听同一场报告,有的人记住了报告的内容,对报告者的服饰、手势没有多少印象,有的人则对报告的内容所知甚少,却把报告者的眼镜式样研究得非常仔细。

2. 注意的集中性

注意的集中性是指注意会将意识活动集中到自己选择的对象上去,全神贯注地进行所需要的心理加工,保持一定的紧张性和兴奋性。医生做手术、厨师炒菜、战士瞄准敌人、杂技演员高空表演都给我们提供了高度集中注意于当前活动任务的典型例子。如果不能全身心投入到任务中去,就无法达成预期的目的。

(三)注意的行为反应

人们在注意力很集中的时候,会出现一些典型的行为反应。这些行为反应的线索可以帮助我们识别自己和他人的注意对象和注意的集中程度。注意的主要行为反应包括以下 3 种。

1. 适应性动作

个体为了更好地把注意指向和集中在某个对象上,常常会对自己的体态、方向、动作做出一系列的调整,也就是发生适应性动作。比如我们为了听清楚别人的谈话,身体会不由自主地向前倾斜,还可能用手支起下巴或者托着腮,目不转睛地望着对方等。

朝向反应是一种典型的适应性动作,体现在我们把自己的感官集中朝着刺激来源的方向。我们都有这样的经验;一声巨响传来,人们会蓦地抬起头来,甚至站起来或者跑出去,向着声音来源的方向张望探听,如果我们的一边耳朵不灵敏,我们还会不由自主地侧耳来听。

2. 无关动作停止

人们高度注意于某一活动时,与这个活动不相关的动作会自然停止下来。无论是注意外部刺激还是内部刺激都是这样的。比如当我们在路上闻到一阵桂花香,除了会去寻找花香的来源之外,还会不由自主地放慢脚步,把刚才正在思考或想到的念头暂时也停顿下来。一个人全神贯注于内在的思绪时,他的外部动作也会大幅度减少,甚至连眼珠也变得呆滞了。所以一个人眼神散乱停滞,常常是他回到内心体验的一个明显的外在信号。

3. 生理变化

人们集中注意力时,各项生理指标也会发生相应的变化。比如高度紧张时,屏住呼吸、心跳加快、血压上升、肌肉紧张度增加等。

二、注意的功能

注意有 4 种功能,分别是选择功能、维持功能、整合功能和调节功能。

(一)注意的选择功能

注意帮我们将当下应该关注的对象从大量其他刺激中挑选出来给予关注,将其他的刺激排除在意识范围之外,以保证该做的事情能够顺利完成。如果注意没有选择的功能,人的意识面对超量的刺激时就无法正常工作。

由于注意的选择功能,我们对被选择的对象和未被选择的对象的加工深度会有本质的区别。那些被我们的注意高度关注的对象处于意识加工的焦点上,会得到最精细的加工;那些介于注意焦点和未被注意的对象之间的刺激位于我们注意的边缘。它们可以部分或有条件地进行浅度的加工或关注;而那些未被选择的对象则无法用意识进行精细完整的加工。

注意总是会选择一定的对象来加以关注。但是,如果一个人选择的是与当前任务不相干的对象去关注,可以肯定他的活动效果是很差的。就像上课时本该听老师讲课,而学生却去关心路边的行人、回忆昨晚的电影,那么他学习的效果自然比较差。

(二)注意的维持功能

注意选择了合适的对象之后,并不是立刻就转移走了,而是要将意识活动维持在该对象上持续一段时间,以保证应该进行的加工能够完成。如果我们的注意选择了应该关注的对象,可是不等该完成的任务结束,注意就移开到其他对象上去了,活动的效果也会不好。尤其是一些比较复杂、需要较长时间持续进行加工处理的任务,如果我们的注意的维持功能不够,就会导致半途而废或者错漏百出的后果。

（三）注意的整合功能

注意的整合功能是指只有在集中注意的状态下，人们对认知对象的加工才能够达到完整清晰的效果。可见，集中注意能够增进我们心理活动的精细水平和整合水平，帮助我们把对对象的各个部分的认知加工结果整合起来形成完整的主观印象。比如小学生学习生字，如果注意力不集中，很容易出现掉笔画，写倒笔，混淆形近字、同音字等，这说明在注意的整合功能不能很好地发挥的时候，学生只能对生字做局部加工而未能全面加工。

（四）注意的调节功能

注意调节着我们当下的行为。在一件事情没有完成之前，我们会将意识状态集中，并提高紧张度和兴奋性来保证这一任务的顺利完成。当一项任务完成之后，我们的注意就可以放松一些或者离开这个对象，去选择下一个需要关注的对象了。这种灵活的调节功能，使得我们可以随时应付任务或环境因素的变化。新学骑车的人常常会觉得非常辛苦、浑身用力、时时刻刻都在高度紧张中，这是因为我们技术不熟练，分不清楚在什么状态下应该注意哪个动作、哪个方向。等我们很熟练的时候，就可以根据路况来调节我们的紧张程度和关注对象，轻轻松松地骑车上路了。

三、注意的种类

根据注意有无预定的目的和是否需要意志努力，可以将注意分为不随意注意、随意注意和随意后注意。这 3 种注意各有自己的特征和规律。

（一）不随意注意

1. 不随意注意的含义

不随意注意是一种事先没有预定目的，也不需要意志努力的注意，又叫无意注意。

比如我们正吃着饭，忽然旁边有人大声地喧哗，大家很自然会抬头来看看是怎么回事，这就是一种典型的不随意注意。我们没有预料到这个刺激物的出现，它出现之后我们也不用提醒自己就会自然去关注它，也不用强迫自己一定要达到多少分钟，也不用一定要观察到怎样细致的水平。它自始至终都是自发地发生的，不需要任何意志努力来勉强自己必须去注意。

可见，在不随意注意中，人们的注意选择什么对象是比较被动的，常常取决于刺激物本身的一些特点，而且我们对注意对象的加工过程也很松散，加工深度自然也不稳定。

2. 影响不随意注意的因素

刺激物本身的特点是引起不随意注意的重要条件，而人们自身的主观因素也会影响到不随意注意。

（1）刺激物的特点

① 强度：刺激物的强度是指刺激物的物理属性的大小，比如声音的强弱、光线的强弱、物体的高度、颜色的鲜艳程度等。强度大的刺激很容易引起不随意注意。楼上“砰”地掉下一个东西，人人都听到了，不约而同地去看；而如果是一片花瓣无声地落下来，可能就没人注意到。摩天大楼很远就能被大家注意到、霹雳雷甚至能让人从梦中惊醒、一股刺鼻的气味飘来大家都赶快捂起鼻子，这些都是刺激物的强度在起作用。

除了刺激物的绝对强度之外，相对强度也影响不随意注意。相对强度是刺激物的绝对强度与背景刺激强度之间的对比度。夏天的深夜，蚊帐里只要钻进一只蚊子在我们的耳边嗡嗡，我们可能都会被吵得睡不着觉；漆黑的夜晚里一只萤火虫的亮点都能被我们看见。这些都是相对强度在起作用。

② 对比：与其他事物形成鲜明对比的刺激物更容易被我们的不随意注意捕捉到。“万绿丛中一点红”、嘈杂菜市场里的一个安静看书的学生，都容易被我们注意到，就是因为对比鲜明的缘故。

③ 运动和变化：运动和变化的事物相比不动和不变的事物更容易被注意到。闪烁的霓虹灯、门厅里突然多了一面镜子、漫天飞舞的雪花都容易吸引我们的不随意注意。

④ 新异性：特别奇异、从来没有见过的新鲜刺激容易引起不随意注意。闹市里遇到拍摄古装戏，人人都围拢去看看新鲜；小街上新开了一家外国菜馆，很快满街人都知道了。这些都说明了新异刺激容易吸引人的不随意注意。

（2）人本身的状态

人们当下的情绪、需要、兴趣、过去的经验等也都会影响不随意注意。饥肠辘辘的人特别容易闻到很远的巷子里飘来的肉包子的香味，这是需要对不随意注意的影响。海报栏里贴满了各式各样的广告，很少有人把每一张都看一遍，走过一趟之后，喜欢跳舞的人看见了舞会的广告，喜欢看电影的人看见了电影预告，喜欢旅游的人看见了组团旅游的招贴海报，大家各取所需，却常常对自己不感兴趣的广告毫无印象。这是兴趣对不随意注意的影响。情绪好的时候我们更喜欢东张西望，平时看不见的风景都看在眼里了；情绪不好时我们只看自己的脚尖，什么美妙的景色也无法让我们抬起头来，这是情绪状态对不随意注意的影响。

可见，对于不随意注意而言，刺激物的属性固然不可缺少，人本身的内在心理因素也是不随意注意能够发生的重要条件，尤其是那些对我们有意义的刺激物，非常容易就能引起我们的不随意注意。一群人聊天时只要有人小声提到我们的名字，哪怕我们正在入神地看小说，也一定马上就听到了，因为我们的名字对我们有着特殊的心理意义，我们会对这样的信息高度敏感。人们对自己专业的名词也会高度敏感。从不认识的人嘴里冒出我们熟悉的专业名词来，我们也一定会多看他两眼。

不随意注意的特点和影响不随意注意的因素在生活中有着广泛的运用。广告设计、推销会、商品陈列、教师教学等活动中都可以通过合理利用不随意注意的规律达到良好的预期效果。

（二）随意注意

1. 随意注意的含义

随意注意是指有预定目的、需要一定的意志努力的注意，又叫有意注意。

当我们上课觉得有些疲劳时，会提醒自己打起精神认真学习；当我们在接手一项加班的工作时，虽然不情愿，还是努力把注意力集中到任务上来，尽量早点做完。我们的生活、工作、学习中有许多时候是处在随意注意的状态中的。

可见，随意注意是心理活动的一种积极主动的选择和集中，一方面对于注意对象的加工处理深度和精度更高；另一方面也依靠意志的帮助而使得我们能够按质、按量、按时完成规定的任务，这在人类的分工合作中是非常重要的。当然，随意注意虽然能够为我们带来更好的活动效果，但是由于需要意志努力的参与，经常要抵抗各种无关刺激的干扰，它不如不随意注意那么轻松自在，长时间在随意注意状态下完成任务更容易让人产生疲劳感。

2. 影响随意注意的因素

如果说无意注意主要是由刺激物的特征引发的，随意注意主要是由人们自身的内在心理因素引发的，比如对于任务的认识水平、人格特征、兴趣和情绪等。

（1）对活动的认识

个体对活动的目标、意义和价值的认识越积极、越清晰，越能够引发和维持随意注意。随意注意的特点就是有预定的目的、为实现预定目的而动用意志努力。因此，对于那些被我们认定为重要的、有价值的、有意义的目标任务，我们自然会给予高度的关注和努力。比如学生在平时的课堂测验中可能会马马虎虎、丢三落四，但是很少有学生会在高考的考场上马马虎虎、丢三落四的。

(2) 对活动的组织

组织张弛有度、程序合理的活动更有利于引发和维持良好的随意注意。如果活动的组织能够形成稳定而合理的常规,并养成了规律和习惯,那么活动本身带来的与任务难度无关的干扰因素就能够降到最低,养成良好习惯的活动需要的意志努力也会减少很多,相对而言不是那么容易让人厌烦和疲劳。

正如学生如果没有养成良好的组织学习活动的习惯,上课的时候一会儿找不到作业本,一会儿不知道老师讲的内容在第几页,一会儿桌子上其他课程的书籍占用了写字的地方,这样一节课下来,总是处在紧张应付之中,自然是劳而无功的。反过来,如果养成了上课前做好所有的准备,对老师课堂活动的常规形成习惯性预期,那么他的学习就可以避免忙乱无序、跟不上老师的进度和思路的麻烦,只需要将精力集中到理解老师的讲授内容上,会大大降低意志努力的难度。

(3) 经验

有一定经验的活动比较容易引起和维持良好的随意注意。正如平时听人讲话,假如他讲的内容我们从来没有接触过,三句话有两句话都听不懂,我们很快就失去耐心听不下去了。而对于我们熟悉的内容则易于引发我们的深度加工和思考,不需要太多的自我提醒就能够将注意稳定在所谈的话题上。

(4) 兴趣

让我们感兴趣的对象很容易就引发我们的随意注意,哪怕是间接兴趣也有这样的功效。有些活动最初是一种不得不做的任务,但是如果我们对这项任务带来的价值迫切需要,在最初依靠意志努力维持的随意注意之后,也可以慢慢因熟悉或得到预期的收益而对活动本身产生直接兴趣。比如许多人为了减重而不得不定期运动,如果能够把最初又累又痛苦的一段时间坚持过去,随着减重见效,运动成为享受的日子常常也紧跟着来临。

(5) 人格

影响随意注意的人格因素主要指意志品质。具有坚强的意志品质的人能够说服自己顺从当前任务的要求,哪怕不是自己喜欢、擅长的项目,也能认真负责地坚持做下去。反之,一个意志薄弱、怕苦怕难的人是很难有良好的随意注意的,他们经常放弃,其随意注意的过程也经常中断,完成任务的效果也自然是不佳的。

(三) 随意后注意

随意后注意是指既有预定的目的,又不需要意志努力的注意。随意后注意是随意注意的一种特殊形式,是随意注意发展到对活动高度迷恋、享受活动过程的阶段而产生的一种既不费劲又高效率的注意形态。这是我们每个人都希望达到的一种注意状态。

引发随意后注意的条件是对活动的强烈的直接兴趣。想一想我们急切地想看完一本非常精彩的小说的时候,挑灯夜战、废寝忘食、兴味盎然、乐此不疲的感受,就知道高度迷恋的直接兴趣对于随意后注意的发生是多么有力了。我们常说“知之者不如好之者,好之者不如乐之者”,讲的也是这个道理。

四、注意的品质

我们通常从 4 个方面来衡量注意的品质:注意的广度、注意的稳定性、注意的分配和注意的转移。

(一) 注意的广度

注意的广度是指个体同一瞬间能够注意到的刺激对象的数量的多少。研究表明,一般人的注意广度通常是在 5 ~9 个刺激之间。但是有些职业或任务要求有更好的注意的广度,比如驾驶员需要同时注意前、后、左、右各个方向上的车辆行人交通信号和标志线,没有眼观六路、耳听八方的注意广度,是难以胜任这样的工作的。

人们注意的广度会随着任务熟练程度的提高而得到一定的提高。小学生刚开始学习认字的时候,笔画稍微多一些的字都记不住,但是当我们已经成了一个阅读爱好者的时候,一目十行也能够轻松做到。

(二) 注意的稳定性

注意的稳定性有广义与狭义之分。狭义的注意稳定性是指注意集中在一个特定的对象上所能持续的时间的长短,比如我们盯着面前屏幕上的一个移动的黑点能够连续看多长时间。广义的注意稳定性是指注意集中在一项活动上所能持续的时间的长短,比如我们认真学习能够持续多长时间。在衡量广义的注意稳定性时,可能注意的对象总在变化,如学习时一会儿要看书,一会儿要练习,一会儿要背诵等,但是所有这些注意对象的变化都是围绕学习任务而进行的必要的调整,因此,从整体上讲,我们也说注意是处于稳定的状态。

与注意稳定性相反的就是注意的分散,又称分心,既注意从该专注的对象或任务离开的现象。分心会导致活动的效率和准确性下降,是一个不良的注意品质。

持续注意一个对象的时候,注意的效果会出现有规律的时强时弱的变化,人们称为注意的起伏。比如静夜里我们把嘀嗒走着的手表放在耳边一尺左右刚好能听见响声的地方,然后专注地听嘀嗒声,会发现声音一时出现一时消失。注意起伏是注意稳定状态下的一种正常现象，我们也不认为是分心。

（三）注意的分配

注意的分配是指注意同时指向两个或两个以上的对象上的能力。比如杂技演员经常要手脚并用、上下兼顾，同时要照顾许多个动态的因素，体现出超常的注意分配品质。

一般情况下，注意的分配是不容易做到的。只有当我们经常做注意分配的练习，最多只有一个对象是我们没有练习得很熟悉的任务的时候，才可以进行注意的分配。那些能够顺利进行注意分配的任务常常是我们反复操练得很熟练的任务，比如学生一边听讲一边记笔记一边给同桌递一把尺子、一边骑车一边跟朋友说话等。

与注意的分散不同的是，注意分配所指向的数个对象都是完成任务或活动所需要的，而注意分散则是离开了应该注意的对象。

（四）注意的转移

注意的转移是指由于任务的需要而将注意从原来的对象转移到新对象上去。

比如上完体育课接着上语文课，学生就要及时将体育活动停下来，投入语文课的学习，而不能上着语文课还在想着体育课上的投篮、跳远。注意转移是否及时对于完成任务而言是至关重要的。一般而言，从喜欢的活动向不喜欢的活动转移、从兴奋度高的活动向兴奋度低的活动转移都要比相反的转移更困难一些。

与注意分散不同的是，注意转移前后的对象都是当时任务所需要注意的，而注意分散是从应该注意的对象上转到不应该注意的对象上去了。

由于注意影响到其他一切同时进行的心理活动的顺利进行，培养良好的注意品质是非常重要的。注意的各项品质都可以经由长期的训练而得到一定的提高。

思考活动

1. 试举例说明如何在生活中合理运用注意的规律。

2. 评价自己的注意品质，并想一想可以怎样培养自己良好的注意力。

扩展阅读

双耳分听实验

彻里（Cherry，1953）给被试者的两耳同时呈现两种材料，让被试者大声追随一个耳朵听到的材料，并检查被试者从另一个耳朵所获得的信息。前者称为追随耳，后者称为非追随耳。结果发现，被试者从非追随耳得到的信息很少，当原来使用的英文材料改用法文或德文呈现时，或者将课文颠倒时，被试者也很少能够发现。这个实验说明，从追随耳进入的信息，由于受到了注意，而得到了进一步的加工和处理。而从非追随耳进入的信息，由于没有受到注意，因此，没有被人们所接受。

有趣的是，1960 年，格雷(Gray)等人在一项试验中，通过耳机给被试者两耳依次分别呈现一些字母音节和数字，左耳：ob-2-tive；右耳：6-jec-9。要求被试者追随一个耳朵听到的声音，并在刺激呈现之后做出报告。结果发现，被试的报告既不是 ob-2-tive，也不是 6-jec-9，而是 objective。格雷的实验证明：来自非追随耳的部分信息仍然受到了加工。

资料来源：彭聃龄．普通心理学[M]．北京：北京师范大学出版社，2004.

专题小结

注意是心理活动对一定对象的选择和集中。注意具有选择性和集中性两大特征，并具有选择、维持、整合和调整的功能。注意可以分为不随意注意、随意注意和随意后注意 3 种状态，影响这 3 种注意状态的因素各有不同。注意的品质可以从注意的广度、注意的稳定性、注意的分配和注意的转移 4 个方面进行衡量。

感觉和知觉

专题导读

秀丽的山川、悠扬的旋律、清馨的花香、甘甜的美味，这一切，都是感觉、知觉馈赠给我们的厚礼。感知，是客观信息的收集站；感知，是知识和智慧的起点。什么是感觉和知觉？人类有多少种感知觉？感觉和知觉有哪些特征？有哪些活动规律？这就是本专题将要为你讲述的内容。

一、感觉

感觉是一个我们不常能够感觉到其存在的认知过程。我们眼睛一睁就能看，耳朵不聋都能听，鼻子自然就会闻，舌头天生能尝味。所有这些认知活动都好像是自动发生的一样平平常常。然而，在这些平常普通的感觉背后，有着我们未必都清楚的运行机制和规律。

（一）感觉的含义

感觉是一个我们在生活中经常使用的词。我们常说："我感觉这个问题很棘手"、"我完全找不到感觉"等。这里面其实是将感觉赋予了体验、思路、突破口、情绪等各种模糊的意思。实际上，心理学中所说的感觉不同于我们生活中经常使用的感觉。准确地说,感觉是人脑对直接作用于我们的感觉器官的当前刺激的个别属性的反映。

要理解好感觉这个概念,需要我们注意如下几点。

首先,感觉只能收集当前刺激的信息。所谓当前刺激,指的是当下存在的刺激,不是过去经历过的,也不是未来的,而是就在感觉发生的当下所存在的。而且,只有那些直接作用于我们的感觉器官的当前刺激,我们才能通过感觉得知它的存在。生活在地球另一半的人,我们可以想象他的存在,可是不能直接用肉眼看见他的存在。这是因为他超出了我们的肉眼能够直接看见的距离。

其次,感觉只能反映个别属性。这是由我们感官的特异性决定的。我们的各个感觉器官都只能对它自己的适宜刺激起作用,产生的是对个别属性的主观印象。比如我们的眼睛只能看见可见光,不能看见声波,也不能看见味道。

(二)感觉的意义

感觉虽然简单,但是意义重大。它不仅是知觉的直接基础,并与知觉一起为其他高级的心理活动提供原始信息,而且对于维持我们的信息平衡和精神健康有着重要的作用。

著名的感觉剥夺实验向我们证明了正常的感觉信息输入是多么重要。Bexton、Heron 和 Scott(1954)首次进行并报告了感觉剥夺实验的结果。他们招募了一些大学生来参加一个什么都不用做的实验,每天支付 20 美元报酬。他们只需尽可能长时间地躺在实验室的一张舒适的床上就行。实验中,将他们能够获得的感觉信息减到最低:给他们戴上半透明的眼镜让他们看不清事物;室内安静得没有一点儿声音;手上戴了棉手套限制手的触觉;头固定在枕头上。吃喝全部在床上。结果发现:实验开始时,他们还能安静地睡着。但很快他们开始失眠,感到不耐烦。他们用唱歌、吹口哨、两只手套互相敲打等方法制造刺激。他们报告说思维开始混乱,无法清晰地思考。约有半数的人产生了幻觉,如幻视、幻听和幻触。被试者感到焦躁不安,很不舒服。大多数人坚持不到 3 天以上。

(三)感觉的种类

我们常说人有 5 种感觉,视觉、听觉、味觉、嗅觉和皮肤感觉。实际上,人类的感觉还不止这 5 种。通常我们根据这些感觉能够接受到的刺激源与人的位置关系,将感觉分为外部感觉和内部感觉。

1. 外部感觉

外部感觉的感觉器官位于身体的体表,接收来自身体之外的刺激物的信息。前面讲到的视觉、听觉、味觉、嗅觉和皮肤感觉都属于外部感觉。视觉的适宜刺激是可见光波,产生颜色感觉(色感)和明度感觉(光感)。听觉的适宜刺激是声波,产生声音感觉,能辨别声音的高低、强弱和音色。味觉的适宜刺激是可溶于水的物质,产生酸、甜、苦、辣、咸5种基本味觉。嗅觉的适宜刺激是挥发性物质,产生各种气味感。皮肤感觉的适宜刺激是各种化学和机械刺激,产生温度感觉、触觉、痛觉等。

其中视觉和听觉能够接收距离身体比较远的刺激信息,成为远距离感觉。味觉、嗅觉和皮肤感觉只能接收与身体体表的感觉器官直接接触的刺激物的信息,叫做近距离感觉。

2. 内部感觉

内部感觉的感觉器官位于身体内部,接收来自身体自身和内脏的刺激信息。内部感觉包括肌体觉、肌动觉和平衡觉。肌体觉收集来自内脏的生化刺激产生的感觉信息,比如饿、渴、疼等感觉。肌动觉收集来自关节、骨骼、肌肉、韧带等运动系统的体内信息,产生各种姿势感,使我们知道自己是站着还是坐着。平衡觉收集关于我们的身体平衡状况的信息,不论是坐着还是走着,我们都知道自己是不是处于身体平衡的状态。

有了这么多种类的感觉,就能够帮我们把自己需要的内外信息收集进来,供其他心理加工机制使用。

(四)感觉的规律

1. 感受性

我们的每一种感觉器官对适宜刺激的感受能力,叫做感受性。如果一种感官对适宜刺激非常敏感,我们说这种感官的感受性很高;反之则很低。感受性是对一种感觉器官的灵敏度的衡量,通常用感觉阈限来进行量化的反映。

2. 感觉阈限

我们的感官各有各的适宜刺激,然而并不是所有的适宜刺激都能够被感官接受。事实上,感官能够反映的只是刺激强度在一定范围之内的适宜刺激,太高或太低的刺激强度无法引起我们的感官的正常反应。心理学家就用感官刚刚能够感受到的最大或最小的适宜刺激的刺激量来反映感官的感受性,这就是感觉阈限。

感受性和与之相对应的感觉阈限有两类:一类是绝对感受性和绝对感觉阈限;另一类是差别感受性和差别感受阈限。

所谓绝对感受性,是指感官能够感觉到某一个适宜刺激存在的能力大小。因此,所谓绝对感受阈限,是指感觉器官能够感受到某一个适宜刺激存在的刺激物强度的临界值。一种感官所能够接收到的适宜刺激的最小值就叫做绝对感觉阈限的下限,最大值就叫做绝对感觉阈限的上限。比如我们的眼睛能看到的波长最长的光波是红色,波长高于红色的红外线,我们就看不到了,这是颜色视觉绝对感觉阈限的上限。而我们能够感受到的波长最短的光波是紫色,波长低于紫色的紫外线我们也看不到,这就是颜色视觉绝对感觉阈限的下限了。

不难发现,一种感官的感受性是与它的绝对感受阈限的下限成反比的。一个眼睛能够看见满天大大小小明暗不等的星星的人,其视觉的感受性比一个只看得见最亮的北斗星的人的视觉感受性要高得多。一般而言,我们人类各种感官的感受性还是不错的,足够觉察到我们生存所需觉察到的各种微小刺激。表 2-1 列举了我们的五种感觉的绝对感觉阈限。

表 2-1　五种感觉的绝对感觉阈限

感觉类型	绝对感觉阈限
视觉	漆黑的夜晚,30 英里外一支烛光
听觉	安静环境中,20 英尺远手表嘀嗒声
嗅觉	1/100 000 毫克人造麝香/千克空气
味觉	两加仑水中放入的一匙白糖
触觉	从 1cm 距离落脸上的一只苍蝇翅

尽管人类的感觉很灵敏,但是有些动物的感觉器官比我们还要灵敏,比如蝙蝠能够识别频率高于 20 000Hz 的超声波,海豚能够识别频率低于 20Hz 的次声波,超声波和次声波的频率都超出了我们人类听觉对音频的绝对感觉阈限的上限和下限。

差别感受性是指我们的感觉器官对刺激物的强度变化的敏感性。比如孩子长高了,我们的肉眼能够看出来吗?灯光变暗了我们的肉眼能够觉察吗?这些都涉及差别感受性。心理学家研究发现,对于中等强度的刺激量而言,如果刺激物的变化量太小,我们是觉察不到的。比如时钟上时针的转动,我们就很难用肉眼看出来,但是秒针的转动则能明显地看出。心理学将刚刚能够引起人的差别感的适宜刺激的最小变化量称为差别感受阈限。不难理解,个体的差别感受性与其差别感受阈限之间也是成反比的关系:差别感受阈限越低的人,对刺激变化的感受越灵敏。

德国心理学家韦伯(Weber,1834)在研究感觉的差别阈限时发现,个体对适宜刺激的差别感觉,取决于刺激强度的变化量与原刺激量之间的比值。如果以 I 代表原刺激量,以 $\triangle I$ 代表引起差别感觉的刺激增量,那么在一定范围内,差别阈限是一个常数,用公式表示为

$$K = \triangle I/I$$

其中 K 为一常数,也叫韦伯分数。这个公式也叫韦伯定律。表 2-2 中展示了部分感觉的韦伯分数。

表 2-2 部分感觉的韦伯分数

感 觉	K(韦伯分数)
音高	0.003
亮度	0.017
重量	0.020
响度	0.100
皮肤压觉	0.140
咸味	0.200

韦伯定律说明:要想得到差别感,刺激强度的变化量必须达到原刺激量的一定比例才行。比如一根很长的竹竿,我们将它截去半寸,肉眼很难发现竹竿变短了,而如果把一支一尺长的铅笔截取半寸,则很容易发现变短了。再比如自己的孩子天天看着,不容易看见他正在长高。别的人隔几个月一见,则很容易发现孩子又长高了一大截。

3. 感受性的变化规律

各种感官的感受性不是一成不变的,而会随着刺激物的特征发生规律性的变化。常见的感受性变化的现象表现在感觉的适应和感觉的相互作用等方面。

(1) 感觉的适应

感官的感受性在刺激物持续作用时会发生变化的现象叫做感觉的适应。一般而言,感觉适应的规律是感受性随时间而降低,也有少量感受性增高的现象。

视觉适应有明适应和暗适应两种。明适应是指从暗处转入亮处时视觉感受性下降的过程。如夏天的正午我们从电影院来到耀眼的阳光下,你会觉得眼睛刺痛无法睁开,需要几秒或十几秒的时间才能恢复,继而看清周围景物。暗适应则是由亮处转入暗处时视觉感受性提高的过程。人从明亮处走进黑暗的地方,刚开始会看不见,经过几分钟到十几分钟的适应才能慢慢看清东西。

听觉在中等强度范围内很少发生适应,但持续较高分贝的声音刺激会导致人的听觉衰退,而且很难自然恢复,噪声污染对人的听觉损伤是不可逆转的。嗅觉很容易适应除刺激性气味之外的其他气味,所谓“入芝兰之室,久而不闻其香”就是这个道理。温度觉在中等刺激范围内也比较容易适应,但是太高或太低的温度我们很难适应。痛觉很少发生适应现象,因为产生痛觉往往意味着肌体在受到伤害,痛觉会持续发出警示,以保护自身的安全。

各类感觉的适应现象能使有机体更好地适应环境的变化,保护自己。

(2) 感觉的相互作用

感觉的相互作用是指同一种感觉或不同感觉之间感受性的相互影

响。常见的感觉相互作用现象有感觉的对比、感觉的掩蔽、感觉的代偿和联觉等。

感觉对比分同时对比和继时对比。同时对比是指同一种感觉器官同时接收两种不同的适宜刺激的作用,对两种适宜刺激产生的感觉映像跟单独对它们产生的感觉映像不同。比如,我们在黑色背景下写上白字,就比在灰色背景下写的同样的白字看起来更亮更白。继时对比指的是同一种感觉器官接收两种适宜刺激先后作用,对其产生的感觉映像与单独接收时产生的感觉映像不同。比如先吃橘子再吃糖会觉得糖更甜。

感觉的掩蔽是指一种感觉映像因其他感觉映像的存在而发生增强或减弱的现象。比如,拔牙的时候听到电锯的声音会觉得更痛,而扎针灸时的捻动会减轻痛感。闪烁的灯光会增强打击乐的响度等。

感觉的代偿是指一种感觉的感受性失去的时候,另一种相关联的感觉的感受性会代偿性地增强。比如盲人的触觉和听觉会比我们一般人要灵敏,就是对视觉的一种代偿。

联觉是指一种感觉接收它的适宜刺激作用时,除了产生相应的感觉映像之外,还产生了另一种感觉映像。比如我们看见黄色时还会产生温暖的感觉,看见蓝色产生冷感,就是色—温联觉现象。

我们感觉的感受性变化规律一方面给我们的生活提供了更丰富的感官享受,比如音乐家利用声音掩蔽的原理创作美妙的交响乐,画家利用颜色的对比、掩蔽和联觉创作出富有感染力的画作等。同时,这也提醒我们要爱护我们的感官,以保证它长久地拥有良好的感受性。

二、知觉

我们很难意识到感觉的过程和结果,但是我们可以清晰地意识到知觉的结果。事实上,我们的感觉几乎总是被整合为知觉映像而被我们意识到的。

(一)知觉的含义

知觉是人脑对直接作用于我们的感觉器官的当前刺激的整体的反映。当面临一个实物时,各种感觉对它各个方面的单个特征进行专门的收集,然后将这些信息整合起来,就构成了对该实物的完整的知觉。如我们看见一个物体西瓜大小,青黄的颜色、厚厚的皮上长满了刺,闻起来有特殊的清香,摸起来扎手,白白的瓤吃起来很甜。所有这些感觉综合起来,给我们产生对榴莲的整体映像,就是对榴莲的知觉。

与感觉一样,知觉也是对当前刺激的反映。它和基本上依赖于生理反射的感觉不一样的是,知觉不是将感觉映像简单累加就可以产生整体映像,而是需要用主观经验来整合各个感觉信息,使之获得完整的理解。如果一个人从来没有见过榴莲,看上面的文字就会不容易理解。但是看见过和吃过榴莲的人则很容易知道这是榴莲。

(二) 知觉的种类

知觉也有很多种类,按照知觉中起主要作用的感官的不同,可以将知觉分为视知觉、听知觉、嗅知觉等。按照知觉对象的不同,可以将知觉分为对物的知觉和对人的知觉,其中对物的知觉又可以按照物的存在形式分为空间知觉、时间知觉和运动知觉。其中空间知觉又包括形状知觉、深度知觉等。对人的知觉又称社会知觉,在本书第六章人际心理中有详细介绍。根据知觉的结果是否与客观现实一致,又可以分为正确的知觉和错误的知觉(错觉)。需要说明的是,错觉与幻觉不同,错觉是有一个真实存在的当前刺激,只是我们对它产生了有偏差的主观映像,而幻觉是没有真实的当前刺激我们却产生了某种主观映像而且认定存在的刺激。

(三) 知觉的特征

知觉有四大特征,分别是知觉的整体性、选择性、理解性和恒常性。

1. 知觉的整体性

知觉的整体性是说知觉总是会从整体上去把握当前刺激。在过去经验的基础上,知觉会自动将同一个刺激的各种特征整合为一个完整的映像。这是知觉最本质的特征。

知觉的整体性体现在如下方面。

首先,知觉会优先将具有某种结构的刺激自动整合并识别为一个整体。格式塔心理学家将容易被知觉为一个整体的客观属性总结为知觉整体性法则,包括接近性、相似性、连续性、闭合性和良好图形原则等。

接近性是指空间距离接近的物体容易被知觉为一个整体(图 2-1)。

相似性是指性质相似的物体容易被知觉为一个整体(图 2-2)。

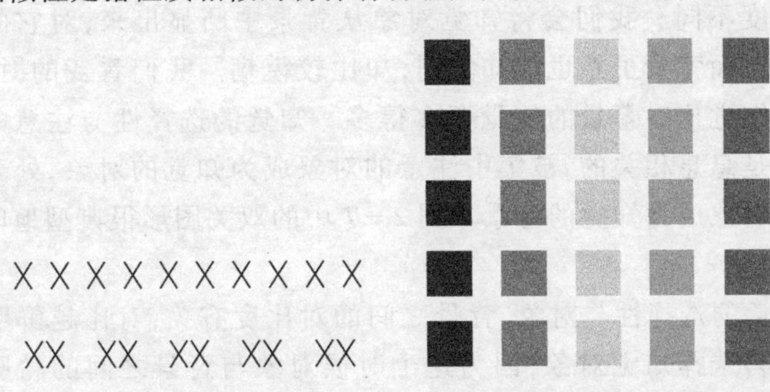

图 2-1 接近性原则　　图 2-2 相似性原则

连续性是指连续或形成共同运动趋势的刺激容易被知觉为一个整体(图2-3)。

闭合性是指闭合、封闭或接近封闭的刺激容易被知觉为一个整体(图2-4)。

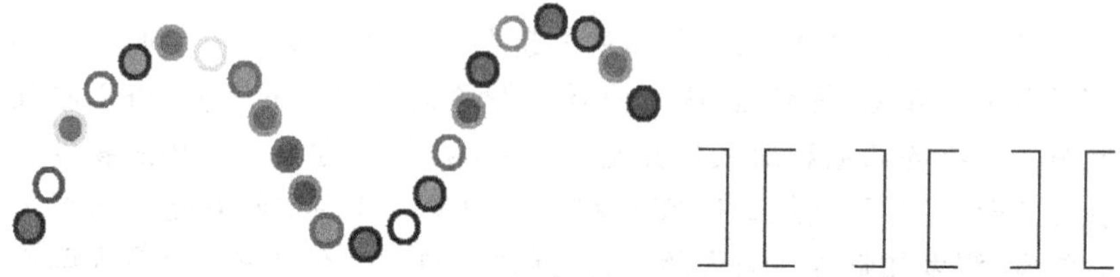

图2-3 连续性原则　　图2-4 闭合性原则

良好图形原则是指具有对称、闭合、均匀、简明等特征的图形容易被优先知觉(图2-5)。

其次,知觉的整体性还体现在当物体的轮廓不完整时,我们可以用自己的主观经验将其在头脑中补充完整,这种现象叫做主观轮廓现象(图2-6)。

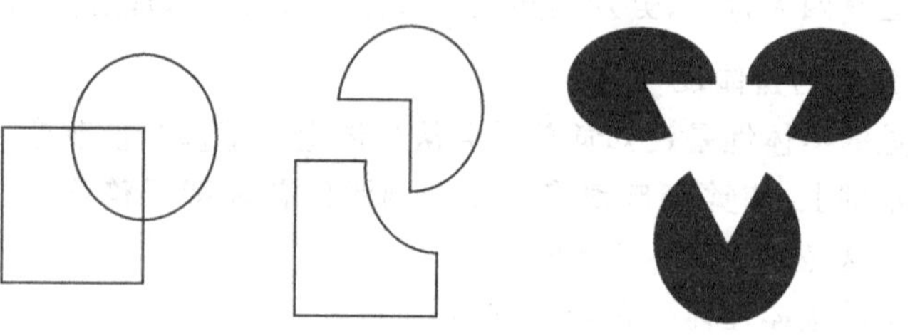

图2-5 良好图形原则　　图2-6 主观轮廓

2. 知觉的选择性

知觉的选择性是指人们在知觉的当下,总是选择少数刺激物作为知觉对象,而把其他事物作为背景。人脑对知觉对象和知觉背景的加工程度不同。我们会将知觉对象从背景中凸显出来,对它的知觉更清晰。而背景虽然也能知觉到,却比较模糊。我们看戏的时候,对角色的知觉比对幕景的知觉要多得多。知觉的选择性与注意的选择和转移是息息相关的,被集中注意的对象成为知觉的对象,处于注意边缘的对象成为知觉的背景。图2-7中的双关图形很典型地印证了这一点。

知觉的选择性与对象、背景之间的对比度有关,对比越鲜明时我们越容易选择知觉对象,因为这个时候对象与背景之间的轮廓非常清晰。由于知觉选择性的存在,当我们需要成为知觉对象的时候,就需要增加与背景之间的对比,而当我们不想被知觉到的时候,就需要与背景保持一致，如野战士兵穿上迷彩服，就更容易在丛林中隐蔽起来。

知觉的选择性还与知觉对象的意义有关。我们从一张集体照中找到自己总是比找别人，尤其是不熟悉的人要迅速得多。因此我们的兴趣、爱好、需要、情绪、当前任务、知识经验都会影响知觉的选择性。

3. 知觉的理解性

知觉的理解性是指我们知觉一个对象时总是要对其做出合理的解释和识别，使它具有一定的意义。因此，知觉的过程也是一个假设检验的过程。如果一个对象我们完全不能理解它是什么，这个知觉的过程就无法完成。在理解知觉对象的过程中，以往的经验、言语的解释和提醒起着非常重要的作用。图 2－8 中的斑点，当我们看不出它是什么时，如果有人给我们一些提示，就很容易看出来了。

图 2－7 双关图形

图 2－8 斑点图

然而，正是由于知觉的理解性，双关图中的对象和背景常常不容易灵活转化，如图 2－9所示。当我们第一眼看到的是一个老太太时，常常就陷于这种固定的对象，而无法再看到少女的图案。但是如果有人详细地提示我们少女的五官的位置，我们也可以重新构建理解，从而看出图形里隐藏的少女。

4. 知觉的恒常性

知觉的恒常性是指知觉条件发生变化时，人脑对知觉对象的主观识别保持不变的特征。比如，白天看一张蓝色的桌子，我们看见的颜色比晚上看要明亮很多，但是我们不会认为这张桌子白天是天蓝色的，晚上就变成了灰蓝色的，而是对其颜色保持恒常的视觉识别。

知觉的恒常性包括形状恒常、大小恒常、明度恒常和颜色恒常。

形状恒常是指从不同角度看同一个对象，虽然它在我们视网膜上的投影差别很大，但我们依然将之识别为同一个对象。比如一个长方形的盒子，从正面看、侧面看、上面看都会让我们知觉到它们是同一个盒子。

大小恒常是指当我们从不同距离看同一个对象时，尽管远距离时它在我们的视网膜上成像小，近距离时成像大，但是我们依然认为它们是同样大小的，不会觉得它离我们越近就变得越大。图 2－10 向我们证明了这一点。

图 2－9　少女还是老妇

图 2－10　大小恒常

明度恒常是指当我们在不同明度的光照条件下看同一个物体时，我们对它的明度感不会因为光照明度低而变低，因为光照明度高而变高。正如煤块无论在白天还是在晚上，我们都知道那是黑乎乎的煤块。

颜色恒常是指当我们在不同的色光下看有颜色的物体，我们对这个物体的颜色的知觉映像不会因为光照的颜色使它的实际颜色看起来发生变化而有所不同。一支黄色的笔在红光下变成橙色，在蓝光下变绿，但是我们依然能识别为它原本的黄色。

知觉的恒常性显然与我们的过去经验有关。我们常常遇到要在不同的条件下知觉同一个对象的情形，这种经验为我们的知觉恒常性提供了支持。有研究表明，长期在平原地带生活的人，比长期在山区生活的人，对于从山脚下爬上山的人的身高的估计误差要大得多。这也说明经验在保持知觉恒常性中的作用。

（四）错觉

错觉是我们对当前的客观刺激产生了有偏差的知觉映像。而且，这种偏差还有一定的一致性。几乎各种知觉类型中都存在错觉现象。图 2－11 中是一些常见的视错觉现象。

听错觉也很普遍，我们在礼堂听讲座，总认为自己听到的声音是从

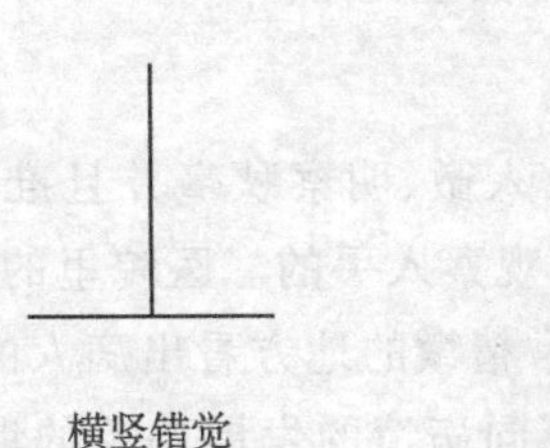
横竖错觉

庞佐错觉

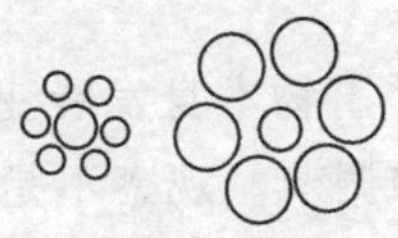
艾滨浩斯错觉

栅轨错觉

图 2－11 几种视错觉

演讲者那里来的，其实我们听到的可能是位于我们附近的喇叭里传来的。

形重错觉是一种典型的触错觉：同样重的两个铅球，我们会觉得空心的大球握起来比实心的小球要轻。

运动错觉也很常见：我们坐车时觉得车子没动而路在飞快地向后跑、树在向后倒，都是运动错觉的例子。

时间错觉更是普遍：上一堂听不懂的课觉得像过了一个世纪一样漫长，而参加喜爱的晚会却觉得两个小时一晃就过去了。

（五）观察的品质

有意识、有目的、有计划的感知就是观察。我们的生活、工作和学习离不开观察。家庭主妇做菜要观察火候，小学生写作文要观察生活，科学家做实验要观察研究现象的细微变化。观察是如此重要，以至于大科学家巴甫洛夫用“观察、观察、再观察”来激励自己和学生们重视科学研究中的观察。

观察的能力可以从如下几种品质来进行评估和培养。

1. 观察的敏锐性

观察的敏锐性是指对发生在观察对象上的新的特征和现象能够迅速地捕捉到、反应敏捷。我们一定都对福尔摩斯总是能从一根烟头、一只鞋跟上的划痕等蛛丝马迹中发现元凶的行动踪迹感到惊叹，这就是观察敏锐性的集中反映。而观察力不够敏锐的人常常对观察对象的新变化反应迟缓，把不同寻常的新动向都归为偶然因素而不给予重视，因此常常错过难得的机遇、看什么都熟视无睹。

2. 观察的精确性

观察的精确性是指观察细致入微、明察秋毫并且准确无误。许多重大的发明和创新都是从精细的观察入手的。医院里的医生和护士能够从舌苔、脉象、脸色、肤色等非常精微的地方看出病人的病情和病灶，这是和长期的精确记录和积累不同病情的发展迹象的训练分不开的。观察不精确的人会表现得粗枝大叶，只知大概不知细节，或者错漏百出。

3. 观察的自觉性

观察的自觉性是指观察过程和方法顺乎事物本身发展变化的顺序和规律，观察中自觉接受逻辑思维的指导和调节。观察不是单纯的自然感知，看见什么是什么，而是有目的、有计划、有意识地带着问题和假设来感知，在观察的过程中时刻都在验证或者证伪之前的假设，随时都在对没有预期到的新现象做出合理的判断或新的假设。

我们可以有意识地培养观察的品质，养成认真观察、及时记录、带着思考和问题观察的好习惯。

思考活动

1. 为感觉的规律找出一些生活中接触到的证据。

2. 你还能够找到哪些知觉特征的生活证据？

3. 错觉在我们的生活中有哪些妙用，又带来哪些问题？

扩展阅读

对知觉的适应

戴上使形象歪曲的眼镜时人们是怎样适应的呢？他们能学会用不同的方式来看这个世界吗？或者当他们学会用不同的方式时，他们的视知觉会保持不变吗？罗克和哈里斯(Rock & Harris)进行的实验研究有助于回答这些问题。实验任务是让被试者把手伸到一个带玻璃面的桌子下面，并从桌子另一端的5个目标中指出一个目标。在试验的第一阶段，桌子的表面用黑布盖着。目的是让被试者只看到目标，而看不到他们在玻璃下的手。在这种情况下，被试者都能准确地指出目标。在试验的第二阶段，让被试者戴上一个特制的眼镜，使得被试者看到的目标比实际的位置向下移动了4英寸。接着把黑布拿开，让被试者指出目标，结果开始时，被试者没有指对，但是很快他们就完成得相当准确了。在试验的第三个阶段，拿走眼镜，让被试者用适应了的手(即戴上眼镜时使用的那只手)和另一只手分别指目标。结果，适应了的手指目标时发生偏移，这种偏移与他们戴着眼镜时产生的偏移范围一致。而没有适应眼镜的那只手则毫无问题。这一结果表明：对视觉的歪曲的适应影响到手臂的位置感觉，但没有导致视觉的改变。如果被试者在新的定位情况下已经学会了看靶子，他们就能够用任何一只手指出靶子的位置来。

资料来源:彭聃龄. 普通心理学[M]. 北京:北京师范大学出版社,2004.

专题小结

感觉是感觉器官对直接作用于我们的适宜刺激的个别属性的反映。适宜刺激量或适宜刺激的变化量需要达到一定的水平才能够引起我们相应的感觉或感觉的变化。感官的感受性会因持续感觉的时间长短、感觉的相互作用等因素而发生有规律的变化。

知觉是感觉器官对直接作用于我们的适宜刺激的整体的反映。知觉具有整体性、选择性、理解性和恒常性 4 种特征。观察是一种有目的、有意识的感知,观察力可以经训练而提高。

专题三 记 忆

专题导读

我们经常在临近考试的时候听到学生们的抱怨和幻想:要是我们发明一个知识的打气筒,把书上所有的内容都打进大脑,考试的时候就不用发愁背不下来这么多知识了!记忆到底是什么?我们的记忆真的像我们认为的那样差吗?记忆有哪些种类和特征?记忆过程有哪些环节?各个环节有怎样的规律?我们可以使用怎样的策略来提高自己的记忆力?对这些问题的解答,就是本专题将要为你讲述的内容。

一、记忆的含义

记忆是人脑对过去经验的反映,是在头脑中积累和保存个体经验的心理过程。从信息加工观点看,记忆就是人脑对外界输入的信息进行编码、存储和提取的过程。

理解记忆的概念,需要注意如下几点。

首先,记忆反映的是过去经验,这是它和感知觉不同的地方。感知觉反映的是当前刺激的特征,刺激消失了或者不在感知的范围之内,我们就无法用感知的方式来认识它。而记忆则不受这个条件的限制。只要曾经感知过、经历过、体验过,现在不再在那个时空了,我们依然可以通过提取记忆信息进行加工和处理。

其次,记忆虽然收集并保存经历过的信息,但是它并不是一模一样原封不动地封存过去的经历的。记忆的过程中信息会出现种种变化,可能遗漏、可能改写、还可能增生新的信息。记忆本身也会对收集来的信息做自己的加工处理。这和我们把文件放进电脑,拿出来的时候还是原样不变的文件是不一样的。

最后，记忆对我们有着深远的意义。如果我们没有了记忆，我们就会像一个漏斗一样，把所有经历过的事情、获得的经验漏得一干二净。那么我们的生活会变得怎样呢？我们可能终其一生连自己的父母也不认识，更不要谈积累经验、发展智慧了。

二、记忆的种类

记忆可以根据不同的标准分成不同的种类。

（一）根据记忆的内容分类

按照记忆的内容，可以将记忆分为形象记忆、语词—逻辑记忆、动作记忆和情绪记忆。

1. 形象记忆

形象记忆是对过去感知过的事物形象的记忆。形象记忆保持事物的感知觉特征，具有鲜明的直观性，比如事物的颜色、声音、气味、大小形状、运动速度等。我们对自己的某一件衣服、某一顿饭菜、某一个中秋之夜看见的圆月、某一个同学说话时的声调和手势的记忆，都是形象记忆。

2. 语词—逻辑记忆

语词—逻辑记忆以语词、概念、命题、思想为内容，具有概括性、理解性和逻辑性的特征。我们背课文、回忆自己写文章的思路和提纲、记住交通法规等都是语词—逻辑记忆。由于人类的知识主要依靠语词来存储和传播，语词—逻辑记忆是人类储存知识的最主要形式，是人类特有的记忆。

3. 动作记忆

动作记忆以做过的动作为内容。做操、开车、割麦子等动作技能的获得需要通过动作记忆来不断积累、练习和熟练化。那些复杂的动作就更离不开动作记忆来形成动力定型了。比如，杂技、体操、书法、射击等，仅仅记住动作的程序和方法，不去实际操练，对每个动作的肌肉运作状态的动觉记忆不够精确，是无法学会这些复杂技能的。动作记忆的牢固和自动化需要大量长期的练习和积累，但是一旦形成，就能够保持很久，并且一段时间不用也容易恢复。

当然，动作记忆中如果有语词—逻辑记忆的指导，会更加容易达到精熟，尤其在动作创新方面会更有优势。

4. 情绪记忆

情绪记忆是对个体经历过的情绪和情感的记忆。我们对谁产生过爱，对谁产生过恨，令我们感动的人和事，令我们恐惧的一部电影，甚至是触动我们心灵的一个瞬间的场景，都可以被我们牢牢地记在心里。朱自清的《背影》引起过许多读者的共鸣，我们在读这篇文章的时候，也很容易回忆起自己和父母之间情深义重的种种时刻。这都是情绪记忆。

（二）根据记忆的目的性分类

根据记忆的目的性，可以将记忆分成无意记忆和有意记忆。

1. 无意记忆

无意记忆指没有预定目的、不经过专门学习、自然而然地发生的记忆。对老师讲课时偶然出现的口误，学生常常记得比课程内容还牢。我们虽然一到广告时间就开始聊天、喝茶、起来活动活动，广告还是被我们自然就记住了，哪怕是那些不讨人喜欢的广告也一样被记住。无意记忆具有明显的片面性、偶然性和不系统性。

2. 有意记忆

有意记忆指有明确目的、在意志努力的积极干预下进行的记忆。我们努力地背书、记住自己的车次和发车时间、记住自己的工作制度和条例等，都属于有意记忆。有意记忆的目的性和系统性高，是获得系统知识和积累个体经验的主要形式。

（三）根据记忆的时间分类

1. 感觉记忆

感觉记忆又称瞬时记忆，是指持续时间仅约 0.25 ~2 秒的记忆。

感觉记忆发生在我们感受信息的当下，与感知、动作、情绪、思维想象等对信息进行即时加工的活动同时进行。所有我们当下经历的一切信息，都直接进入我们的感觉记忆。感觉记忆只能将这些信息保持很短的时间，其中的绝大多数信息很快就消失了，只有那些能够被我们选择性地注意到的信息才会进入我们的短时记忆和长时记忆，被我们长时间保存下来。由于它就像登记一样把输入信息记录下来，因此感觉记忆也叫做感觉登记。就像我们记不得上车后看见的第一个人是男是女一样，感觉记忆只能保存瞬间。

感觉记忆的特点是时间短、容量大、以图像编码为主。

2. 短时记忆

短时记忆指的是信息保持在 5 秒到 1 分钟之内的记忆。学生听课时边听边记笔记，按照电话清单拨打电话，依靠的主要是短时记忆。

短时记忆的特点是保持时间在 1 分钟之内，而且短时记忆的容量很小，大约为 7 ± 2 个组块。组块内部的信息容量可以不同，对于刚学习认字的人而言，他的一个组块可能只是一个字母、一个词；而成人可能以一句话、一件事为一个组块。超出 7 ± 2 个组块的信息，可以通过重组组块得到记忆。例如，身份证号码，很多人都会把它分成几段来记，也就是将以一个数字为一个组块的 18 位数，分成长短不等的 3 ~ 4 个组块，每个组块内包括 3 ~ 8 个数字。

保存在短时记忆中的信息如果得到复述，将可能进入长时记忆。得不到复述的信息也会遗漏掉。

3. 长时记忆

长时记忆是指从 1 分钟以上直到终生不忘的记忆。我们的名字一般都会终生难忘，生活中发生的重大事件、看过的一部非常精彩的小说，能保持很久的时间。

长时记忆的特点是容量大、保持时间长。长时记忆中存储的信息主要来自短时记忆阶段加以复述的内容，但也有由于印象深刻一次形成的，人们称为“闪光灯记忆”。创伤性事件、特殊意义的见面或会谈，都容易发生这类闪光灯记忆。

长时记忆的编码形式以语义编码为主，而且可以形成一定的组织。比如，在记忆一系列语义材料时，人们倾向于把它们按语义关系组成一个分类层级系统，会大大提高记忆的准确性和持久性，如图 2 - 12 所示。

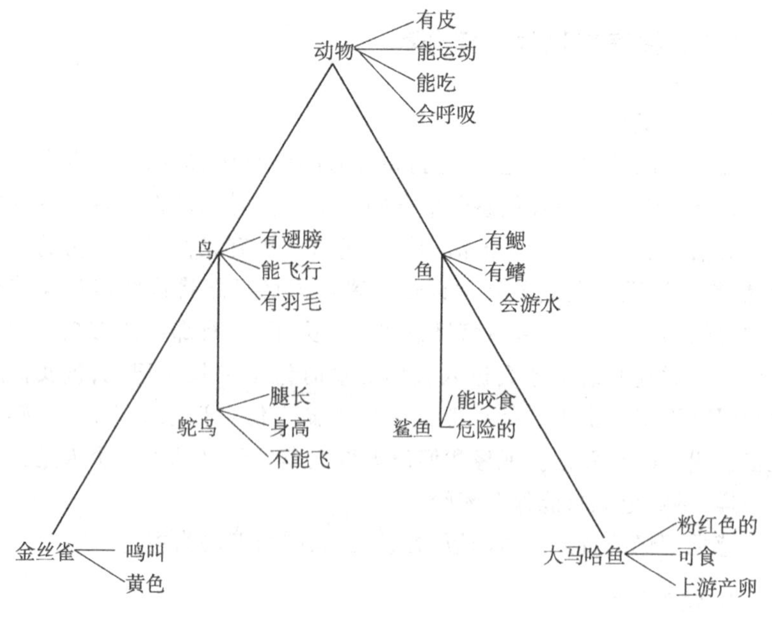

图 2 - 12　动物知识的语义编码

可见，从感觉记忆进入的大量的信息，在向短时记忆和长时记忆转化的过程中层层遗失，并不会全部进入我们的长时记忆中去。这就是为什么我们总觉得听了一个学期的课，到考试前发现自己能记住的不多的缘故。图 2－13 展示了这个过程。

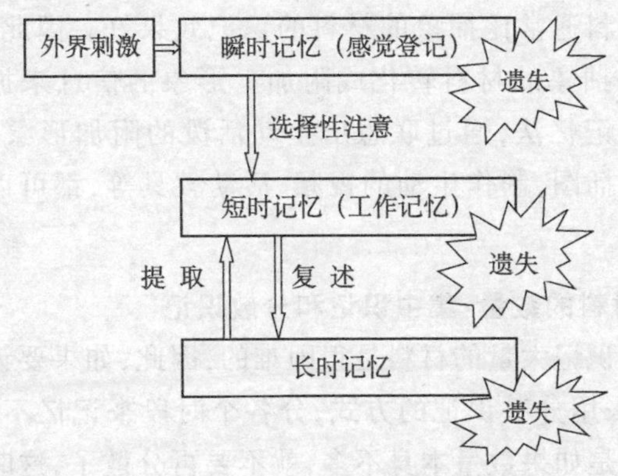

图 2－13 记忆的遗失

三、记忆的环节

记忆可以分为识记、保持、再认或再现 3 个环节。

识记就是在初次经历的时候留下印象,是信息输入的过程。保持是指将识记的信息存留在脑中,不要遗忘。再认或再现是提取所保存的信息进行运用,其中再认是指再一次面对同一个对象时,可以识别出自已经历过;再现是指记忆对象不在眼前时能够主动回想起来,又称回忆。一般而言,再现的难度比再认要高。

记忆的 3 个环节共同决定着记忆的效果。每个环节受不同因素的影响。了解了各个不同环节的影响因素,我们就可以有针对性地运用一些记忆的策略来改进我们的记忆,培养良好的记忆品质。

(一) 影响识记效果的因素

1. 识记的任务和目的:有意识记和无意识记

一般而言,对识记任务和目的了解得越清晰,判断为越重要,识记的效果越好。因此,有意识记的效果比无意识记的效果好。事实上,我们也都知道要把重要的信息有意识地多背几遍,以保证要用的时候能够记得。教师也经常提醒学生每节课的重点内容要认真地听,重点的章节要把它背下来,都是希望使用有意识记的方式增强记忆效果。

2. 识记的方法:机械识记和意义识记

机械识记比意义识记花的时间要长,理解的程度也要差一些。因此教师一般会提倡学生多做意义识记,以防学生死记硬背、不能灵活运用。然而,机械识记也并不是一无是处。在缺少理解能力的幼年时期,用机械识记的方法学会的一些知识也能够在以后理解之后灵活运用。

3. 识记材料和性质:形象识记和抽象识记

形象的材料通常比抽象的材料的识记效果好。因此,专门有一些记忆方法来将抽象的材料转化或附加上形象的信息来加强记忆的效果。比如形象记忆法,通过联想出生动活泼的附加形象来记住材料。如给课文配上插图,制作生动的视频、活动教具等,都可以增强理解和记忆的效果。

4. 识记材料的数量:集中识记和分散识记

一次性要识记大量的材料是很困难的,因此,如果要识记的材料数量庞大,最好采用分散识记的方式,分各个时段来记忆不同的段落,最后再汇总。但是如果数量本身不多,就不要再分散了,这时候应该采用整体集中识记的方法。正如学唱一支歌,如果歌曲本身短小简单,整体听唱的效果比分散听唱好,但是如果是整台四幕歌剧,那就要分开片段来学习练唱了。

(二)影响保持的因素

在保持阶段,我们最重要的任务就是防止遗忘的发生。如果辛苦背下来的信息到用的时候发现忘干净了,那当然是令人沮丧的事情了。

遗忘是指识记过的内容不能再现或者不能再认,或发生错误的再现和再认,也就是信息提取不出来或提取时出现错误。

根据遗忘的程度和性质不同,可以将遗忘分为部分遗忘和完全遗忘;学生背书掉字缺句是部分遗忘,而很多年前学的课文无论提示多少个字也想不起来了就是完全遗忘。根据遗忘的时间长短可分为暂时遗忘和永久遗忘。提笔忘字、开口忘言都属于部分遗忘,感觉记忆中大量信息的遗忘则属于永久遗忘。部分遗忘常常在适宜条件下还可以恢复,永久遗忘的信息如果不经重新学习,就不可能恢复了。

遗忘也不全是消极的。忘掉那些不必要的、应该淘汰的信息,既可以减轻大脑的负担,又可以避免干扰。我们不希望发生的只是对有用信息的遗忘而已。

我们为什么会遗忘?心理学家给出了如下的解释。

1. 自然消退

自然消退是指识记的信息一段时间不用,记忆痕迹会自然削弱。德国心理学家艾滨浩斯(1850—1909 年)用无意义音节最早研究了自然遗忘的规律,并根据实验结果描绘出了艾滨浩斯遗忘曲线(图 2 - 14)。

遗忘曲线说明:自然遗忘的进程是不均衡的,呈现先快后慢的特征。自然遗忘在学习之后立即发生,而且进展很快,之后逐渐变慢,较长时间后几乎不再遗忘。后来,人们用不同的实验材料、采用不同的被试者,也得到了和艾滨浩斯相类似的实验结果,只是有意义的材料的最

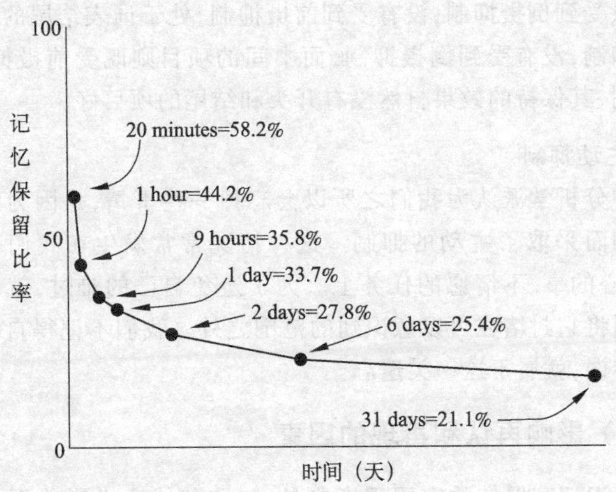

图 2－14　艾滨浩斯遗忘曲线

终保持量比无意义音节要高。

对付自然遗忘的办法有两类：一类是及时复习，在材料还没有遗忘得很多的时候就开始巩固，这样可以节约复习的时间、保持良好的记忆效果；第二类是过度学习。对材料的识记达不到背诵的程度的学习称为低度学习，低度学习的内容很容易遗忘。达到能够正确背诵之后再继续多学习几遍，叫做过度学习。过度学习的材料保持效果好。克鲁格（Krueger，1929）的研究表明：过度学习带来的记忆效果的增加量遵循报酬递减原则，过多的过度学习带来的收益会变得很小，因此，在考虑时间成本的前提下，50% 的过度学习最为经济，即如果学习 10 次就能正确背诵，那么再多学习 5 次时，保持的效果最合算。

将及时复习和过度学习结合起来，可以发现更多的增进保持的方法。比如，反复阅读与尝试回忆相结合的复习方式，比单纯反复阅读或者全靠缓慢回忆相比，记忆的效率会大大提高。再比如，多样化的复习方式、多通道的识记方式都能够增加学习的程度，也能够增进信息的保持。

2. 干扰

我们所识记的材料相互之间会发生干扰和抑制，增加其他材料的遗忘几率。其中，前面摄入的信息干扰了后面摄入的信息的保持效果，叫做前摄抑制，后面摄入的信息干扰了前面摄入的信息的保持效果，叫做倒摄抑制。

有研究者在自由回忆实验中，按顺序给被试者呈现一系列无关的单词，然后要求他们不需要按顺序尽可能多地回忆出来。结果发现，处于词表开头的词回忆率较高，处于词表末尾部分的单词回忆率也较高。处于词表中部的项目正确回忆率最低。显然，这是因为处于词表开头的项目只受到倒摄抑制,没有受到前摄抑制,处于词表结尾的项目只受到前摄抑制,没有受到倒摄抑制,而中间的项目则既受前摄抑制,又受倒摄抑制,其保持的效果自然没有开头和结尾的项目好。

3. 主动抑制

精神分析学派认为我们之所以会忘掉一些事情,是因为我们不想记得它们而采取了主动的抑制。这种情况常常发生在我们不喜欢的人、不开心的事、不情愿的任务上。为了避免自己的难过,就动用自我防御机制将它封堵在可以意识到的范围之外。我们不记得自己小时候犯过的错误,就属于这一类遗忘。

(三)影响再认和再现的因素

除了识记和保持的牢固程度之外,提取的线索也影响再认和再现的顺利进行。

线索是指那些与记忆信息相关的,能够帮助记忆提取的信息。学生画重点的记号、旁注等都可以成为考试时回忆相应知识点的线索。因此,在识记的时候,我们就应该重视线索的设置,可以用作线索的信息和方式多种多样。常用的设置记忆线索的方法有以下几种。

谐音法:利用音节的相同来作为线索,比如记忆单词 play,可以想成“玩儿当然不累了,不累(play)就去玩儿”。

韵律法:将要记忆的内容编制成有韵律的儿歌、诗歌、童谣等。

地点法:将要记忆的材料与熟悉的地方一一对应起来,回忆的时候按照地点来回忆相应的内容。比如将英语单词贴在家里的冰箱、饭桌、床头、大门背后等地,既能够常常看到,回忆的时候也可以按照门上的、冰箱上的、饭桌上的、床头上的等地点来进行回忆。

标记:画重点线、圈重点段落、做符号批注、插图、分类设置颜色记号等。

多重线索法:从多个通道同时设置识记和提取的线索。比如我们常说的眼到、口到、耳到、手到、心到的“五到学习法”,就能够同时提供5种线索,不仅增进了对信息的理解和识记的效果,也增加了提取的线索。

材料的组织:材料的组织本身可以成为良好的记忆线索。因此,经常梳理所学的知识,做必要的分类整理和系统化,既加深了对知识的理解,也能够促进提取的顺利进行。

心理学家通过对情境记忆的研究发现,我们识记材料时的环境背景和情绪背景也能够作为线索使用。与识记时一致的背景能增进提取量,而与识记时不一致的背景会抑制提取量。因此,如果已经知道在运用时会有怎样的环境信息,我们也可以按照在与运用情境一致的背景里完成识记和复习的任务。

四、记忆的品质

记忆的品质可以从下面几个方面进行评价和培养。

1. 记忆的敏捷性

记忆的敏捷性是指能够迅速记住需要识记的内容，如过目不忘，就是记忆敏捷性好的典型表现。

我们说自己记性不好，经常指的就是记不住，也就是记忆的敏捷性不够好。实际上，很多人记忆的敏捷性不够并不是真的记不住，而是与记忆的方法和策略不够科学有关。我们看见有些人有着惊人的记忆敏捷性，1 分钟之内记住两副打乱的扑克牌的顺序，3 分钟内记住长达 60 位的数字，还能够倒着回忆出来。这是和他们大量练习、熟练使用科学的识记策略分不开的。

2. 保持的持久性

保持的持久性是指记忆的信息能够较长时间存留在头脑中，而不是不等用的时候就忘记了。保持的持久性除了与识记的程度有关之外，主要取决于我们复习和巩固的策略是否科学。

3. 记忆的精确性

记忆的精确性是指记忆的信息准确无误，而不是似是而非、模模糊糊，或者出现错漏。记忆的精确性需要在识记的时候就保证准确。

然而，我们的记忆不是电脑，要想把信息原样保存是有难度的。即便当初记忆的信息准确无误，事后也会因为多种原因而发生变更。出现虚假记忆的现象是很普遍的。

4. 记忆的准备性

记忆的准备性是指记忆的材料在需要使用的时候能够准确、迅速地提取出来。这当然取决于信息本身的牢固和熟练程度，以及是否有良好的线索提供有效的帮助。我们常说的出口成章、下笔千言，就是记忆准备性好的自然体现。

记忆的品质可以经由练习和培养得到提高和保持。

思考活动

1. 将本专题所讲的记忆策略整理出来，看看对自己来说有哪些可以借鉴的地方。

2. 评价自己的记忆品质，按照本专题提供的策略实际地去尝试自我培养和提高。

扩展阅读

知识经验与虚假记忆

近年来，对记忆错误和虚假记忆的研究急剧增多，目前，已经发现的虚假记忆现象有以下几种。

（1）关联效应：研究表明，如果测验时呈现的单词或句子与先前学习的材料意义相近，人们可能错认为他们曾经学习过。

(2) 误导信息效应：洛夫塔斯(Loftus,1974)给被试者看一段撞车事故的录像。发给被试者的问卷中有这样的问题："当两辆汽车____时，汽车的时速约是多少？"下划线处的动词不同，分别为"碰撞"和"撞毁"。结果表明，当动词为"碰撞"时，被试者估计的车速为34英里；当动词为"撞毁"时，被试者估计的车速为41英里。更有趣的是，当被试者后来被问及是否看到现场有打碎的玻璃时，"碰撞"组有14%做了肯定回答，"撞毁"组有32%做了肯定回答。

事实上，录像中根本没有碎玻璃。研究者认为，动词"撞毁"使被试者对撞车事故的记忆编码和组织方式发生改变，使他们更可能"记得"并不存在的碎玻璃。

(3) 语词遮蔽效应：在一般情况下，对刺激事件的语词编码有助记忆。然而，当事件难以用语言描述时，语词编码反而有损记忆。斯库勒等人(Schooler et al. ,1990)发现，当被试者观看面孔图形并描述它们时，对面孔的记忆比未描述的被试者差。在另一项研究里(Melcher et al. ,1996)，未经训练的品酒者在初次品酒时，如果借助语言来描述白酒味道，对白酒的记忆就差于那些品酒时无须描述的人。之所以如此，是因为语词描述使人关注那些易于用语言描述的特征，而那些难以用语言描述的特征可能对再认更为重要。

(4) 记忆中的错觉结合：研究表明，被试者对两个音节与所学单词(如 handstand 和 shotgun)相同的单词(如 handgun)有更高的误报率。之所以如此，是因为所学单词的各个部分在一定程度上可以自由漂移，当两个来自不同单词的部分结合在一起时，就出现了错觉结合，导致虚假再认。

(5) 想象与真实混淆：人们发现，对未发生过的事件的想象能提高虚报率。想象能使人对虚假的事件更熟悉，这种熟悉感会使人混淆了事件的来源。例如，儿童经常混淆想象中的事同现实发生的事。

虚假记忆证明了人的记忆受人的知识经验的影响。虚假记忆理论在教学、心理咨询和司法领域有广泛的应用。

资料来源：唐红波．心理学[M]．广州：广东语言音像电子出版社，2009.

专题小结

记忆是人脑对过去经验的反映。依据记忆的时间，可以将记忆分为长时记忆、短时记忆和瞬时记忆。按照记忆的环节，记忆可以分为识记、保持、再认和再现，不同环节的影响因素是不同的。自然状态下遗忘的进程呈现出先快后慢的规律。记忆的品质可以从记忆的敏捷性、保持的持久性、记忆的精确性和记忆的准备性4个方面来衡量。

专题四 思维与想象

专题导读

思维，这个被恩格斯誉为“地球上最美丽的花朵”的词，是人类的荣耀和成就的基石。而想象则是思维的翅膀！什么是想象？什么是思维？思维和想象有哪些种类、哪些特征？思维和想象有着怎样的活动规律？这是本专题将要为你讲述的内容。

一、思维

（一）思维的概念

思维是人脑对客观现实的间接和概括的反映。思维是认知的高级形式，统领着其他的认知活动的进行。我们的眼睛不如鹰眼能看见很远的地方，但是我们可以借助思维发明望远镜，甚至天文望远镜，去看那浩瀚的天宇、璀璨的群星。我们的脚跑不过虎豹，但是我们可以借助思维发明飞机、火箭，去月球上走走再回来。这些辉煌的成就，离开了思维是无法完成的。

（二）思维的特点

思维具有概括性、间接性、问题性和创新性等特点。

1. 概括性

概括是指在大量感性材料基础上，抽取一类事物的共同本质、特征及规律加以推广。通过概括，思维可以反映事物的本质属性或一类事物的共同特征。例如，我们看到身边形形色色的鸟类，大小高矮不同、形态寿命各异，但是它们都具有“卵生、又有羽”的本质的属性。掌握了这个特征之后，我们还可以用这个本质特征来判断其他的动物是否属于鸟类。通过概括，思维还能够反映事物之间的关系。比如我们发现所有的直角三角形的三条边的长度之间都具有如下的关系：斜边长度的平方等于两直角边长度的平方和。依此关系，我们可以在制造直角三角形的物品时提前计算所需要的材料的长度。思维的概括性大大简化了我们认识世界的过程。

2. 间接性

间接性是指人借助于已有的知识经验或一定的媒介来认识事物。

正是有了概括性给我们提供的对事物间本质规律和内在联系的认识，我们可以超越感官的限制和时空的限制，达到以已知推测未知。由于思维的间接性，大大扩展了我们认识世界的范围。

比如，我们早上起来看见地是湿的，就知道昨天晚上下了雨；我们看见天上涌起了漫天朝霞，就知道马上要下雨了，出门要带伞。思维可以帮助我们不必直接经历过去发生的事情或未来尚未发生的事情，就能够对过去和未来做出合理的推论和判断。

另外人类的思维大量借助语言完成，语言是使思维具有间接性的有力工具。

3. 问题性

没有遇到问题的时候我们是不会去动脑子的。思维总是因问题而启动、与解决问题相联系，并体现在解决问题的活动中。我们常说：脑子越用越活，就是这个道理。从来不琢磨事的脑子，也很难指望它自然就生出知识来。

4. 创新性

思维是一种主动探索和发现新事物的心理活动，它常指向事物的新特性和新关系，它不仅能使个体深刻地认识世界，还能创造思想产品，能动地改造世界。人们如果仅靠从记忆中提取信息，是难以面对变化无穷的现实的，这就需要通过思维来对头脑中已有经验进行创造性的运用和发展，找出新的办法、积累新的智慧。我们所有的新思想、新理论和新产品都是这样产生的。

（三）思维的分类

可以从不同角度对思维进行分类，常用的思维类型有以下几种。

1. 直观动作思维、具体形象思维和抽象逻辑思维

根据思维所依据的中介物的不同，可以将思维分为直观动作思维、具体形象思维和抽象逻辑思维。

（1）直观动作思维

直观动作思维是借助实际动作来解决问题的思维方式。这是人类个体身上发生最早的一种思维方式。直观动作思维的特点是：直观、在做中想，动作停止了，思维也停止了。3岁前儿童只能在动作中思考问题，他们的思维基本上属于直观动作思维。成人也需要直观动作思维来解决问题。家里的手电筒不亮了，我们一定是拆开了一边检查一边思考原因的。

（2）具体形象思维

具体形象思维是借助头脑中事物的形象（表象）解决问题的思维方式。具体形象思维的特点是具体，在想象中思考，想象停止了，思维就停止了。例如,定做一只桌子,一定是在脑子中将未来的桌子的形象想象得越细致越好。具体形象思维在文学家、艺术家、影视导演、摄影家和设计师的工作中占有特别重要的地位。

(3) 抽象逻辑思维

抽象逻辑思维是借助抽象概念、命题进行判断、推理,得出合乎规律的结论的思维形式。抽象逻辑思维的特点是抽象,借助内部语言进行思考。抽象逻辑思维是人类思维的典型形式和最高形式。学生学习文化知识、教师讲授科学理论、科学家发现客观真理都必须运用抽象逻辑思维。抽象逻辑思维又可以分为两种水平:形式逻辑思维和辩证逻辑思维。

2. 直觉思维和分析思维

根据思维过程是否清晰,可以将思维分为直觉思维和分析思维。

(1) 直觉思维

直觉思维,即人们在面临新问题、新事物和新现象时,能够迅速领悟并做出判断的思维方式,其思维的过程不一定是清晰可推论的。直觉思维具有整体性、跳跃性、快速性、突然性、无意识性的特点,往往是不可重复的。例如,魏格纳在看地图时突然闪现出“大陆漂移”的观念,牛顿被落下的苹果砸中后突然产生了“万有引力”的想法,都属于直觉思维。

(2) 分析思维

分析思维,即抽象逻辑思维,它遵循严密的逻辑规律,对概念进行逐步分析,层层推演,最后得出符合逻辑的结论。分析思维的过程清晰,层层递进、环环相扣、易于重复。如学生解答、进行数学运算都属于分析思维。

3. 集中思维和发散思维

根据思维探索答案的方向,可以将思维分为集中思维和发散思维。

(1) 集中思维

根据知识、经验,运用逻辑方法或熟悉规则去寻求唯一正确答案的思维方式,又称求同思维。集中思维是一种有方向、有范围、有条理的思维。逻辑学上的演绎推理问题常常是集中思维来解决的。

(2) 发散思维

发散思维,即人们从不同角度、不同途径去设想、探求多种答案,力图使问题获得完满解决的思维方式,又称求异思维或辐射思维。发散思维无一定方向和范围,不墨守成规,不囿于传统的框架。我们需要集思广益的时候常常使用发散思维。

吉尔福特(Guilford,1977)认为,发散思维有3个特点:①流畅性指智力活动灵活顺畅、反应迅速、创意丰富,能在短时间内生发出数量较多的观念。流畅性是较低层次的发散特征,表现为发散的“个数”;②变通性指思考方式变化多端,思维产品的种类不拘一格,能举一反三,触类旁通,随机应变,思维不受定式束缚,能产生多种多样的新观点。变通性是较高层次的发散特征,表现为发散的"类别";③独特性指对问题提出超乎寻常的、新颖的、独特的见解,即以前所未有的新观点、新角度去反映事物。它最能代表发散思维的本质,是最高层次的发散特征,表现为发散的"新颖"、"独到"。

4. 常规思维和创造性思维

根据思维活动的结果,将思维分为常规思维和创造性思维。

(1) 常规思维

常规思维是指运用已经获得的知识经验,按照现成的方案和程序直接解决问题的思维形式。比如照着老师的例题同样的方法和步骤做练习等。这种思维创造性较低,在练习阶段经常使用。

(2) 创造性思维

创造性思维是指重新组织已有的知识经验,提出新的方案或程序,并创造出新的思维成果的思维活动。比如发明新产品、更新管理理念等,都需要创造性思维的参与。创造性思维常常需要多种思维方式的共同参与,它既是发散思维与聚合思维的结合,也是直觉思维和分析思维的结合,既包括逻辑思维,也动用形象思维和动作思维。它是人类智慧和创造力的核心因素。

二、想象

曼妙的天宫仙境、善良的美人鱼、神通广大的孙悟空、奇异的小人国……我们的想象没有国界、没有陈规,自由自在,任意而为,在人类文明的进步中扮演着独特的角色。爱因斯坦说:"想象力比知识更重要,因为知识是有限的,而想象力概括世界上的一切,推动着进步,并且是知识进化的源泉。"

(一) 想象的概念

想象是指人在头脑中对已有表象进行加工改造,形成新形象的过程,是一种高级的认识活动。我们一边听故事一边想象故事描绘的场景、任务和情节,服装设计师一边想象一边画草图,都是想象的过程。

(二) 想象的特点

想象具有形象性、新颖性的特点。

想象的形象性是指想象加工的都是表象材料,是以直观形式呈现在人们头脑中的形象。这些表象可以是从记忆经验中提取出来的表象,也可以是上一次想象的结果。这些表象材料可以经由我们的想象反复加工、逐步创新,具有无限的加工空间。

想象的新颖性是指想象一定会在原有表象的基础上增添新的元素,发生新的变化。想象出的新形象可以是没有直接感知过的事物形象。例如,当读马致远的《秋思》中"枯藤老树昏鸦,小桥流水人家,古道西风瘦马。夕阳西下,断肠人在天涯"时,虽然没有亲身经历过这样的情境,但你的头脑中却有"枯藤"、"老树"、"昏鸦"、"小桥"、"流水"、"人家"等记忆表象,组合这些表象,就可以产生一幅苍凉的"秋暮羁旅图"的形象。想象出来的新形象也可以是世界上还不存在的或根本不可能存在的事物的形象。例如,鬼神的形象、上帝的样子等。当然,这些不存在的事物的形象,其来源也是已有的表象,也会与创造者的生活经验和日常见闻有着内在的关联。想象的形象在现实生活中都能找到原型,都有现实的依据。正如我们常看到中国人创造出来的神都是中国人的样子,穿着中国人的衣服;而西方人想象出来的神都是西方人的五官,穿着西方人的衣服。

(三)想象的种类

想象可以按照是否具有目的性,分为无意想象和有意想象。

1. 无意想象

无意想象是一种没有预定目的、不自觉地产生的想象。例如,当人们看着天空中的浮云时会浮想联翩,有时觉得云像山庄,有时又觉得它像骆驼。人们在睡眠时做的梦是一种典型的无意想象——不可预期、不可控制。

2. 有意想象

有意想象是按一定目的、自觉进行的想象。它是意识活动的一种形式,是人们根据一定的目的,为塑造某种事物形象而进行的想象活动。有意想象具有明确的预见性、方向性。

根据想象内容的新颖性和创造性,可以把有意想象划分为再造想象、创造想象和幻想。

再造想象是根据别人的言语叙述、文字描述或图形示意,在头脑中形成相应新形象的过程。如学生根据课文和教师的言语描述,想象课文中描述的情境和事件发生的过程;工程师根据图纸的示意,想象建筑物的形象。在接受间接经验时,再造想象的作用十分重要,只有积极地根据文章或老师的描述进行再造想象,学生才不会仅仅停留在死记硬背的方法上,加深对所学内容的理解,也更能够感受到其中的情感。因此,生动形象的描述,直观具体的图表、模型、标本都是非常容易激发再造想象的因素。

创造想象是在创造活动中,根据一定的目的、任务,在头脑中出现新形象的过程。作家创作出新的人物形象、科学家提出新的理论模型、艺术家创作出新的作品、工厂生产出新产品,都属于创造想象。创造想象具有首创性、新颖性的特点。

幻想是一种指向未来的创造想象。幻想具有两个特点:①幻想带有向往的性质,幻想中所创造的形象总是和个人的愿望相联系,体现个人所向往或祈求的事物,而创造想象所形成的形象则并不一定是个人所向往的形象。例如,我们的白日梦里总是把自己想象得具备各种美德、幸福无比,而作家创造的人物形象,就不一定都是高尚、美丽、聪慧的;②幻想不与当前的创造活动直接联系,而是指向未来,但它常常是创造性活动的前奏,许多过去的幻想,比如日行千里、耳听隔墙等,现在都已经在功能上变成了现实。

(四)想象的常用手法

想象的手法多种多样,基本的手法有黏合、夸张、典型化和联想。

1. 黏合

将不同表象的不同部分选择性地合并到一起来就是黏合。我们所熟悉的许多人物形象都是简单黏合的结果。比如美人鱼,就是把少女的上半身和鱼尾巴黏合在一起,打动了千千万万的小读者;安琪儿,就是把小男孩和飞鸟的翅膀黏合起来,成为所有人喜欢的天使。

2. 夸张

夸张是将事物原有的特征夸大或者缩小。可以是数量上的增减、可以是形状上的缩放,可以是特征上的强调或弱化。比如孙悟空的金箍棒,可大可小;比如观音菩萨可以有千手千眼。比如大人国的人可以巨大如山,小人国的人可以细小如蚁。

3. 典型化

典型化是将表象中最突出的特征强调出来,而将其他特征略去。比如漫画人物经常并不把所有的细节都画出来,只抓住主要特征,比如我们画一幅画,一个人趴在一坛酒上,面颊酡红,手中的纸扇上写着潇洒的几行字:将进酒,杯莫停……我们一看就知道这是李白。这里面既动用了典型化的手法,也动用了黏合的手法。

4. 联想

联想是由一个事物想到另一个事物的过程中进行创造加工的想象手法。从天空想到自由,从白雪想到纯洁。从3个和尚想到群龙无首,都是联想。

三、问题解决

问题解决是想象和思维功能的集中体现。

（一）问题的性质

在日常的理解中我们常常把需要答案的所有问询、困境等都叫做问题。而美国学者纽厄尔和西蒙（Newell & Simon）对问题的定义是："问题是这样的一个情境，个体想做某件事，但不能马上知道这件事所需要采取的一系列行为。"也就是说，那些我们已经有的知识和经验完全能够直接解答的问询和困惑，比如："你吃了吗？"、学习了 $S=VT$，告诉你已知小汽车的时速为40km/h，行驶了3小时，问小汽车走了多远等，这类"问题"实际上并不构成真正的问题。而只有那些没有现成的答案和解法的问题才算是真正的问题。

（二）问题解决的性质

问题解决一般是指在问题情境中超越过去所学原理的简单运用而产生一个解决方案。当常规或自动化的反应不适应当前的情境时，问题解决就发生了。在解决问题中，需要把掌握的简单原理（包括概念）重新组合，以适用于当前情境。

问题解决的过程具有如下特征：①解决问题是亲自独立地解决"新"的问题，即所遇到的问题是初次遇到的问题。如果一个问题已经解答过许多遍了，就只能算练习、复习或操练；②解决问题的过程必须将以前的知识重新组织才能完成。如果仅仅是照套学习过的原理就能解答，则只是一个原理和概念的具体化的过程，不能算作问题解决；③问题一旦解决，人的能力或能力倾向将有所变化，能获得新的高级规则，如三角形全等的边边边定理。这一高级规则在以后的问题解决或学习中可以直接加以运用而不需再重复其证明过程。

问题解决是由处理问题时所涉及的种种心理活动和行为构成的，既包括思维或认知的成分，也涉及情绪和动机的成分，还有行为的成分。

（三）问题解决的过程

一般的，问题解决的过程常常被划分为下面4个阶段。

1. 理解并表征问题

这个过程要完成3个任务：一是识别已知问题情境中的有用信息和无用信息，并不是当前面临的问题情境中的所有信息和已知条件对于解决问题都是必不可少的，有些信息甚至起干扰和迷惑作用。二是整理所有有用的信息完成对问题情境的正确理解。有时候问题情境中的每一个信息分别都能理解，可是对整个问题的理解仍然会发生偏误。三是在理解的基础之上对问题形成最有效的表征。对于一个问题情境，可能有多种表征的方式，有些表征方式可能会妨碍问题的顺利解决,或者使问题情境复杂化。

例如有这样一个问题:两辆火车的车头之间相距 L,火车甲长 L_1,火车乙长 L_2,两辆火车同时相向而行,火车甲速度为 V_1,火车乙速度为 V_2,一只小鸟在两火车开动的同时以 V_3 的速度从甲火车的车头向乙火车的车头飞去,到达乙车车头时立即返飞向甲车车头,如此往返不停。问:当两火车相遇时小鸟在空中飞行了多少路程?

在这个问题中,两火车的车长 L_1、L_2 就是无关条件,必须加以识别。很多人会把注意力集中到小鸟的往返飞行上,这主要是受到了在阅读问题时自然发生的对问题情境的形象表征的影响。当然,这并不是说形象表征总是妨碍问题的解决,在有些时候,如果能对问题采取形象表征,则问题会迎刃而解。因此对于一个具体的问题而言,哪种表征方式更有效,要视问题本身的特点和性质而定。

2. 寻求解答的阶段

寻求解答的一般途径有两种:算法式和启发式。

算法式常常与某一个特定的课题领域相联系,算法就是一个解答问题所采取的一步一步的类同的程序。如计算 23 456 × 34 567,只要仔细地重复按照乘—加的步骤运算,就能得到正确答案。但有时算法式很不方便,如计算 1 + 2 + 3 + 4 + … + 100 000,如果一个一个按顺序加下去,虽然能得到正确答案,可是运算太烦琐,容易出错。如果是计算 1 + 2 + 4 + 6 + 8 + …2N,可能更为难解。这就需要运用启发式来寻求解答。

启发式是使用一般性的策略来尝试解决问题。如上面 2 的倍数的连加就可以转化为等加数列的求和问题来解决。常用的启发式方法有下面几种。

(1) 手段目的分析法:将解答目标分成许多个子目标,使问题转化为若干个小问题,通过寻求每个小问题的解答而获得对问题的最终解决。许多问题的解答都是运用这种方法。如在物理问题中,要求出距离,往往先分别去求速度和时间,或者先去求功和位移。

(2) 逆向反推法:从问题的目标状态开始,一步步反过来推到问题的已知条件或初始状态。几何学中的反证法就是逆向反推法中的一种。

(3) 类比法:从一问题情境类似的其他问题的解答办法中得到启发,寻求问题的解答。如从研究鱼的沉浮原理中找到了潜水艇在水中沉浮的控制办法。

3. 执行计划或尝试某种解答的阶段

选择了解答方案之后,自然要尝试这种方案。在执行解答方案时,学生常常会犯错误。有研究表明:学生常常是很有逻辑地或者很有规律地犯“聪明的”错误。比如,在做减法时,总是用大的去减小的,而不管谁是被减数,谁是减数。因此教师对学生在运算或解答过程中出现的错误仅仅做到一般性地提醒和向学习习惯与学习动机做归因,可能是不够的。

4. 评价结果阶段

执行完解答方案之后,还应对解决问题的过程和结果进行检验和评价,以确认该办法是否有效,结论是否可靠。

(四) 影响解决问题的因素

问题解决的思维过程受多种心理过程的影响,有些因素对解决问题起促进作用,有些则起阻碍作用。

1. 问题情境

问题情境是指个人所面临的刺激模式与个人的知识结构所形成的差异。一般地说,刺激模式与个人认知结构的差异越大,越不利于问题的有效表征,问题就越难解决。相反,刺激模式与个人的认知结构越接近,越有利于问题的有效表征,问题越容易解决。例如,已知正方形内切圆半径,求正方形的面积(图 2 – 15)。图中两个圆半径的位置不同,难易就不一样。由于(a)图中的半径容易看成正方形的半条边,故在解(a)图问题时比(b)图快而正确。

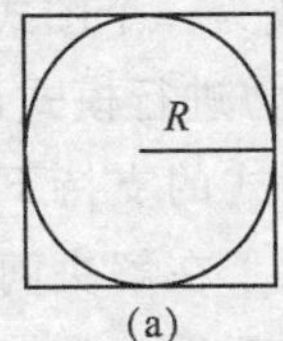

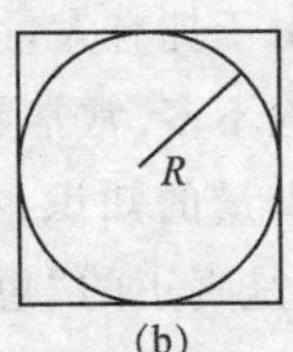

图 2 – 15　求正方形面积图

2. 定式

定式是由心理操作形成的模式所引起的心理活动的准备状态,也就是人们在过去经验的影响下,解决问题时的倾向性。在问题解决中,定式有积极影响,也有消极影响。积极影响表现在解决类似问题时,倾向采取习惯的方式解决,可以提高解题效率;消极的影响表现为它限制形成假设的范围,并使所尝试的问题解决方法固定化。例如,问一个人:“由两个 1 组成的最大数字是多少?”答:“11。”又问:“由 3 个 1 组成的最大数字是多少?”答:“111。”再问:“由 4 个 1 组成的最大数字是多少?”答:“1111。”第 3 个回答是错的,因为 11 的 11 次方要比 1111 大得多。这是由思维定式引起的。

3. 功能固着

人们把某种功能赋予某种物体的倾向性称为功能固着,如盒子是装东西的，毛笔是写字的等。在解决问题的过程中，人们能否改变事物固有的功能以适应新的问题情境的需要，常常成为解决问题的关键。如邓克尔 1945 年的实验，有三个小纸盒子，一个装火柴，一个装图钉，一个装小蜡烛。要求大学生把蜡烛点燃置于木屏风上，在实验中，当把火柴、图钉和蜡烛分别放在各自的盒子里时，一些大学生感到束手无策，解决问题的成功率是 61%。当把火柴、蜡烛、图钉从纸盒里拿出来、把空盒子放在桌子上时，解决问题的成功率超过 98%。这是因为纸盒子装了东西后，容易使大学生的思维固着在“纸盒子是容器”上，影响了对问题的解决。

4. 知识经验

解决问题必须具有相应的知识经验，只有依据有关的知识才能为问题的解决确定方向、选择途径和方法。一般来说，知识经验越多，解决问题越容易。这一点明显地体现在专家和新手在问题解决中的不同特点上。专家拥有大量的知识、事实、概念、程序性知识和图式，这些知识经验都经过精细加工和组织化，很容易提取和运用。他们在解决问题时，能够迅速以中心原理来组织他们的知识，对问题进行准确的理解和有效的表征，在搜索解答方案阶段常常是走图式激活路线，似乎是凭直觉得到解决方案，很快进入执行方案阶段。从某种意义上说，专家在面对许多问题时由于拥有大量的图式而成为一个图式再认者。而新手则由于知识和经验不多，常常要花很大努力进行模式识别，常以问题的细节来组织他们少量的知识，在不多的图式的支持下苦苦地搜索和寻求解决方案，他们是真正的“思考者”。除了在解决问题的过程上有明显不同之外，专家和新手的差异还表现在新手常常持有一些错误的直觉。他们常常运用不正确的直观经验和误解的原理来解决问题。比如水波的形成是由于水在水平方向上发生了位移，所以放在水上的小纸船会越漂越远。

知识经验对于解决问题而言虽是必要的，但它并不是解决问题的充分条件。问题解决者的智慧水平、动机强度、认知策略、个性特征等也会影响问题的解决。

四、思维的品质

思维的品质主要体现在思维的深刻性、广阔性、独立性、批判性和灵活性上。

1. 思维的深刻性

思维的深刻性是指能够透过复杂的表面现象发现问题的本质，不被表面特征所迷惑。

2. 思维的广阔性

思维的广阔性是指能全面地考察问题,而不是片面地或狭隘地看到问题的一方面而忽视另一方面。

3. 思维的独立性

思维的独立性是指能独立发现问题并解决问题,不受别人的干扰。

4. 思维的批判性

思维的批判性是指能客观地评价和检查思维的过程和结论,发现原先没有发现的问题。

5. 思维的灵活性

思维的灵活性是指能根据客观条件的变化及时调整自己的思路和方法,摆脱陈规和原来的不适用的套路,寻求灵活的解决方案。

扩展阅读

动物有思维吗?

英国科学家珍妮发现,黑猩猩马伊克能巧妙地用两个空煤油桶作武器,向猿王戈利亚挑战。空煤油桶发出猿类从未听过的声音,使群猿俯首称臣,戈利亚也心存恐惧,不战而败,让出王位。20世纪70年代,美国卡特纳夫妇用手势语训练黑猩猩沃休,使它掌握了三四百个词汇,能与主人交谈。沃休不仅懂得词汇的意义,而且会创造新词。如见到鸭子,就用手势语说:“水鸟。”它将橘子称为“黄色的苹果”,它还将手势语教给它的5岁女儿“明”。黑猩猩经过训练后,虽然能够舀水灭火,但只能从用于训练的缸中取水,缸中无水,它绝不会到河里去取水。因为它还不能对事物加以概括。猿类思维缺乏能动性。它们只是消极地适应环境。例如,人用树枝烤火取暖,猩猩也会靠在猎人生火的地方取暖。但当树枝燃尽后,它们不会将干树枝放入火中,只会看着火熄灭之后怏怏离去。猿类思维也缺乏明确的目的性和预见性。它们只是在边摆弄具体实物时边思维。最后,只有人类才能以概念、判断、推理的形式进行抽象思维。动物的思维是低级思维,它们的概括只是知觉水平的,最多是表象水平的。

资料来源:孙煜明.心理学学习指导[M].北京:人民教育出版社,1999.

思考活动

1. 对照思维的品质分析自己的思维特征,提出改进的办法。

2. 经常做一些发现新用途、换个角度看问题、无限制想象的练习,总结收获。

专题小结

想象和思维是人的高级认知活动。想象是在头脑中将原有表象加工成新形象的过程。想象可以分为无意想象、有意想象,其中有意想象又可以分为再造想象、创造想象和幻想。思维是人脑对事物的间接和概括的反映。思维具有间接性、概括性、问题性和创新性的特点。思维可以由不同的维度分为不同的种类，如根据思维中介物的不同，可以将思维分为直观动作思维、具体形象思维和抽象逻辑思维；根据思维的创新程度分为常规思维和创造性思维等。影响解决问题的因素主要有问题的表征方式、定式、功能固着、情绪与动机等。思维的品质可以从深刻性、广阔性、批判性和灵活性等方面来衡量。

思考与练习

一、选择题

1. 全神贯注、陶醉痴迷地阅读小说的人其注意状态是(　　)。

A. 有意注意　　B. 无意注意

C. 有意后注意　　D. 长时注意

2. 注意的(　　)方面的品质较差的人，干活总是开小差。

A. 广度　　B. 稳定性　　C. 分配　　D. 转移

3. 刚进黑暗的地方的时候，眼前一片漆黑，过几分钟又能看见一些东西了，这是视觉的(　　)现象。

A. 对比　　B. 暗适应　　C. 融合　　D. 明适应

4. 我们能够知道自己是站着还是坐着，这是依赖(　　)才能做到的。

A. 肌体觉　　B. 肌动觉　　C. 平衡觉　　D. 视知觉

5. 下列感觉不容易发生适应现象的是(　　)。

A. 视觉　　B. 嗅觉　　C. 味觉　　D. 痛觉

6. 双关图形最能够说明知觉具有(　　)。

A. 选择性　　B. 恒常性　　C. 理解性　　D. 整体性

7. 考试前还记得某填空题的正确答案，考试时却记不起来，问题肯定出在(　　)。

A. 识记环节　　B. 保持环节　　C. 再认环节　　D. 再现环节

8. 好不容易背下几个单词，被同学问了个问题之后记不起刚才背的单词了，这是因为发生了(　　)。

A. 记忆重构　　B. 前摄抑制　　C. 倒摄抑制　　D. 动机性遗忘

9. 根据“忽如一夜春风来，千树万树梨花开”想象诗中描绘的景象，属于(　　)。

A. 再造想象　　B. 创造想象　　C. 理想　　D. 空想

10. 要想获得“福兮祸所伏，祸兮福所倚”的结论，离不开(　　)。

A. 动作思维　　B. 形象思维

C. 形式逻辑思维　　D. 辩证逻辑思维

二、填空题

1. 注意的两大特征是:__________和__________。

2. 知觉的四大特征是:__________、__________、__________和__________。

3. 艾滨浩斯曲线表明,遗忘的规律是____________________。

4. 按照想象有没有预定的目的,可以将它划分为_____________、_____________和_____________。

5. 按照思维的创新程度,可以将它分为__________和__________。

三、判断题

1. 幻觉是错觉的一种。　(　　)

2. 感受性与绝对感觉阈限成正比。　(　　)

3. 倒摄抑制就是后面记忆的内容增强了前面记忆的内容的记忆效果。　(　　)

4. 梦是一种典型的幻想。　(　　)

5. 直觉思维的准确性不如分析思维高。　(　　)

四、简答题

1. 影响无意注意的因素有哪些?

2. 常用的复习策略有哪些?

3. 影响问题解决的因素有哪些?

五、论述题

1. 如何培养自己的想象力?

2. 举例说明遗忘的原因。

3. 常用的思维方式有哪些?各举一例说明之。

推荐书目与文章列表

[1] 彭聃龄. 普通心理学[M]. 北京:北京师范大学出版社,2004.

[2] 黄希庭. 心理学导论[M]. 北京:人民教育出版社,1991.

[3] 张积家,王惠萍等. 大学心理教育导论[M]. 北京:高等教育出版社,1999.

[4] 卢秀安. 现代心理纲要[M]. 广州:广东高等教育出版社,2002.

[5] [美]A. 班杜拉. 思想和行动的社会基础——社会认知论[M]. 林颖译. 上海:华东师范大学出版社,2001.

第三章

智力与创造力

对人类智力和创造力的研究由来已久，它们一直是心理学家倍感兴趣的领域。培养学生的智力和创造力，也是学校教育的主要目标之一。智力和创造力是什么？它们可以通过训练而得到提高吗？本章带你全面了解关于智力和创造力的有关理论、发展特点及培养方法。

学完本章，你将能够：

（1）理解智力和创造力的含义。
（2）了解智力与创造力测量的基本方法。
（3）掌握智力发展的特征与智力发展的差异。
（4）掌握青少年智力开发的主要模式。
（5）了解创造力发展的影响因素。
（6）掌握创造力培养的主要内容与训练方法。

专题导读

“我聪明吗?”“我的IQ是多少?”“我是一个有创造力的人吗?”相信很多人都问过自己这些问题,但不一定能得到科学的答案。那么,究竟什么是智力和创造力?二者关系如何?如何对智力和创造力进行测量?常用的智力测验和创造力测验有哪些?本专题将回答这些问题。

智力与创造力概述

一、智力与创造力的含义

(一)什么是智力

智力是一个复杂的概念。关于什么是智力,心理学家们见仁见智,有各种不同的解释。《中国大百科全书·心理学》关于“智力”条目的释文中明确指出:“智力一词的含义看起来好像是人人皆知的,实际上却很难提出一种完全令人满意的定义。”[①]这从一个方面说明了智力的复杂性。近年来,又不断有新的智力概念提出,如多元智力、成功智力、情绪智力,这些概念使原本就复杂的智力概念更加扑朔迷离。

我们认为,尽管智力具有多种属性,可以从不同角度予以界定,但智力在本质上仍然是一种认知能力,而不是兴趣、爱好、动机等其他非认知领域的心理特性,不能任意扩大智力的内涵和外延。大多数心理学家仍然把智力看成人的一种一般性综合认知能力,即指认知活动中最一般、最基本的能力,包括抽象推理能力、学习能力、适应能力等。

(二)什么是创造力

1. 对创造力的理解

创造力是根据一定的目的和任务,产生出某种新颖、独特、具有社会或个人价值的产品的能力,创造性思维是其核心和基础。这一定义主要是根据结果来界定创造力的,有两条判断标准:一是产品必须新颖或独特,要么相对于历史而言是前所未有的,要么相对于他人而言是别出心裁的;二是产品要么具有社会价值,要么具有个人价值。“有社会价值”是指对人类、国家和社会的进步具有意义,如科学家发现新的定律、作家创作一部新作品、工程师发明一种新工艺等。“有个人价值”是

① 潘菽,荆其诚.中国大百科全书·心理学[M].北京:中国大百科全书出版社,1991,556.

指对个体的发展具有意义,例如,学生发现一种独特的解题方法,也许不具有多少社会价值,但却具有个人价值。创造力不是天才和伟人所独有的,不是"全有"或"全无"的,而是所有人都共同具有的一种能力,只不过在层次和程度上不同而已。画家创作一幅伟大的作品无疑是创造,小孩子涂鸦也有创造的成分。

创造力与发散思维有密切关系。发散思维这个概念是武德沃斯1918年提出来的,后来被吉尔福特纳入智力三维结构中,并被视为创造力的核心成分。吉尔福特认为,发散性加工是"根据自己记忆贮存,以精确的或修正的形式,加工出许多备择的信息项目,以满足一定的需要。例如,思考可用来打开包裹的各种可供选择的工具"。[①] 长久以来,发散思维被认为是创造性思维的核心,有的人甚至将二者等同。实际上,发散思维只是创造性思维的一个重要组成部分,如果仅仅用发散思维的分数来衡量创造力的高低是有失偏颇的,至少聚合思维对创造力也很重要。能够写出很多"砖的用途"的学生可能在现实生活中不能解决一个具体的问题。他可能有很多稀奇古怪的设想,却不能有效地选择、评价和综合,不能很好地把设想与现实情境相联系。因此,发散思维是创造力的重要组成部分,但不是唯一部分,创造力是多种思维能力的有机结合。

2. 创造过程

关于创造过程的研究,主要来自对科学家、艺术家创作时思维活动过程的分析,以及对他们的日记、传记的研究。在这一研究中,英国心理学家华莱士(G. Wallas,1926)的四阶段论最具有代表性。他认为无论科学发明或艺术创造,大体都经历以下4个阶段。

(1) 准备阶段:在这个阶段,创造主体围绕所要解决的问题,积累有关知识经验,搜集有关资料以及前人对同类问题的研究成果。在此基础上,形成自己的知识,了解问题的性质,抓住问题的关键,同时开始尝试和寻找初步的解决办法。

(2) 酝酿阶段:在积累一定的知识经验的基础上,人们对问题和资料开始进行深入探索和思考。在思考过程中,如果思路阻塞,可将问题暂时搁置,这时人的思路似乎中断,主体并没有做什么有意识的工作,但实际上仍在潜意识中继续进行思考,因此,这一阶段的最大特点是潜意识的参与。

(3) 豁朗阶段:它是新思想、新观念、新形象产生的时期。这一时期具有豁然开朗、突然出现的特点,所以又叫灵感期、顿悟期。创造主体突然间被特定情境下的某一特定启发唤醒,以前的困扰顿时化解,问题顺利解决。这一阶段伴随强烈的情绪体验,给创造主体极大的快感。灵感有

① [美] P. 吉尔福特. 创造性才能[M]. 北京:人民教育出版社,1990,47.

时产生在其他活动中,甚至产生在半睡眠的模糊状态下,例如,阿基米得发现浮力定律,就是坐在澡盆里,看到水溢出澡盆的那一刹那。

(4) 验证阶段:这是对新思想或新观念进行验证、补充和修正使其趋于完善的时期。可以采取逻辑推理的方式验证,也可以通过实验或活动进行验证。如果解决方法被验证是正确的,问题便解决了;如果经不起验证,则上述过程必须全部或部分重新进行。

(三) 智力与创造力的关系

智力和创造力的关系是人们一直关心的问题。目前比较一致的看法是:智力是创造力的必要条件,智力低的人难以有高创造力,而智力高的人未必都有高创造力。在一定的智商分数之下,二者有显著的正相关;在此之上,二者的相关不显著(图 3-1)。需要注意的是,上述结论的得出建立在传统智力理论和智力测验的基础之上,如果以现代智力观来衡量,则智力与创造力的关系也需重新进行考察。

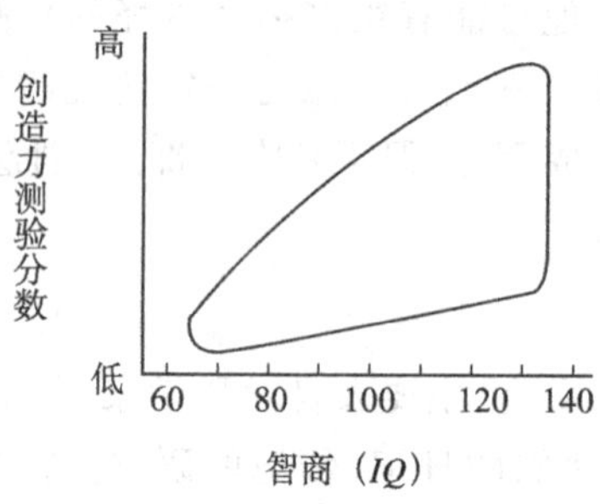

图 3-1 智力与创造力的关系

二、智力的测量

1904 年,斯皮尔曼提出了智力 G 因素的存在,这成为智力测验产生的理论基础。1905 年,法国心理学家比纳(A. Binet)和医生西蒙(T. Simon)在 G 因素理论的影响下,编制了世界上第一个智力量表,即比纳—西蒙智力量表。这一量表是为了筛选出不适合在一般学校学习的智力落后儿童而编制的。由此开始,智力测验已经走过了 100 年的历程,并且活跃在社会生活的各个方面。20 世纪 80 年代,美国《科学》杂志曾把智力测验列为 20 世纪以来对人类社会发展贡献最大的科技成果之一。

(一) 智力测验的基本理论

1. 智力商数

智商通常简称 *IQ*,是个体智力水平的数量化,用以衡量智力水平的高低。这一概念由德国心理学家斯腾(W. Stern)首先提出。比纳在量表编制中提出了“心理年龄”的概念,用来表示儿童智力水平的高低,这一概念后来被发展为智商的概念。

简单说,智商是通过将心理年龄(MA)和实际年龄(CA)之比乘以100而得到的。计算智商的公式为:

$$IQ(\text{智商})=\frac{MA(\text{心理年龄})}{CA(\text{实际年龄})}\times 100$$

从公式可以看出,智商100为中等智力水平,高于100表明智力偏高,低于100表明智力偏低。例如,某8岁儿童,测得的心理年龄为8岁,则其智商为100;另一8岁儿童,如果通过了10岁组的全部项目,心理年龄为10岁,则其智商为125,高于一般水平。

上述用智力年龄和实际年龄的比率计算出来的智商叫比率智商。比率智商假定人的智力年龄必然随着实际年龄一起增长,但事实并非如此。人的实际年龄在增加,而他的智力发展到一定阶段就相对稳定了。如果仍用比率智商来表示人的智力水平,智商将逐年下降。这是不合理的。因此,美国心理学家韦克斯勒(D. Wechsler)提出了离差智商的概念。所谓离差智商是用一个人在他的同龄人中的相对位置来衡量他的智力水平,计算公式为:

$$IQ=100+15Z \qquad \text{其中 } Z=(X-\overline{X})/SD$$

公式中,X为个人原始分数,$\overline{X}$为同年龄团体的平均分数,SD为团体分数的标准差。因此,只要我们知道了一个人的测验分数,以及他所属的团体分数和团体分数的标准差,就能很方便地计算出他的离差智商。由于离差智商反映的是一个人的智力在同年龄组中的相对位置,因而不受个体年龄增长的影响。目前,国际上已普遍采用这种智商概念。

2. 智力测验的信度

信度即测验的可靠性,是指测量结果的稳定性程度。一个好的测验,多次测量结果应该保持不变。如果同一个人用同一智力量表,第一次测为天才,第二次测为弱智,则这一测量结果必然不可信,这一量表也不是一个可靠的测量工具。信度的大小通常用两个测量结果的相关系数来表示,称为信度系数。信度太低的测验不能使用。智力测验的信度系数一般要达到0.90以上。

3. 智力测验的效度

效度即测验的有效性,是指一个测验或量表实际能测出其所要测的心理特质的程度。如果一个智力量表能正确测量出人的智力水平,能预测后来的行为,那么这个量表就是高效度的。而如果一个量表测得的结果并不能反映人的智力水平,那么,它就是低效度的。例如,用个性量表来测智力,无疑是低效度的。与信度相比,效度是衡量一个测验是否科学和准确的更重要的指标。效度高的测验信度一定高，而信度高的测验效度不一定高。例如，用同一把刻度不准的尺子量身高，尽管每次测量都能得到一致的结果，但这一结果并不准确。效度通常用效度系数来表示。智力测验的效度系数一般在0.3～0.6之间。

4. 智力测验的标准化

一个科学测验在编制时要经过标准化的过程。所谓标准化一般包括以下4个步骤：第一，选择有代表性的测验题目；第二，选取具有代表性的被试者；第三，施测过程标准化，要统一指导语，统一时限，统一评分；第四，建立常模。所谓常模，是指对测验分数进行分析和解释的参考标准。通常，一个测验的原始分数的意义是不明确的，只有将此分数与相应团体的平均水平和分数分布作比较，明确它在相应团体中的相对位置，才可以对它做出明确解释。得到被试团体平均水平和分数分布的过程，就是建立常模的过程。测验的原始分数参照常模而得到的新的分数，称为量表分。

（二）常用智力量表

1. 斯坦福—比纳智力量表

比纳—西蒙智力量表1916年经美国斯坦福大学心理学家推孟(L. M. Terman)修订并进一步标准化后引入美国，改为斯坦福—比纳量表，成为国际上广泛使用的智力量表。这一量表在1937年、1960年、1986年又经过了数次修订。该量表是一种个别施测的标准化智力测验，适用于2～18岁的被试者。它采用比率智商，以年龄作为测量智力的标尺，规定某个年龄应该达到的某一智力水平，把智力年龄与实际年龄之比作为智力高低的反映。

斯坦福—比纳量表的题目是按年龄分组编制的，每个年龄组的测验都由6个题目组成，每题代表两个月智龄。随着年龄的上升，题目的难度逐渐增加。题目内容包括绘画、折叠、判断词义、回忆故事、推理等多个方面。例如，斯坦福—比纳量表(1960)5岁组的测验题目如下。

(1) 画一张缺腿人的画。

(2) 在测验者表演后，将一张方纸折叠两层，成一三角形。

(3) 给下列单词下定义：球、帽子、炉子。

(4) 描一个正方形。

(5) 辨认两张图片的异同。

(6) 把两个三角形组成一个正方形。

2. 韦克斯勒智力量表

韦克斯勒以离差智商为基础，编制了一整套新的智力测验，包括韦氏成人智力量表(简称 WAIS,适用于 16 岁以上的成人)、韦氏儿童智力量表(简称 WISC,适用于 6 ~ 16 岁的儿童)和韦氏学前儿童智力量表(简称 WPPSI,适用于 4 ~ 5.5 岁的幼儿)。这些量表都得到了广泛的应用,成为当今世界上最为流行的智力量表之一。

韦氏量表也是个别施测的标准化智力测验,它包含言语和操作两个分量表,可以分别测量个体的言语能力和操作能力。因此,应用韦氏量表,可以得到个体的言语智商、操作智商和综合智商。言语分量表包含的项目有:词汇、常识、类比、理解、算术和记忆广度。操作分量表包含的项目有:图片排列、填图、积木、译码、拼图和走迷宫等。

除了上述量表,常用的智力测验还包括瑞文标准推理测验等。

三、创造力的测量与评定

(一) 以发散思维为指标的创造力测验

迄今为止,这仍是运用得最多的一种测验形式。这类测验大多以发散思维为指标,从流畅性、变通性、独特性等几方面评分。著名的测验有:建立于吉尔福特(J. P. Guilford, 1955)三维智力模型理论基础上的南加利福尼亚大学发散思维测验;托兰斯(E. P. Torrance, 1966)创造性思维测验;盖尔斯和杰克森(J. W. Getzels & P. W. Jackson, 1962)编制的芝加哥大学创造力测验等。

1. 南加利福尼亚大学测验

吉尔福特认为发散思维是创造力的核心,于是编制了一套以测量发散思维为主的创造力测验。该测验为初中水平以上的被试设计,包括 10 个言语测验和 4 个非言语测验,从流畅性、变通性和独特性 3 方面计分,具体内容如下。

言语测验包括:①字词流畅,迅速列举包含一个指定字母的单词;②观念流畅,迅速列举某一种类的事物名称,如“能燃烧的液体”——汽油、煤油、酒精……;③联想流畅,迅速列举某个词的近义词;④表达流畅,写出每个字均以指定字母开头的四词句,如“K-U-Y-I”——Keep up your interest…;⑤多种用途,列举一个物体各种不寻常的用途;⑥解释比喻,给出包含比喻的一些不完整句子,要求用不同方式完成;⑦效用测验,尽可能多地列举事物的用途;⑧故事命题,对一篇小故事进行多种命题;⑨推断结果,列举某一假设事件发生后的各种可能后果;⑩职业象征,给出一个符号或物体,要求尽量列举出与之相关或所象征的职业,如“灯泡”——电气工程师、灯泡制造商……

图形测验包括以下内容。

(1) 作图:给定一组图形,要求用这组图形画出各种实物,各图形的运用次数不限,如图 3-2 所示。

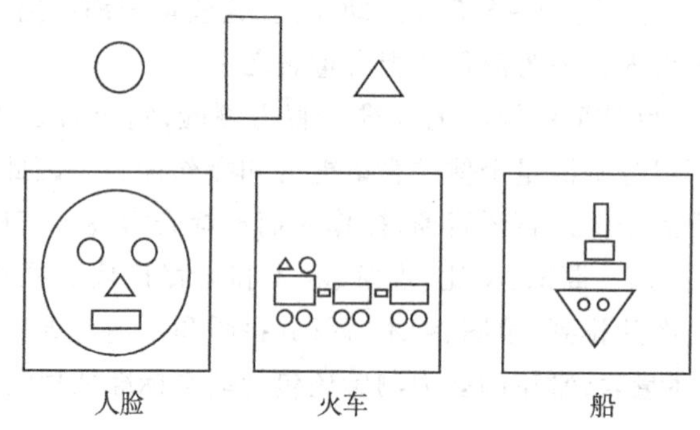

图 3-2　作图问题:用所给图形拼成实物

(2) 略图:把一简单问题复杂化,组成尽可能多的可辨认物体的略图。

(3) 火柴问题:移动指定数量的火柴棍,使剩下的图形达到指定的要求。

(4) 装饰:以尽可能多的不同设计装饰一般物体的轮廓图。

2. 托兰斯创造性思维测验

该测验由美国心理学家托兰斯在 1966 年编制,是目前影响最大、应用最广泛的创造力测验,从幼儿园到研究生院都适用。测验由言语创造性思维测验、图画创造性思维测验、声音和象声词的创造性思维测验 3 套构成,共 12 个分测验。

言语测验从流畅性、变通性和独特性 3 方面记分,包含 7 个分测验。前 3 个分测验是根据一张图画推演而来的。7 个分测验分别是:①提问题,列出对图画内容所想到的一切问题;②猜原因,列出图画事件的各种可能原因;③猜后果,列出图画事件的各种可能后果;④产品改造,对一个玩具图形列出所有可能的改造方法;⑤非常用途,列出一件普通物品的非寻常用途;⑥非常问题,对同一物体提出尽可能多的不同寻常的问题;⑦推断测验,推断一种不可能发生的事情一旦发生会出现什么结果。

图画测验从流畅性、变通性、独特性和精致性 4 方面记分,包含3 个分测验,都是呈现未完成的或抽象的图案,要求被试者完成,使其具有一定意义。3 个分测验分别是:①图画构造,呈现一个蛋形彩图,让被试者以此为基础构造富有想象的图画;②未完成图画,向被试者提供 10 个简单线条勾出的抽象图形,让他们完成这些图形并加以命名,如图 3-3 所示;③圆圈(或平行线)测验,包括 30 个圆或 30 对平行线,要求被试者尽可能多地画出不同的图。

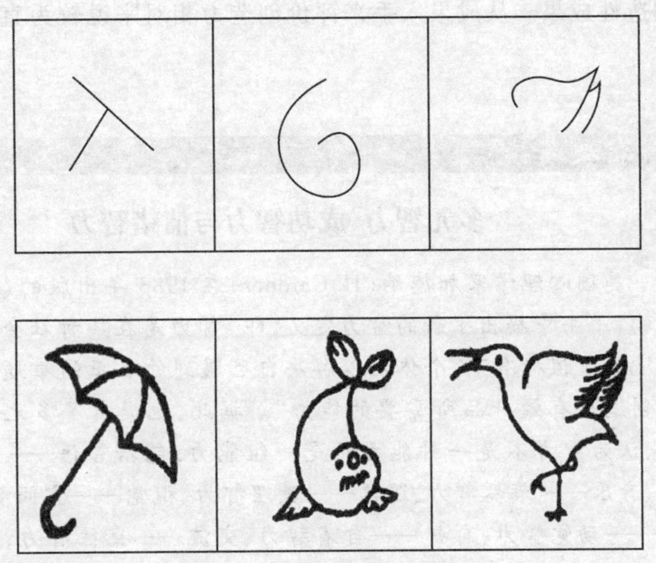

图 3－3 托兰斯完成图画测验

声音测验只从独特性方面记分，包含两个分测验，分别是：①音响想象，采用 4 个被试者熟悉和不熟悉的音响系列，让被试者写出所联想到的物体或活动；②象声词联想，用 10 个模仿自然声响的象声词各呈现 3 次，要求被试者写出所联想到的事物。

3. 芝加哥大学创造力测验

该测验是由美国芝加哥大学的心理学家盖尔斯和杰克森（J. W. Getzels & P. W. Jackson）根据吉尔福特的理论，在 20 世纪 60 年代初编制的，适用于小学高年级至高中阶段的学生。该测验包含词语联想、物体用途、隐蔽图形、完成寓言和组成问题 5 个分测验，从反应数量、新奇性和多样性 3 方面记分。

（二）以创造个性为指标的创造力测验

这类测验以创造性个性为指标，考察被试者是否具有好奇心、独立性、恒心、适应性、自信心等创造性个性特点，如戴维斯和里姆（G. A. Davis & S. Rimm）编制的“发明创造性才能的集体调查表”、高夫（Gough）编制的“修饰词检查创造性个性量表”、尤金·方德塞编制的“创造个性测试题”等。这种测验经济方便，并且证明和发散思维测验一样有效，故应用也很广泛。

（三）以创造成果为指标的产品评定

这类测验通过创造成果来评定个体的创造能力。不同领域的创造成果是不同的，如科学论文、新发明、音乐作品、诗歌等都是不同领域的创造性成果。从成果入手来评价创造力相对来说较为直接而且公正。

扩展阅读

多元智力、成功智力与情绪智力

美国心理学家加德纳(H. Gardner)在1983年出版的《智力的结构》一书中提出了新的智力定义,即"智力是在某种社会或文化环境的价值标准下,个体用以解决自己遇到的真正的难题或生产及创造出有效产品所需要的能力"。据此,他提出了多元智力理论,认为智力不是一种能力而是一组能力,包括言语——语言智力、音乐——节奏智力、逻辑——数理智力、视觉——空间智力、身体——动觉智力、自知——自省智力、交流——交往智力、认识自然的智力8种智力。每个人都拥有相对独立的8种智力,它们在每个人身上以不同方式和不同程度进行组合,从而使每个人的智力各具特色。同样具有高度发达智力的人,可能是一名作家、数学家,也可能是一名音乐家、画家。

美国心理学家斯腾伯格(R. J. Sternberg)于1997年提出了成功智力的概念,认为成功智力不同于学业智力,它是指用以达成人生主要目标的智力,它能使个体以目标为导向并采取相应的行动,包括分析性智力、创造性智力和实践性智力3个方面。

"情绪智力"一词是巴布娜·柳纳(Barbura Leuner)在1960年发表的论文《情绪智力与解放》中首先提出的。美国耶鲁大学的塞拉维和新罕布尔大学的梅耶把情绪智力描述为"个体监控自己及他人的情绪和情感,并识别、利用这些信息指导自己的思想和行为的能力"(Salovey & Mayer,1990),它包括:①情绪的知觉、评估和表达能力;②思维过程中的情绪促进能力;③理解与分析情绪,习得情绪知识的能力;④调节情绪,以促进情绪与智力发展的能力。这一概念已被公众广泛接受。

资料来源:泛珠三角地区九所师范大学联合编写. 现代心理学[M]. 广州:暨南大学出版社,2006,198-199.

思考活动

1. 你认为一个聪明的人应该具备什么特征?
2. 智力高的人创造力也高,这种说法对吗?
3. 如何理解比率智商和离差智商?

专题小结

智力是人的一种一般性综合认知能力,即指认知活动中最一般、最基本的能力,包括抽象推理能力、学习能力、适应能力等。智商简称IQ,是个体智力水平的数量化,用以衡量智力水平的高低。常用的智力测验有斯坦福—比纳量表、韦克斯勒智力量表、瑞文标准推理测验等。创造力是根据一定的目的和任务,产生出某种新颖、独特、具有社会或个人价值的产品的能力。创造力测验包括以发散思维为指标的测验、以创造个性为指标的测验和以创造成果为指标的产品评定。

专题二 智力的发展与培养

专题导读

智力的开发与培养是全社会共同关注的问题，从家庭到学校到社会，都对这一问题倾注了极大的热情，并努力付诸实践。智力是可以培养的，也是应该培养的，这已成为我们的共识。但在培养中，要遵循智力本身发展的规律，掌握青少年智力发展的特点，运用科学的培养模式和训练方法。

一、智力的发展与差异

(一) 智力发展的特征

智力水平随着个体年龄的增长而发生变化。一般来说，智力的发展可以分为3个阶段：增长阶段、稳定阶段和衰退阶段。

从出生到15岁左右，智力水平随年龄的增长而直线上升，一般到18～25岁，智力的发展达到高峰。个体从出生到4～5岁，是智力增长最快的阶段。瑞士心理学家皮亚杰(J. Piaget)认为，从出生到4岁，是人类智力发展的决定性时期。如果把17岁所达到的普通水平看作100%，那么从出生到4岁就获得了50%的智力，4～8岁可获得30%，最后的20%智力则在8～17岁时获得。

在成人期，智力发展进入一个较长时间的稳定阶段，可以持续到60岁左右。进入60岁以后，智力的发展进入衰退阶段(图3－4)。

(二) 智力发展的差异

1. 智力的个体差异

由于人们在先天的遗传素质和后天的环境教育上都不尽相同，因此，个体之间在智力上也存在着很大的差异。智力的个体差异主要表现在智力的水平、智力的结构和智力表现的早晚等几个方面。

首先，在智力发展的水平上，个体之间有高有低。智力发展水平的差异可以直接反映在智商上。研究表明，人类的智力分布基本上呈两头小、中间大的正态分布形式，即智力非常优秀的和智力落后的都只占很小的比例，有一半的人属于智力中等，具体见表3－1。

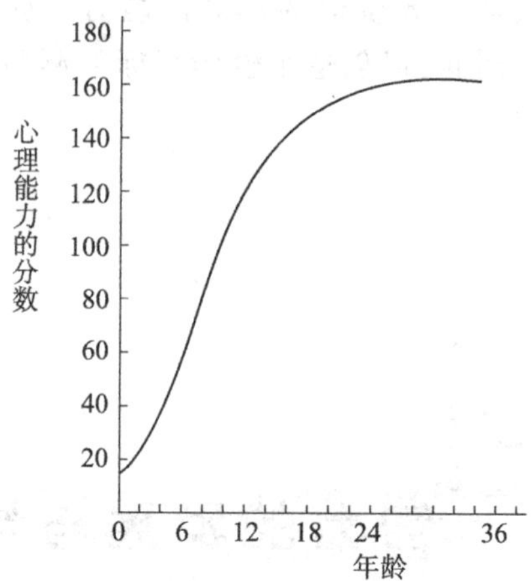

图 3－4　智力发展曲线(贝利,1970)

表 3－1　智商的差异及其分布状况

智　商	级　别	占总人数的百分比(%)
130 以上	非常优秀	2.2
120～129	优秀	6.7
110～119	中上	16.1
90～109	中等	50
80～89	中下	16.1
70～79	临界	6.7
70 以下	智力落后	2.2

其次,在智力的结构上,个体之间存在差异。如前所述,智力并非单一的心理素质,而是由多种成分构成的综合体,每个人在结构上会有不同。例如,有的人记忆力好,有的人观察敏锐;有的人擅长音乐,有的人擅长绘画;有的人空间能力强,有的人言语表达能力突出。这些都属于结构上的差异。单一的智商分数可能掩盖这些差异。

最后,在智力成熟的时间上,个体之间有早有晚。大多数人在一生中智力稳定发展,但也有的人成熟较早,有的人则大器晚成。例如,唐朝诗人王勃 14 岁写成《滕王阁序》,以“落霞与孤鹜齐飞,秋水共长天一色”的名句而流传千古;齐白石 40 岁才表现出他的绘画才能。

2. 智力的团体差异

关于智力的团体差异,研究最多的是性别差异。究竟是男性聪明还是女性聪明,这是人们很关心的问题。研究表明,男性和女性的智力在总体上没有明显差异,但存在分布差异、阶段差异和局部差异。“分布差异论”认为,尽管男性和女性的智力分布都符合正态分布,但男性智力分布的范围较广,智力较高和较低的人数都多于女性,而女性智力分布多集中在中间部分。“阶段差异论”认为,男女智力的发展变化与年龄特征有密切关系，两性之间的差异表现出明显的阶段性。例如，普瑞森（L. W. Pressey）的研究表明[①]，在智力发展上，14 岁以前女优于男，16 岁以后男优于女。多项研究都得到了类似的结果。这种差异与男女两性生理成熟情况不同有关。“局部差异论”认为，男女两性在智力总体上没有差异，但在构成智力结构的某些方面存在差异。例如，男性在空间能力、数学能力方面优于女性，而女性在言语能力上具有优势。

除了性别差异之外，不同职业、种族之间在智商上也存在差异，这种差异主要是由后天的环境和教育不同而造成的。同时，智力测验本身的文化差异性也是造成不同团体间智商存在差异的重要原因，大多数智力测验是依据某一团体的生活经验而编制的，符合该团体的语言、思维和文化习惯，用它来测验其他团体的智商，就有可能造成不公平。例如，用符合美国白人语言和文化习惯的量表去测试黑人，测得黑人智商低，然后就说黑人比白人愚蠢，这是不公平的。在进行智力测验的时候，我们要充分注意这一点。

二、青少年智力发展的一般特点

青少年仍然处于智力快速发展的时期，智力各方面的发展特点如下。

（一）趋于稳定而成熟的注意力

首先，青少年的有意注意力进一步发展，能克服外界干扰，更好地调节和控制自己的注意力。初中学生的无意注意力仍起较大的作用，客观对象的鲜明特点仍有强烈的吸引力；高中学生的有意注意力发展到相当高的水平，不仅能长时间保持自己的注意力，而且还能把注意力集中在他没有直接兴趣的学习活动上。其次，青少年注意力的集中性、稳定性不断提高。注意力的持续时间，一般随学生年龄的增长而延长。5 ~ 7 岁儿童保持注意力的时间平均为 15 分钟，7 ~ 10 岁为 20 分钟，10 ~ 12 岁为 25 分钟，12 岁以后为 30 分钟，青少年阶段则能保持 45 分钟。再次，青少年的注意力品质迅速发展。注意范围不断扩大，在 1/10 秒的时间内，初中生能清楚注意到 4 ~ 5 个对象，高中生能注意到 4 ~ 6 个，达到一般成人的水平；注意力分配能力提高，例如，可以一边听课，一边看书，一边记笔记，这是儿童很难做到的；注意力的转移比儿童具有更大的自觉性和灵活性。

思考活动

1. 晓月测得 *IQ* 为 100，她的智力优秀吗？

2. 小张擅长音乐，但数学差；小王语言表达能力强，但空间能力弱，这说明他们在智力的什么方面有差异？

3. 你觉得男性聪明还是女性聪明？为什么？

---

① 强海燕．性别差异与教育［M］．西安：陕西人民教育出版社，2000，199.

（二）概括化的观察力

青少年的感知能力不断提高，观察的有意性和目的性明显发展，能根据教学和实践任务的要求较长时间集中观察。同时，由于青少年思维的发展，他们能用日益发达的抽象逻辑思维能力组织、调节和指导观察活动，不仅能感知事物的外部特征，而且还能抓住事物更主要、更本质的特征，全面、精确和概括地感知事物。

（三）进入最佳发展期的记忆力

青少年是记忆发展的黄金时期，无论是无意识记还是有意识记，是机械识记还是意义识记，17～18岁都达到最佳水平。他们记得快，保持比较牢固，回忆也准确。青少年记忆力的发展主要表现在以下几个方面：第一，有意识记和意义识记日益占主导地位。初中阶段，学生识记的任务在很大程度上还是要依靠教师提出，识记仍带有机械成分；到高中阶段，学生开始自觉地确定目的来支配自己的识记活动，并主要借助于对意义的理解来记忆。第二，抽象识记能力有较大发展。形象识记是对具体事物的识记，抽象识记是对词语、概念、公式、原理的识记。儿童开始只有形象识记，随着语言和抽象思维的发展、学习内容的加深，抽象识记也开始发展起来，并在高中阶段居于优势地位。第三，掌握并能利用一些有效的记忆方法。青少年能主动运用一些记忆方法来提高记忆和学习的效率。

（四）丰富的想象力

青少年想象力丰富，富于幻想，并且幻想中的现实性成分越来越高。初中生的幻想还有不少空想的成分，高中生的空想减少，理想日益占主导地位。但青少年的理想总体上还不够稳定，容易发生变化。青少年的创造想象进一步发展，开始把创造想象同创造性活动联系起来，在作文、图画、科技作品中都明显表现出相当多的创造性想象的成分。

（五）日益占主导地位的抽象逻辑思维能力

小学生的思维是从具体形象思维向抽象逻辑思维过渡，而青少年的抽象逻辑思维日益占主导地位。在初中阶段，学生的抽象逻辑思维有了很大的发展，但在一定程度上受具体形象的支持，具体形象成分仍然起重要作用，主要属于经验型思维。到了高中阶段，学生的抽象逻辑思维明显占优势，并向理论型抽象思维发展，辩证思维基本形成，能用全面的、发展的、联系的观点分析和解决问题。

青少年思维的独立性、批判性、广阔性和灵活性有了更显著的发展。他们可以摆脱成人的限制，形成自己对人、对事的看法；他们喜欢争论、辩驳、怀疑，不轻信权威性意见；他们思维活跃，容易接受新事物。但同时，青少年的思维品质还未完全成熟，表现出片面性、表面性、盲目性和偏激性，容易受情绪左右。

三、青少年智力开发的主要模式

智力的培养主要有两种模式，一种是将智力培养融入日常的教学活动之中，称为智力开发的教学模式；另一种是在较短的时间内，采用一定的程序，对智力进行集中训练，这被称为智力开发的训练模式。

智力开发的教学模式是在学校的各科教学中，结合知识的传授，达到发展学生智力的目的。例如，美国教育心理学家布鲁纳的"发现教学"和奥苏贝尔的"有意义接受学习"都是有影响的发展学生智力的教学模式。目前多元智能的教学模式也受到广泛关注。关于教学模式，在此我们不做过多介绍。

智力开发的训练模式是对智力的某些方面或智力的整体进行系统的、有条理的训练，从而使个体的智力水平在较短时间内得以提高。智力训练方案形式多样，主要包括以下四大方面。

第一，对智力整体进行的训练。这些训练多以研究者对智力的认识为基础，以智力的整体为训练对象而设计的。其中代表性的训练方案有符尔斯坦（R. Feuerstein，1980）的工具强化训练、米克尔（M. N. Meeker，1971）根据吉尔福特智力结构理论而设计的智力训练方案，斯腾伯格等人的流体智力训练方案等。

第二，对思维能力进行的训练。思维能力是智力的核心，对思维能力进行训练是智力开发的重要组成部分。对思维能力的训练主要包括问题解决能力训练、归纳推理能力训练、演绎推理能力训练、思维品质训练等。

第三，对学习策略进行的训练。学习策略是学习过程中使用的各种规则、方法和技巧，包括复述策略、精制策略、组织策略等。这些策略的使用不仅能提高学习效果，而且能促进认知能力的发展。因此，学习策略训练也是智力训练的重要形式。

第四，对元认知进行的训练。元认知是对认知的认知，其实质是对认知活动的自我意识和自我控制，它在智力结构和智力活动中占据重要地位。一些心理学家把元认知训练作为智力开发的突破口和关键环节。

下面我们介绍 3 种有影响的智力训练方案。

（一）符尔斯坦的工具强化训练方案

工具强化训练是由以色列心理学家 R. 符尔斯坦于 1980 年提出的，后来由他和美国心理学家兰德、霍夫兰、米勒和詹森等加以推广。此项目主要用以矫正青少年的认知功能缺陷，培养他们的思维能力，旨在把成就低下者从消极和依赖的认知类型者改变为自发和独立的认知类型者。实践证明，此项目普遍提高了练习者在能力测验上的得分，也提高了他们的学业成绩，同时，对于练习者的内部动机、自信心和自尊心等都具有积极的促进作用。工具强化训练包括三大部分 13 个项目。

第一部分是非言语的个别实施工具，包括以下内容。

（1）圆点组织：根据所给图形，从一组圆点中选出合适的点连接成图形，如图 3－5 所示。

（2）知觉分析：选择简单或局部图形，组合成给定的复杂图形。

（3）图解：拿出一组随机排列的图片，要学生观察，经过头脑加工后，正确排列并理解深层含义。

第二部分是由教师读题，师生间有语言交流的工具，包括以下内容。

（1）空间定向：让学生学会正确把握空间方位之间的关系，包括 3 个工具。如图 3－6 所示。见表 3－2，根据空间定向图及男孩的位置填空。

（2）比较：对物体颜色、形状、大小、方向等方面的比较。

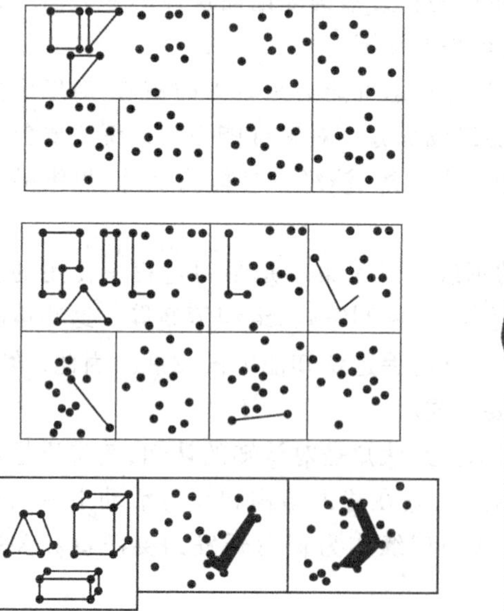

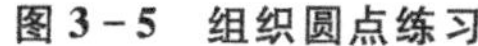

图 3－5　组织圆点练习

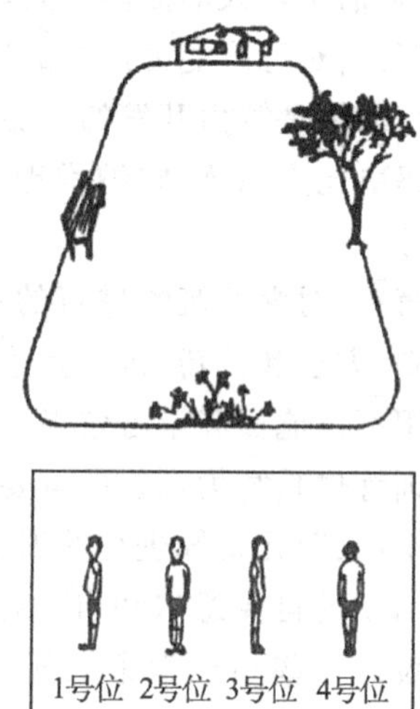

图 3－6　空间定向图及男孩的位置

(3) 家庭关系:将家庭的纵、横和层次关系告诉个体,按家族中的地位和角色进行分类或再分类。

(4) 数列:根据列出的一排数字找出规律,延续数字串。

(5) 演绎推理:以高度严密的形式逻辑推理为基础,以抽象的符号代替语词。

表3-2 填 空

位 置	物 体	相对于男孩的位置
1	树	
4		右
2		后
	房子	前
3	椅子	
2	房子	
	树	左
4		后
	椅子	
		左
3		后

第三部分是由学生自己读题理解完成的工具,包括以下内容。

(1) 归类:对给出的几种事物或词进行分类。

(2) 指导:根据教师的要求,学生加以理解后完成任务。

(3) 时间关系分析:向学生提供时间概念和参照系,让他们逐步理解时间既可以看成是间隙的连续,又可以看成是一个维度,是不可逆转的流逝。

(4) 关系转化:对大于、小于、等于等关系概念的转换。

(5) 表征图案设计:让学生运用有颜色、形状、大小的图案在心理上重新构成一个图案。

(二) 斯腾伯格的应用智力培养方案

斯腾伯格以其智力三元论为基础,设计了适用于中学生和大学生的应用智力培养方案。实践证明,该方案效果较为理想。该方案重点训练成分智力,同时也训练经验智力和情境智力。培养方案包括学生教材和教师手册两套材料,前者主要是一些叙述性的材料和练习,后者主要是教材使用的方法指导,帮助教师更好地发挥方案的效用。培养方案的前几个单元主要介绍一些智力理论和其他一些智力培养方案,使教师和学生全面掌握信息,更好地理解方案的内容、做法及效用。

在随后的单元中，该方案重点训练"成分智力"，包括元成分、操作成分和知识获得成分。其中，元成分是方案最核心的训练内容。在训练某种成分之初，先引入一个与该成分相关的问题，再围绕该问题进行讨论。例如，为了引入元成分的概念，教师先讲述一个故事："我的一个朋友必须从康涅狄格到纽约市去乘飞机。他想先去汽车站，因为那儿有发往机场的轿车，但由于堵车，他没能按时赶往汽车站，因而错过了一班轿车，结果误了飞机。"教师根据这个例子，启发学生讨论元成分的本质和它对解决问题的重要意义。通过这个例子帮助学生认识到，从有利于解决问题的角度来给问题下定义是非常重要的。在故事中，主人公一直把他的问题定义为"按时到达轿车的始发站，以便去机场"。但是，如果他把问题定义为"利用合适的交通工具，以便准时到达机场"，他就可能不会误飞机了。因为他可能考虑其他交通方式，如自己开车去机场或把车开到下一个轿车站等。

应用智力培养方案实例丰富，这些实例起到了引出理论、说明概念、提供练习等作用。教学形式主要是提出问题和集体讨论，每一单元的教学形式都是类似的。每一单元结束后，教师要布置和本单元内容相配套的练习，练习内容广泛，既有心理学中的经典问题，也有日常生活中的问题。

（三）利普曼的儿童哲学课程

1969 年，美国哥伦比亚大学哲学教授利普曼（M. Lipman）发表了他的第一部儿童哲理小说《哈里·斯脱特迈尔的发现》，标志着儿童哲学的诞生。利普曼于 1974 年创立了"儿童哲学促进会"，专门研究和发展"儿童哲学"课程。目前该课程已经发展成从幼儿园到大学都可以采用的哲学探究课程，正在世界范围内被越来越多的国家所采用。

利普曼把"儿童哲学"定义为"一种运用到教育中，目的在于培养高水平的、熟练的推理和判断能力的学生的哲学"①。儿童哲学课程的目的是使儿童学会像哲学家那样思考，使儿童从日常思维转向反思性思维、从不假思索转向深思熟虑、从常规思维转向批判性思维。

儿童哲学课程主要采用学生阅读哲学小说并集体讨论的形式进行。哲学小说讲述了一群孩子和成人通过日常活动发现推理规律和哲学观点的故事。根据利普曼的设计，哲学小说的目的是要激起疑问和引起智力争论。本章开头引用了哲学小说中的一段，可以看出哲学小说的特点。

在课堂组织上，该课程重视集体讨论，并鼓励学生进行积极的反思。在典型的"儿童哲学"课上，学生围坐成一个圆圈，选好的哲学小说

---

① 郅庭瑾．为思维而教［M］．北京：教育科学出版社，2007，128.

轮流由每个人朗读一个部分。读完后教师请大家一起回过头看整个故事,提出大家感兴趣或有疑问的问题。教师记下每个人提出的问题,然后要求大家选出一个问题作为讨论的主题。接下来就围绕这一问题进行讨论,并得出有创意的结论。

自然课上,一个叫韩瑞的小男孩开小差了。突然,他听到老师在叫他:"韩瑞,什么东西有一个长长的尾巴,每隔77年绕太阳一周?"韩瑞不知道该如何回答。但是,他记得老师以前讲过,所有的行星都围绕太阳转。因为行星绕着太阳转,而这个长尾巴的东西也绕着太阳转,韩瑞认为,答案应该是"行星"。没想到,话一出口,全班立即哄堂大笑。因为老师刚才专门强调过,彗星也像行星一样绕着太阳转,但它们绝不是行星。

这时,正好下课铃响了,一天的课结束了。韩瑞走在回家的路上,为没有回答出老师的问题而闷闷不乐。

他很困惑,他怎么会出错呢?他仔细回想了他的推理过程:"所有的行星都绕着太阳转,这是老师讲的,一点也不错。这个带尾巴的东西也绕着太阳转,但它却不是行星。"

"也就是说,有一些东西围绕太阳转,却不是行星。"韩瑞自言自语道,"那么,所有的行星都绕着太阳转,但并不是所有围绕太阳转的都是行星。"

韩瑞似乎突然悟出了什么:"一个句子是不能随便颠倒的,如果把句子的后半部分放到前面,它就不再成立了。比如,'所有的橡树都是树',但反过来,'所有的树都是橡树'就不成立了。"

这是利普曼儿童哲学课程中的一个故事①。儿童哲学课程是著名的智力训练方案之一,通过阅读哲学小说和集体讨论的方式,训练学生的多种思维能力,开发学生的智力。

扩展阅读

语言智能教学策略

阿姆斯特朗(T. Armstrong)将加德纳的多元智力理论与中小学教育教学实践密切结合起来,他为8种智能分别提出了不同的教学策略。每一种智能5个,共40个教学策略。要对学生运用尽可能广泛的教学策略。只要教师转变他们单纯讲述的教学方式,学生就有可能将自己最强势的智能运用到学习过程之中去。例如,阿姆斯特朗提出的语言智能教学策略包括以下几个。

(1) 讲故事。阿姆斯特朗认为讲故事应该被看做一种至关重

① 林崇德,辛涛. 智力的培养[M]. 杭州:浙江人民出版社,1996,152-153.

要的教学手段。教师可以将一些本质的概念、观点以及教学目标都整合到所讲的故事当中去，在人文课、数学课、科学课中都可以运用这种策略。例如教乘法时，可以给学生讲关于几个兄弟姐妹的故事——他们具有一种神奇的力量，无论他们触摸到什么东西，其数量都会增加：哥哥摸过一次后，增加两倍；弟弟再摸一下，增至三倍，等等。

（2）头脑风暴。教师可以针对任何方面组织学生开展头脑风暴。运用这一策略最一般的法则是，不要拒绝或批评任何观点，让学生自由分享所想到的一切。等每个学生都交流过自己的观点之后，再请学生回过头来对每一个人的意见进行反思。这一策略使每一位学生的创意都可以得到承认。

（3）为学生录音。在阿姆斯特朗看来，为学生录音有可能是所有课堂中最有价值的一种学习途径。通过录音，学生可以大声说出自己的想法，并进行自我反思。

（4）写日记。让学生对某一个特定的领域进行持续写作。涉及的领域既可以很宽泛，不受什么固定模式的限制，也可以具体。学生可以写数学日记，如"我所使用过的问题解决策略"；也可以写科学日记；还可以写文学日记，如"读后感"等。日记还可以通过绘画、素描、拍照片、对话以及其他非口头语言的形式，从而将多元智能融入其中。

（5）出版学生的作品。出版可以有多种形式，不一定要出版社正式地出版发行。比如影印或者经过电脑文字处理后打印，学生还可以在校报、儿童杂志或者学校网站上发表他们的作品，最重要的是达到交流思想的目的。

资料来源：郅庭瑾．为思维而教[M]．北京：教育科学出版社，2007，198－199.

专题小结

智力的发展可以分为增长阶段、稳定阶段和衰退阶段。从出生到15岁左右，智力水平随年龄的增长而直线上升，18～25岁达到高峰；在成人期，智力发展进入一个较长时间的稳定阶段；60岁以后，智力的发展进入衰退阶段。智力的个体差异主要表现在智力的水平、智力的结构和智力表现的早晚等方面；智力的团体差异主要表现在性别差异、种族差异等方面。青少年智力发展的一般特点是：趋于稳定而成熟的注意力、概括化的观察力、进入最佳发展期的记忆力、丰富日益占主导地位的抽象逻辑思维能力。符尔斯坦的工具强化训练方案、斯腾伯格的应用智力训练方案和利普曼的儿童哲学课程是3种有影响的智力训练方案。

专题三 创造力的发展与培养

专题导读

“文明的历史，基本上乃是人类创造能力的记载。”奥斯本的话道出了创造力的重要性。自从1950年吉尔福特就任美国心理学会主席时发表题为“创造力”的著名演说以来，创造力一直成为心理学研究中的一个热门领域，创造力的发展和培养在教育领域也是颇受关注的问题。本专题将对创造力发展的影响因素、培养内容和训练方法进行阐述。

一、创造力发展的影响因素

（一）生理因素

神经系统尤其是大脑是创造力的物质基础，为创造力的发展提供了可能性。神经系统中神经元的构造和功能对创造力水平的高低具有重要影响。克拉克1983年研究认为，创造力高的人在神经活动中表现出如下特征。

（1）突触活动快。

（2）神经元化学成分丰富。

（3）更多地运用前额皮层的功能。

（4）脑电波活动的α波段能更快地输入和更持久地保持信息。

（5）脑节律的一致性和共时性有助于专心和深入探究。[①]

（二）年龄与性别

随着年龄的增长，个体的创造力也在不断发展。幼儿就有创造力的萌芽，小学阶段已有明显的创造性表现，而青少年的创造力有了更多的现实性、主动性和有意性。但创造力的发展同个体的整体发展一样，是一个有限的扩展系统，不会一直随着年龄的增长而增长，发展到一定程度和一定年龄后，就开始逐渐减弱。美国学者莱曼（H. Lehman, 1936）通过对几千名科学家、艺术家和文学家的年龄和成就关系的研究发现，虽然在不同方面，创造力的最佳年龄不尽相同，但从总体上看，25~40岁为创造力的最佳年龄。

创造力发展中也表现出明显的性别差异。古今中外富有创造力的科学家、发明家、思想家、政治家、企业家中，绝大多数是男性。这既有生理方面的原因，更有社会与文化的原因。许多跨文化的研究表明，在主张男女平等的民主开放的文化环境中，儿童的创造力普遍发展较好，

---

① 俞国良．创造力心理学[M]．杭州：浙江人民出版社，1996，97-98.

男女差异也较小；在男女地位悬殊的封闭式社会条件下，男女差异较大。社会文化极大地影响了人们性别角色的形成，在现有的社会文化中，人们普遍认为男性应该更积极、独立、坚强、自信、理智、富于竞争力，而女性应该更温柔、服从、柔弱、依赖性强、易受暗示等，这些固有的观念和刻板印象加剧了创造力发展中的性别差异。

（三）知识与智力

知识是创造的基础和前提，离开必要的知识，就根本谈不上创造。但具有知识不一定具有创造力，对待知识一定要有变通性和灵活性，僵死、混乱的知识不仅不利于创造，反而会阻碍创造力的发展。智力与创造力的关系如前所述，智力是创造力的必要条件，但不是充分条件。

（四）动机与个性

创造性活动需要创造动机的维持和激发。从动力来源上看，动机有内部动机和外部动机之分。许多经验和心理学研究都证明，内部动机更有利于创造力的发挥和发展。当人们被完成工作本身所获得的满足感和挑战感激发，而不是被外在的压力所激发时，才表现得最有创造力。

个性特征虽然不对创造活动起直接的决定作用，但它为创造力的发挥提供心理状态和背景，对创造活动具有极大的制约作用。高创造力的人究竟具有什么样的个性特征呢？尽管许多研究结果不尽相同，但综合来看，仍然表现出某些典型的个性特征，如强烈的好奇心、独立自信、坚持不懈、情感丰富、有幽默感等。

（五）环境因素

1. 家庭

家庭环境、父母的教养方式、家庭气氛、家庭成员的榜样等都对儿童创造力的发展起着重要作用。研究发现（查子秀，1993），有利于个体创造力发展的家庭因素包括：①家庭比较民主，父母对孩子不专制；②家长对孩子的好奇心、探求精神和行动给予积极鼓励和支持；③父母信任孩子的能力，给予引导并提供独立锻炼的机会；④孩子在家里与父母之间无拘束，不怕犯错误，有安全感；⑤父母具有独立性和创造性，孩子在家受到父母思想和行为潜移默化的影响。

2. 学校

学校教育对学生创造力的发展具有重要作用，教师的态度、课堂气氛、课程设置、教学模式、学校环境等无不对学生具有深刻的影响。而在所有这些因素中，最核心的因素就是教师，其他因素最终都是通过教师而起作用的。教师的个性、行为、知识结构、教学方法等都直接影响学生创造力的发展。一般来说，民主开放型的教师有利于学生创造力的发展，而专制型和放任型的教师均不利于学生创造力的提高。

除了学校和家庭之外，社会文化环境也会对创造力的发展产生影响。研究表明，在倡导独立、自主的民主开放型社会文化环境中，儿童创造力普遍发展较好；而在强调专制、服从的封闭式社会条件下，儿童的创造力则比较贫乏。

二、青少年创造力的培养与训练

（一）创造力培养的主要内容

1. 培养好奇心，激发求知欲

好奇心和求知欲是激励人们探究客观事物奥秘的一种内部动力，它们是创造的萌芽，是创造动机的核心成分。因此，好奇心和求知欲的激发对培养创造力是十分必要的。为了培养学生的好奇心和求知欲，可以不断给学生创造变化的、能激起新奇感的学习环境，组织或引导学生多接触大自然或考察社会生活，引导他们在观察或考察中发现各种问题，经常强化他们的问题意识并启发他们自己去寻找答案，对他们的想法适时地加以鼓励。

在教学中，创设问题情境是激发学生求知欲和好奇心的有效方法，要经常结合教学向学生提出一些难度适宜、具有启发性、新颖有趣、与学生的真实生活情境联系密切的问题。问题情境所产生的矛盾、疑惑、惊讶最能引起求知欲和好奇心，产生学习和创造的愿望。例如，有一个老师在教自然课《摩擦起电》时，在课堂上安排了一个游戏“彩蝶纷飞”——用毛皮摩擦过的橡胶棒吸引不同颜色的纸屑。在带电物体的作用下，彩色纸屑上下跳动，就好像彩蝶在空中飞舞。奇特的现象很快把学生带入一个奇妙的世界。为什么会这样？学生一下子产生了强烈的好奇心。

2. 创造性思维的训练

创造性思维是指有创见的思维，是从事创造活动和取得创造成果的关键。它既有一般思维的共同特点，又有不同于一般思维的独到之处。吉尔福特在研究智力结构时，通过因素分析发现了发散思维和集中思维两种思维类型，并认为发散思维能代表人的创造性思维。但现在人们越来越倾向于认为创造性思维是多种思维的有机结合，它是发散思维与集中思维的统一，是分析思维与直觉思维的统一，是语词思维与形象思维的统一。但在我们的教育中，对集中思维、分析思维、语词思维培养较多，而对发散思维、直觉思维、形象思维相对忽视，因此，我们重点来分析一下这3个方面的培养方式。

（1）训练发散思维

发散思维训练是国内外创造性思维训练的一种最常用的方法。吉尔福特认为发散思维主要具有流畅性、变通性和独特性3个特征。发散思维的训练应当有意识地从培养思维的独创性、灵活性和流畅性入手，给学生提供开展发散思维的机会，安排一些刺激学生发散思维的环境，逐渐让学生养成多面向、多角度认识事物解决问题的习惯。如可以通过“一题多解”和“一题多变”的练习，培养学生思维的灵活性和变通性；可通过学生自编应用题，发展思维的独特性和新颖性；可以通过班级集体讨论的方式寻找问题的多种答案。

（2）培养直觉思维

直觉思维是不经过逐步的分析和推理，而迅速对问题的答案做出合理的猜测和设想的思维形式，它对应于逻辑思维或分析思维。直觉思维在创造中具有重要作用，许多重大的科学发现或科技发明都来源于直觉。直觉的创造功能主要表现在对事物的直观判断、猜测和预感上，它是以丰富的知识经验为基础的。一个人的经验越丰富，他的直觉就会越准确。对直觉思维训练是创造性思维训练的重要组成部分，而我国现行的教育忽视了对直觉思维的培养，妨碍了学生创造力的发展。

那么，如何培养学生的直觉思维呢？主要方法有：第一，教师进行直觉思维示范，提高学生对直觉的敏感性。第二，鼓励学生大胆猜测，大胆假设。教师不要总是把明确的答案给学生，而应经常有意识地给予一定的模糊度，给学生猜测和假设的机会。即使学生猜测错误，也绝不能讽刺和嘲笑。第三，加大思维的“前进跨度”，提倡大步骤思维。无论教师讲课还是学生学习，一旦具备了相应的知识基础或已达到一定的熟练程度，就可以大步骤思维，培养思维的跳跃能力。例如，在作业时无须要求学生每次都写详细步骤。第四，加大思维的“联想跨度”，培养学生把不同事物联系起来的能力，特别是建立看上去不相干的事物之间的联系。第五，教给学生捕捉直觉的方法，善于抓住“一闪之念”。例如，要及时记下一些偶然出现的新奇想法；在艰苦的思考过程中给自己意识放松的机会，因为灵感、直觉在放松的时候容易出现。

（3）发展形象思维

形象思维是利用头脑中的具体形象来解决问题的思维过程，它在创造性思维中具有重要作用，许多创造过程是依靠形象思维来实现的。如何训练形象思维呢？要引导学生学会观察，获得感性经验，不断发展学生的表象系统。表象是形象思维的基础，表象贫乏，形象思维也会枯竭。为了丰富学生的表象系统，可以让学生到大自然中去，多接触大自然中的各种事物，可以在教学中恰当使用各种直观教具。

3. 创造个性的培养

如前所述，创造力的发展不仅与智力因素有关，而且和人的个性特征有密切关系。真正有作为的创造者,多半有许多良好的个性心理品质。一般来说,培养独立、勤奋、自信、有恒心、谦虚、细致、进取等性格,是有利于创造力发展的。而怯懦、自卑、骄傲、粗心、安于现状、墨守成规等消极的性格,则会抑制创造力的发展。

(二)实用创造技法及训练

创造技法是人们通过长期研究与总结得出的创造发明活动的规律,经过提炼而成的程序化的创造技巧和科学方法。通过这些创造技法的训练与运用,可以极大地提高创造的速度和效率,产生事半功倍的效果。目前已经研究出的成熟的创造技法有400种以上,下面我们介绍几种最具有代表性的技法。

1. 缺点列举法

缺点列举法是有意识地列举现有事物的缺点,分析原因并进行改进,从而创造出新事物的方法。训练时按照以下程序:决定主题——列举主题的缺点——选出所列举的主要缺点——提出对主要缺点的改进措施。

【例】列举圆珠笔的缺点:书写后字迹易消失;有时会溢出油墨;放着不用会写不出字;笔套容易丢失;油墨染在衣服上很难洗掉;字迹粗细不能变换;笔套容易从笔杆上脱落;最后油墨难以使用完;颜色品种少;写字时下面的纸上留有笔痕;字迹不易擦掉;笔尖上积有油墨容易弄脏纸张……

2. 希望点列举法

希望点列举法是把各种各样的希望、梦想、愿望等都列举出来的方法。列举的希望点,就是有待创造的方向或目标。训练时按照以下程序:决定主题——列举主题的希望点——选出所列举的主要希望点——根据选出的希望点来考虑改善的方法。

【例】列举对钢笔的希望:出水流畅;绝对不会漏水;绝对不会划破纸张;能写出不同颜色的字;无论任何方向都可以流利地书写;书写时笔尖可以粗细自如;笔尖不会磨损;最好能省去笔套;不需要注入墨水;落地时笔尖不会折断或弯曲……

3. 特征点列举法

特征点列举法是对对象的特征进行分析并一一列出,然后探讨能否改革以及怎样实现改革的方法。在创造发明的过程中,有时研究对象比较复杂,如果从整体上考虑往往难以找到改进的突破点。但如果把问题进行分解,就容易得出解决的方案。例如,要革新一辆汽车,因为构成复杂,很难一下把握。如果将汽车分成多个部分,然后逐一进行

思考活动

1. 创造力最佳的年龄是多少岁?
2. 举例说明如何训练发散思维。
3. 为什么说直觉思维在创造中具有重要作用?

讨论,相对来说就容易很多。

我们可以把一般事物的特征分为 3 个方面:①名词特征,采用名词来表达的特征,如事物的全体、部分、材料、制造方法等;②形容词特征,采用形容词来表达的特征,主要指事物的性质,如颜色、形状、大小等;③动词特征,采用动词来表达的特征,主要指事物的功能,包括在使用时所涉及的所有动作。

使用特征点列举法时,按照名词特征、形容词特征和动词特征的顺序,详细列举出创造对象的特征,然后依次针对所列出各个特征,通过提问,诱发出创造性设想。

4. 头脑风暴法

头脑风暴法英文为 brainstorming,为著名创造学家奥斯本在 1939 年所创,是一种集体操作型的创造技法。它是一种极为有效的创造技法,也是世界上最早付诸实施的创造技法。

头脑风暴法围绕一个主题,召集 10 个左右的有关人员进行讨论,通过成员之间的相互启发、相互激励、相互补充,产生"共振效应",最终获得创造性设想。运用此法需遵循 4 个基本原则:第一,自由思考原则,要求与会者自由地、尽可能多地提出自己的想法,不用顾虑自己的想法是否荒唐可笑,特别鼓励求新、求异,与众不同;第二,延迟评判原则,对提出的任何设想或方案暂不作任何评价判断,荒唐的不应指责,实用的也不应当场夸奖;第三,以量求质原则,以获得想法的数量而非质量为目标,因为想法的数量越多,就越有可能获得有价值的创意;第四,结合改善原则,鼓励与会者改进或组合他人的设想。

5. 移植法

移植法是将某一学科的理论、概念,或者某一领域的技术发明和方法应用于其他学科和领域,以期取得新发明或创造新事物的方法。移植法可分为原理移植、结构移植、方法移植、材料移植等类型。

6. 类比法

类比法是根据两对象的相似关系受到启发而产生类推的一种解决问题的方法。它是简易有效的创造技法之一。其基本模式是:如果 A 对象有 a、b、c、d 属性,B 对象有 a、b、c 属性,那么,B 对象可能也具有属性 d。类比法有直接类比、仿生类比、因果类比、对称类比、综合类比等。

【例】因果类比——谢皮罗教授的新发现

美国麻省理工学院谢皮罗教授发现,放洗澡水时,水流出浴池总是形成逆时针方向的旋涡。这是什么原因呢?专家告诉他,旋向与地球自转有关,由于地球是自西向东不停地旋转,所以北半球的洗澡水总是逆时针方向流出浴池。在明白了浴池水流旋向的道理后，谢皮罗教授想到了台风的旋向问题并进行了因果推理，他认为北半球的台风同样是逆时针方向旋转的，其道理与洗澡水流出的旋向是类似的。他还断言，如果在南半球，情况则恰恰相反。谢皮罗有关台风旋向的科研论文发表后，引起世界各国科学家的很大兴趣。他们纷纷进行观察和实验，其结果与谢皮罗的论断完全相符。

7. 组合法

组合是将已知的若干事物合并成一个新的事物，使之具有新的结构、功能和价值。人类的许多创造成果都源于组合。美国阿波罗登月总指挥韦伯说："阿波罗计划中没有一项新技术，都是现成技术，关键在于综合。"

组合法主要有以下几种：①主体附加，以某事物为主体，再添加另一附属事物，如在电风扇中添加香水盒；②异类组合，将两种或两种以上的不同种类的事物组合，如收音机和录音机的组合成为收录机；③同物自组，将若干相同的事物进行组合，如把 3 支风格相同、颜色不同的牙刷包装在一起销售，称为"全家乐"牙刷；④重组组合，改变事物内部结构要素的次序，并按照新的方式进行组合，从而使事物的功能和性能发生变化。如螺旋桨飞机一开始是螺旋桨在前，尾部安装稳定翼。美国著名飞机设计专家卡里格·卡图按照空气的浮力和气流推动原理，设计出螺旋桨在机尾，稳定翼在机头的头尾倒置的飞机，结果提高了速度和安全性。

【例】瑞士军刀——最精彩的组合发明

被世界各国视为珍品的瑞士军刀，是最精彩的组合发明之一，其中被称为"瑞士冠军"的款式最为难得，它由大刀、小刀、木塞拔、开罐器、螺丝刀、开瓶器、电线剥离器、钻孔锥、剪刀、钩子、木锯、鱼鳞刮、凿子、钳子、放大镜、圆珠笔等 31 种工具组合而成。携刀一把等于带了一个工具箱，但整件长只有 9 厘米，重 185 克，完美得令人难以置信。正因为如此，素以苛求著称的美国现代艺术博物馆也收藏了一把。

8. 检查单法

检查单法又称检查提问法，是指对照检查单的每项内容逐个进行思考，以期获得新设想和新发明的方法，有"创造技法之母"之称。奥斯本是首位将检查单法用于创造发明的创造学家，他根据需要解决的问题，列出如下几个检查项目：有无其他用途；能否借用；能否改变；能否扩大；能否缩小；能否代用；能否调整；能否颠倒；能否组合。当然，在使用时，检查单的具体项目可以适当调整。

 专题小结

创造力发展的影响因素包括生理因素、年龄与性别、知识与智力、动机与个性、环境因素。创造力培养的主要内容包括:第一,培养好奇心,激发求知欲;第二,训练创造性思维,重点训练发散思维、直觉思维和形象思维;第三,培养创造个性。创造技法是人们通过长期研究与总结得出的创造发明活动的规律,经过提炼而成的程序化的创造技巧和科学方法。最具有代表性的创造技法包括缺点列举法、希望点列举法、特征点列举法、头脑风暴法、移植法、类比法、组合法、检查单法等。

思考与练习

一、填空题

1. 英国心理学家华莱士认为创造过程包括__________、__________、__________和__________ 4 个阶段。

2. 人类的智力分布基本上呈两头小、中间大的__________分布形式。

3. 吉尔福特认为__________思维是创造力的核心。

4. 利普曼的儿童哲学课程主要采用学生阅读__________并集体讨论的形式进行。

5. __________法有“创造技法之母”之称。

二、判断题

1. 智商为 90 表示智力迟钝。 (　　)
2. 智力低的人难以有高创造力。 (　　)
3. 韦克斯勒智力量表是以离差智商为基础的。 (　　)
4. 25～40 岁是智力发展的高峰时期。 (　　)
5. 斯坦福—比纳量表是用来测量创造力的。 (　　)

三、简答题

1. 什么是智力? 什么是创造力? 你认为二者的关系如何?
2. 运用头脑风暴法需遵循的基本原则是什么?
3. 智力发展的个别差异表现在哪几方面?

四、论述题

1. 有些聪明的学生长大后却无所成就,你认为是什么原因?
2. 男生比女生更聪明吗? 如何理解男生和女生在智力上的差异?
3. 试运用一种或几种创造技法,对某一日常用品(如皮鞋、钢笔、

日光灯、茶杯、雨伞等)进行改进。

推荐书目与文章列表

[1] 何先友. 青少年发展与教育心理学[M]. 北京:高等教育出版社,2009.

[2] 林崇德,辛涛. 智力的培养[M]. 杭州:浙江人民出版社,1996.

[3] 俞国良. 创造力心理学[M]. 杭州:浙江人民出版社,1996.

[4] 郅庭瑾. 为思维而教[M]. 北京:教育科学出版社,2007.

[5] [美]H. 加德纳著,霍力岩等译. 智力的重构——21世纪的多元智力[M]. 北京:中国轻工业出版社,2004.

[6] [美]R. J. 斯腾伯格等著,张庆林等译. 成功智力教学——提高学生的学习能力与学习成绩[M]. 北京:中国轻工业出版社,2002.

第四章

情意心理

人生是一个充满体验的过程,相信我们每个人都曾品尝过成功的喜悦和失败的痛苦,都体验过进取的热情和失意的沮丧。本章将带你了解人类丰富而深刻的情意活动,理解什么是情绪和情感,什么是意志;掌握情绪、情感和意志的原理和规律;并学会更好地调控情绪,管理压力,消除冲突和战胜挫折。

学完本章,你将能够:

(1) 理解情绪和情感的含义与种类。
(2) 学会调节情绪的技巧。
(3) 了解什么是压力并知道如何管理压力。
(4) 理解意志的含义和意志品质的4个特征。
(5) 掌握培养良好意志品质的方法。
(6) 理解动机冲突的类型,掌握处理动机冲突的方法。
(7) 学会对挫折感进行调适。

专题导读

“人非草木，孰能无情”，情绪和情感是个体心理活动的重要组成部分，是人类生活丰富性和生动性的重要内容。正因为有了情绪和情感，这个世界才如此绚丽多姿，而我们的内心也才如此丰富多彩。那么，究竟什么是情绪和情感？情绪和情感有什么功能？它们有哪些类型？本专题将回答这些问题。

情绪与情感概述

一、什么是情绪和情感

我们通过认知活动认识客观世界，这种认识过程并不是冷漠无情、无动于衷的，而是伴随着各种情绪和情感过程。情绪和情感是一种复杂的心理现象，在我们的生活中发挥着重要的功能。

（一）情绪与情感的含义

所谓情绪和情感是对客观事物是否满足自己的需要而产生的态度体验及相应的行为方式。

人的认知过程是对客观事物本身的反映，而人的情绪和情感并不反映事物本身的属性，它是对主体与客体之间关系的反映。情绪与情感总是与主体的需要相联系的，脱离人的需要，情绪和情感就无从产生。当客观事物满足自己的需要时，就产生积极的情绪体验，如愉快、兴奋；当客观事物不能满足自己的需要时，就产生消极的情绪体验，如痛苦、愤怒等。所以，面对同一事物，不同需要的人往往会产生不同的情绪。例如，同样是考试得了 70 分，有的学生高兴，有的学生伤心。为什么？因为需要不同。一般来说，那些与人的需要没有直接关系的客观事物或事件，作为一种中性刺激物，是不会引起个体的情绪和情感的。

（二）情绪与情感的成分

情绪与情感是一种复杂的心理现象，它包括 3 个不可分割的成分：主观体验、生理唤醒和外部表现。在情绪活动中，这 3 种成分处在不断地相互影响和相互作用之中。

主观体验是指一个人对情绪和情感状态的自我感受。情绪和情感是对客观世界的一种特殊的反映形式，反映的是主体的需要和客观事物之间的关系。凡是与人的需要有关的事物，由于对人有着一定的意义，必然使人对之产生一定的态度，并以主观体验或内心感受的形式表现出来。每种情绪都有不同的主观体验,它们代表了人们不同的感受,构成了情绪和情感的心理内容。

生理唤醒是指一个人在情绪和情感活动中所发生的生理变化。任何情绪与情感都有其生理基础,并总是发生在一定的生理唤醒水平上。情绪和情感是脑和神经系统活动的结果,大脑皮层、丘脑、下丘脑和边缘系统等脑结构与情绪活动存在着密切关系。在神经系统的控制下,情绪的生理唤醒突出地表现在呼吸系统、循环系统、消化系统、内分泌系统等活动的改变上,这些生理变化往往反映出情绪的性质和强度,是我们了解和研究情绪的客观指标。例如,人在紧张、激动和愤怒时,会伴随血压增高、心跳加快、呼吸加快、肠胃收缩减少、肾上腺素分泌增加等生理变化。

外部表现是指表情,可以被他人直接观察到,包括面部表情、动作表情和言语表情。面部表情是情绪在脸部肌肉活动上的表现,如高兴时嘴角上翘、眉毛上扬,悲哀时嘴角下弯、眉毛低垂。动作表情是情绪在身体姿势和四肢动作上的表现,如高兴时手舞足蹈、愤怒时暴跳如雷、恐惧时缩成一团。言语表情是情绪在声音特征上的表现,包括一个人说话时的声调、节奏、快慢等,如悲伤时声音低沉、节奏缓慢,快乐时声调较高、节奏较快。

上述 3 个成分在情绪的产生中缺一不可,任何单一的成分都不足以构成情绪,只有当 3 种成分整合时,情绪才能产生。例如,当一个人假装快乐时,他只有快乐的外部表现,但没有真正的主观体验和生理唤醒,因此算不上真正的情绪过程。

(三) 情绪与情感的关系

情绪和情感是既有区别又有联系的两个概念。通常把那些与生理需要相联系的内心体验称为情绪,例如由于饥饿而产生的烦躁、由于安全受到威胁而引起的恐惧等;而把那些与社会需要相联系的内心体验称为情感,例如爱情、友谊、荣誉感、责任感、热爱集体、爱国主义等。

情绪可以由对事物单纯的感觉或知觉而直接引起,如红色使人感到热情,蓝色使人感到宁静,黑色使人感到压抑;幽香的气味使人感到舒畅,恶臭的气味使人感到烦闷等。情感则是由于对事物复杂意义的理解所引起,如明确了自己工作的重大意义而产生的责任感;了解了某人低下的品格而产生的厌恶感等。

情绪带有极大的情境性和暂时性,它通常是由某些特定情境引起的,随着情境的改变和需要的满足而减弱或消失,时过境迁,就会意转情移,所以不稳定。情感则带有很大的稳定性和持久性,不因情境的改变而转移,如友谊感,并不以朋友一时的成败而变化。因此,情感是个性结构或道德品质中的重要内容之一。

情绪比较低级、简单,不仅人具有,动物也常发生。当然,人的情绪和动物的情绪是有本质区别的,人的情绪受到社会生活条件和文化教育的影响。情感则是高级的复杂的内心体验,是人类所特有的心理现象。

情绪和情感既有区别,也有密切的联系。由于一个人的情绪和情感基本上是统一的,情感作为比较稳定、深刻的态度体验,它从根本上影响着情绪的表现。一个人的情绪在各种情境中的不同变化,一般都受到其已经形成的情感及其特点的制约。另外,人的情感总是在各种不断变动着的情绪中表现出来,离开了具体的情绪,人的情感及其特点就无从表现。从这个意义上说,情绪是情感的表现形式,情感是情绪的本质内容。

二、情绪与情感的功能

(一)信号功能

情绪与情感是个人与他人相互影响的一种重要方式,起着信息交流的作用。人们通过情绪和情感表达自己的内心愿望、需求或观点,并对他人施加一定的影响。信号功能主要是通过表情来实现的。通过表情传递信息,人的认识、态度和观点更具有表现力,更易为他人感知和接受。人类的表情作为一种"非语言符号",可以表达出语言不能表达或不便表达的心理活动,已成为我们交流和沟通的重要工具。例如,一个人说谎时,我们很难通过语言判断他是否说谎,但可以通过他的表情来判断。一个说谎者,他的面部表情可能不太自然,目光游移不定,触摸鼻子、摸下巴、搔脖挠腮等动作会增多,并伴随声调提高、语速加快、停顿过长或过于频繁等言语表情。这些表情所传递的信息,成为我们判断对方是否说谎的重要依据。

(二)适应功能

情绪和情感是人们适应环境、适应社会的一种重要方式。婴儿刚出生时,还不具备独立生存的能力,这时主要依赖情绪来传递信息,与成人进行交流,从而得到成人的照顾,如饥饿时,孩子就会烦躁、哭闹,成人及时对其喂食,孩子才能生存下去。在成人的生活中,人们也是通过各种情绪和情感,了解自身和他人的处境与状况,适应社会的需要,求得更好的生存与发展。例如,我们通过察言观色了解他人的情绪状态,在此基础上采取适当的措施来维持或改善人际关系,从而更好地适应社会。

(三)动机功能

情绪与动机的关系十分密切,它不仅能作为一种特殊的心理背景影响行为的动机状态，而且它本身就是构成动机系统的一个基本成分，甚至有的心理学家认为情绪本身就是一个动机系统。情绪的动机功能主要表现在以下几个方面：第一，情绪对于生理内驱力具有放大的作用。心理学家汤姆金斯（S. S. Tomkins）指出，不能把内驱力本身的信号和这个信号的“放大器”混淆，内驱力的信号（如食物、水、氧气等生理需要的信号）需要经过一种媒介的放大，才能驱使有机体去行动。这种起放大作用的媒介，就是情绪。例如，人们在缺氧的情况下，产生吸氧的生理需要（内驱力的信号），同时在心理上引发因缺氧而产生的恐慌感，这种恐慌感放大了内驱力的信号，从而产生行为的强大动力。单有生理内驱力而无情绪，还不足以产生相应的行为。第二，情绪不仅能放大内驱力的信号，而且有时候它本身就是一个动机系统，能以一种与生理性动机或社会性动机相同的方式激发和引导行为。例如，有时我们之所以从事某种活动，就是因为我们知道它将带给我们快乐。这种快乐的情绪成为我们行为的动力。

（四）组织功能

情绪对其他心理活动具有组织的功能，这主要表现为积极情绪的协调作用和消极情绪的破坏、瓦解作用。积极情绪对人的行为起到积极、促进的作用，促进个体的认知活动，有利于能力和创造力的发挥，有利于学习和工作效率的提高，有利于身心协调，如喜悦、兴奋、振奋等情绪能明显提高人的活动能力，所谓“心情愉快干劲足”。而消极情绪对人的行为起到消极、抑制的作用，抑制个体的认知行为，阻碍正常水平的发挥，有害于身体健康，如悲哀、恐惧、忧郁等情绪一般情况下会削弱人的活动能力。

但消极情绪并不一定具有破坏和瓦解的作用，它也可以成为积极的力量。如悲痛既可以是消极的，使人灰心丧气；也可以是积极的，使人化悲痛为力量。焦虑、羞耻、自责、愤怒情绪等都有消极的体验，但也都可以转化为积极的力量。如：适度的焦虑能提高学习效率；没有愤怒、痛恨就没有正义感。因此，我们要重视发挥情绪的组织功能，既要善于通过愉快、兴奋等积极情绪促进学习和工作，也要尽量减少消极情绪的破坏作用，把一些消极情绪转化为积极的力量。

三、情绪与情感的种类

（一）情绪的种类

根据情绪发生的强烈程度和持续时间，情绪可以分为心境、激情和应激。

1. 心境

心境是一种强度较小、持续时间较长的情绪状态，具有弥散性的特点。它常常不是针对特定的对象发生，而是在一段持续较久的时间内弥散到日常生活的各个方面，使人在此期间的活动和体验都染上这种情绪色彩。喜、怒、哀、惧各种情绪都可能以心境的形式表现。比如"人逢喜事精神爽"，愉快的情绪可使人一连数天心情舒畅；而恐惧的情绪则会使人"草木皆兵"。一种心境的持续时间依赖于引起心境的客观环境和主体的个性特点。一般来说，重大事件所引起的心境具有较长的持续时间，如失去亲人可能使个体很长时间处于难过的心境之中。心境对人的生活、学习、工作有很大影响，愉快、乐观的心境可以提高人的积极性，提高工作效率，提高健康水平，而忧郁、悲观的心境则会降低人的积极性，降低工作效率，影响身体健康。

2. 激情

激情是一种强度大、持续时间短、有明显外部表现的爆发式的情绪状态。比如，狂喜、暴怒、剧烈的悲痛、极度的恐惧等都是激情状态。激情是情绪的强烈爆发，强度很大，指向明确，但持续时间短，当激情过后也可以转化为弥散性的心境。

激情状态发生时，往往伴随着明显的内部生理变化，如愤怒时呼吸加快、心率增加、汗腺分泌旺盛等。同时，激情还伴随着明显的外部行为表现，如盛怒时的暴跳如雷、咬牙切齿；狂喜时的大笑不止、手舞足蹈；惊恐时的呆若木鸡、缩成一团等。在激情状态下，人的认识活动范围缩小，理智分析能力下降，自我控制能力减弱，有可能出现冲动行为或过激行为。剧烈的生理变化还会危害人的身体健康，引发各种疾病，如心脏病、高血压等。

3. 应激

应激是一种由意外的环境刺激所引起的紧张情绪状态。例如，火灾、地震、开车过程中的突发事件等，都会使人处于应激状态。应激的强度一般不如激情强烈，往往也不是爆发式的。在突如其来的紧张情况下，人必须及时做出反应，身体的各个系统受到紧急动员，肾上腺素分泌增加，使心跳加快、血压增高、呼吸急促、肌肉紧张，准备去应付眼前的危险。适当的应激状态，可以使人思维敏捷、急中生智、精力旺盛，顺利应付危急情境；而过分的应激状态，则会使人认识中断、不知所措、呆若木鸡、行为混乱。当紧急状态过去以后，应激状态一般会停止。如果一个人经常处于应激状态或应激状态延续过长，对人的身心健康就十分有害，严重的会引起机体的衰竭和崩溃。

（二）情感的种类

人的社会性情感是人类特有的高级情感，它反映着个人与社会的一定关系，体现出人的精神面貌。高级的社会性情感一般可以分为道德感、理智感和美感。

1. 道德感

道德感是指人对自己和别人的思想言论、行为举止是否符合社会道德标准而产生的情感体验，这是一种关于社会生活的善与恶的情操。在社会生活中，人从小就受到某种社会行为标准的要求，符合社会要求的行为受到肯定、赞扬和奖励，不合社会要求的行为受到否定、批评和惩罚。这样，人从小就逐步形成了要遵守社会行为规范，以求得到人们的肯定和认同的需要。当这种需要得到满足时，就会产生相应的道德感，否则就感到内疚、不安和自责。道德感内容很广泛，包括帮助他人的利他感，对祖国的自豪感和尊严感，对他人、集体、国家的责任感等。

2. 理智感

理智感是指人认识事物和探求真理的需要是否得到满足而产生的情感体验。这是一种关于客观事物的真与假的情操。人生来具有对新异刺激的探究反射，具有好奇心，人需要认识和探索周围的环境，才能更好地适应和改造环境。一个人在探索自然、社会以及人生的过程中，会产生各种各样的情感体验，新的发现、新的改进会使人愉快、惊喜，而不得要领、百思不解、毫无建树就会使人困惑、烦恼，这就是一种要求满足求知欲的理智感。理智感成为人类世代追求的对世界认识的"真"，摒弃认识的"假"的高尚情操，是促进人类进步必不可少的情感。

3. 美感

美感是对客观事物或艺术作品是否符合审美标准而产生的情感体验。这是一种关于事物的美与丑的情操。人们总是倾向于美好的事物，追求美是人的天性。对美的追求成为人类向往美好、抵制丑恶的重要动力。人从这种爱美、求美的需要出发，不断地去发现自然中的美，用劳动去创造生活中的美，这种发现和创造给人带来了愉悦和享受，这就是美感体验。

美感具有愉悦性，这种愉悦性并不仅仅是指单纯的喜悦和欢快，它也包含着悲愁、痛苦、忧郁等，例如，"无边光景一时新"让我们觉得欣喜，"清明时节雨纷纷"让我们觉得惆怅，"寒山一带伤心碧"让我们觉得悲伤，但不管是何种情感，都带给我们精神上的享受，都具有审美上的愉悦性。美感也具有主观性，由于每个人的社会地位、年龄特征、文化修养、情趣心境等各不相同，因而面对同一审美对象，其审美感受也往往各不相同。

思考活动

1. 高兴时手舞足蹈，这属于哪种表情？

2. 学到知识之后产生喜悦感和满足感，这属于哪种情感？

3. 帮助他人觉得高兴，这属于哪种情感？

扩展阅读

沙赫特的情绪理论与情绪实验

20世纪60年代初，美国心理学家沙赫特(S. Schachter)和辛格(J. Singer)提出，对于特定的情绪来说，有两个因素是必不可少的。第一，个体必须体验到高度的生理唤醒，如心率加快、手出汗、呼吸急促等；第二，个体必须对生理状态的变化进行认知性的唤醒。

为了检验情绪的两因素理论，他们进行了实验研究。把自愿当被试者的大学生分成3组，给他们注射同一种药物，并告诉他们注射的是一种维生素，目的是研究这种维生素对视觉可能发生的作用。但实际上注射的是肾上腺素，一种对情绪具有广泛影响的激素，因此3组被试者都处于一种典型的生理激活状态。

然后，主试者对3组被试者分别给予了不同的解释：告诉第一组被试者，注射后将会出现心悸、手颤抖、脸发烧等现象（"正确告知组"，因为这是注射肾上腺素后的反应）；告诉第二组被试者，注射药物后，身上会发抖、手脚有点发麻（"错误告知组"，因为这不是注射肾上腺素后的反应）；对第三组被试者不做任何说明（"未告知组"）。接着把3组被试者各分一半，让其分别进入预先设计好的两种实验环境中休息：每组被试者中的一半进入愉快环境（有人做滑稽表演），另一半进入愤怒环境（强迫被试者回答烦琐问题，并强词夺理横加指责）。

结果显示，第二组和第三组被试者，在愉快环境中显示出愉快情绪，在愤怒环境中显示出愤怒情绪，而第一组被试者则没有愉快或愤怒的表现和体验。这是因为第一组的被试者知道自己的生理唤醒是药物的原因，所处的环境与生理唤醒没有什么关系，因此没有相应的情绪反应；而第二、三组被试者对这种生理唤醒没有什么现成的解释，就把它归因于愉快或愤怒的环境，于是表现出相应的情绪。可见，人对生理反应的认知和了解决定了最后的情绪体验。

资料来源：彭聃龄．普通心理学[M]．北京：北京师范大学出版社，2001，377－378.

专题小结

情绪和情感是对客观事物是否满足自己的需要而产生的态度体验及相应的行为方式，它包括3个不可分割的成分：主观体验、生理唤醒和外部表现。情绪和情感具有信号功能、适应功能、动机功能和组织功能。情绪的种类包括心境、激情和应激；情感的种类包括道德感、理智感和美感。

专题二 情绪调节与压力管理

> **专题导读**
>
> 我们都希望自己能开心快乐，但这只是一种美好的愿望而已。事实上，每个人都会产生各种各样的消极情绪，如烦恼、痛苦、忧伤、愤怒等，每个人也都会遇到各种各样的压力。这是正常的，我们无法避免。但重要的是，我们要学会对不良情绪和过度压力进行调节。在本专题中，我们首先将学习一些常用的情绪调节策略，了解压力和压力源的含义，并掌握有效的压力管理策略；最后，我们将探讨如何对焦虑、抑郁、愤怒等常见的情绪问题进行调节。

一、情绪调节策略

（一）认知转换法

在我国民间曾流传这样一个故事：有位老太太有两个女儿，大女儿家开伞店，小女儿家开洗衣店。老太太天天为女儿忧愁，为什么呢？下雨天担心小女儿洗的衣服干不了，晴天又担心大女儿的雨伞卖不出去。后来，邻居对她说："您好福气啊！下雨天，您大女儿家生意兴隆；大晴天，您小女儿家生意好做。对您来说，每天都是好日子！"老太太转念一想，有道理，不禁眉开眼笑了。事情没有任何变化，为什么老太太的心情有了变化？主要是调整了认知，即改变了看问题的角度。

改变认知是一种非常重要的调节策略，认知评估是情境与情绪之间重要的中介变量。任何事情都有两面性，积极的认知就是在看到事物不利方面的同时，更能看到有利的方面，这种看待问题的方式，容易使人增强信心、情绪饱满。而有的人在看问题时容易"想不开"，使情绪也陷入低落。其实，变换一种看问题的角度，会使自己有完全不同的感受。

认知和情绪有什么关系？如何通过转换认知来调节情绪？在此我们简要介绍一种重要的心理治疗理论——艾利斯（A. Ellis）于20世纪50年代创立的理性情绪行为疗法（REBT）。艾利斯接受了哲学家伊壁鸠鲁（Epictetus）的观点："人不是被事情本身所困扰，而是被对该事情的看法所困扰。"艾利斯认为，认知、情绪、行为三者有明显的交互作用及因果关系；人们之所以有各种各样的情绪和行为问题，根源在于非理性的信念或认知。

1. 情绪ABC理论

ABC理论是理性情绪行为疗法的核心理论。在此理论中，A代表诱发事件（Activating events）；B代表个体对这一事件的看法、解释及评价，即信念（Beliefs）；C代表继这一事件后，个体的情绪反应和行为结果

(Consequences)。通常人们认为,人的情绪是直接由诱发事件 A 引起的,ABC 理论则认为,诱发事件 A 只是引起情绪和行为反应的间接原因,而人们对诱发事件所持的信念、看法和解释即 B 才是引起情绪和行为反应的更直接的原因。

因此,对于同一个诱发事件,不同的信念可以导致不同的结果。如果 B 是合理的、现实的,那么,由此产生的 C 即情绪与行为也就是适应的;如果 B 是非理性的、不现实的,那么就会带来情绪困扰和不适应的行为。理性情绪行为疗法假设每个人都有进行理性思维的潜能,但又容易不加分辨地接受非理性信念。这些非理性信念是各种情绪和行为问题的真正元凶。

2. 非理性信念的 3 个特征

艾利斯(1962)曾总结出日常生活中常见的 11 类非理性信念。在此基础上,心理学家韦斯勒(Wessler,1980)归纳概括出非理性信念的 3 个特征:绝对化的要求、过分概括化和糟糕至极。

第一个特征是绝对化的要求。这是指个体从自己的意愿出发,认为某一事情必定要发生或不会发生的信念。该信念与“必须”、“应该”这类词联系在一起。比如,“我要每次考试都成功”,“我对学生这么好,他们一定要喜欢我”。怀有这种信念的人极易陷入情绪困扰。因为客观事物的发展有其自身的规律,不可能依个人的意志为转移。所以,当某件事物的发生与其对事物的绝对化要求相悖时,他们就会感到难以接受和适应,从而陷入情绪困扰之中。如何克服这种不合理的信念呢?可以经常进行自我表扬,学会制订现实可行的目标并为取得的部分成功表扬自己,如“至少部分考试我获得了成功”,“大部分学生都喜欢我”。

第二个特征是过分概括化。过分概括化是一种以偏概全的不合理的思维方式,其表现是个体对自己或别人不合理的评价,以某一件或某几件事来评价自身或他人的整体价值。例如,“这道题我做不出来,我真无能”,“这次英语考试没及格,我真是毫无用处”。这种片面的自我否定会导致自责、自卑等心理,产生焦虑、抑郁等情绪。如果将这种评价转向他人,就会一味责备别人,并产生愤怒、敌意的情绪。如何消除这种不合理的信念呢?妥当的做法是以评价一个人的具体行为和表现来代替对整个人的评价。换句话说,就是“评价一个人的行为而不去评价一个人”。

第三个特征是糟糕至极。这是一种认为如果一件不好的事发生将是非常可怕、非常糟糕,甚至是一场灾难的想法。“如果我考试失败了,我将是天底下最痛苦的人”,“怎么天底下最倒霉的事都让我摊上了”。这种想法之所以是不合理的,是因为对任何一件事情来说,都有比之更坏的情况发生。因此没有一件事情可以被定义为百分之百的糟糕透顶。当一个人认定自己遇到了糟糕透顶的情况时,就会陷入极端不良的负性情绪体验之中。正确的做法是,面对不好的事情,我们应该努力接受现实,在可能的情况下去改变这种状态,而在不能改变时学会如何在这种状态下生活下去。

3. 理性情绪行为疗法的治疗模式

理性情绪行为疗法认为人们的情绪障碍是由于人们的非理性信念造成的。这一疗法的基本目标是帮助来访者摒弃非理性信念,而代之以理性信念,最大限度地减少非理性信念给他们的情绪带来的不良影响。

理性情绪行为疗法的治疗过程可以用 ABCDE 模式来说明。ABC 如前所述,A 代表诱发性事件;B 代表信念;C 代表情绪反应和行为结果。D(Disputing irrational beliefs)代表与非理性信念的辩论;E(Effect)代表治疗后所产生的良好感觉和行为效果。这里的关键是 D,即与非理性信念的辩论。与非理性信念的辩论是一种主动性和指导性都很强的认知改变技术,是通过治疗者积极主动地、不断地提问来向来访者的非理性信念进行挑战和质疑,促进来访者积极主动的思考,以动摇他们的非理性信念,并代之以理性的信念。

我们在情绪的自我调节中可以运用一下理性情绪行为疗法的辩论技术,可以通过自我质疑来发现自己信念中的不现实、不合逻辑之处。例如,下面这些问题都是质疑式提问:“我的想法是来自事实还是假设?有什么证据证明我的想法是真实的呢?”“那一件事情真的那么可怕吗?我真的不能忍受吗?”“是否别人都应该按照我想的那么去做?”“为什么那件事情必须如此呢? 我一定要得到我想要的吗?”……提问的同时,要在实际生活中找出证据,以驳斥非理性的想法。然后,学会用理性的自我陈述来代替非理性的自我陈述,常用的理性陈述句式包括:“虽然我不喜欢……但是我仍然……”“虽然到目前为止……但是我仍然……”“虽然我碰到很多困难……但是还不至于……”。

(二) 情绪宣泄法

情绪宣泄法是指人处在不良的情绪状态时,要有意识地采取合理的途径直接或间接地把情绪表达出来。宣泄是调节情绪的重要方法,对于痛苦、愤怒等不良情绪,我们不要压抑,不要“默默忍受”,而要采取合理的途径宣泄。所谓合理是指在宣泄时不要伤害自己,不要危害他人,也不要违背社会规范,不要因为自己的宣泄而使他人感到痛苦。宣泄的方法有很多。归纳起来,有哭、笑、说、写、听、动。

(1) 哭。很多人认为哭是软弱的表现,欣赏“男儿有泪不轻弹”。其实,当我们情绪不良时,身体内会产生某些毒素,而眼泪能带走这些毒素;同时,哭是一种释放,能让我们的心情变得轻松。因此,无论是为了身体健康，还是为了心理健康，我们都应学会该哭就哭。

(2) 笑。和哭一样，笑也是一种释放，笑本身就是心情轻松的表现。因此，心情不好时，要尽量让自己笑起来，在笑声中，烦恼和痛苦灰飞烟灭，而我们会获得轻松。如何笑起来呢？你可以看看喜剧、漫画、笑话，和幽默的朋友聊聊天，回忆愉快的往事等。

(3) 说。许多人有过这样的体验：情绪不好时，找一个朋友倒倒苦水，倾诉一番，心情会变得好起来，所谓“一吐为快”。确实是这样。那些朋友多的人，性格外向的人，往往能及时倾诉，因而也就能及时排遣烦恼。而那些一言不发的“闷葫芦”，往往会长久地陷入情绪的困境而不能自拔。

(4) 写。有些话不好对别人说，或者说了也不管用，那就写下来，写信、写日记、写纸条……只要能表达自己的情绪都可以。写出的东西，可以给别人看，也可以只给自己看，或者根本不看。关键不在于写的结果，而在于写的过程。写也是一种释放的方式。有一次，美国前总统林肯的一位朋友非常气愤地向林肯述说另一位朋友的无礼。林肯听完后对朋友说：“这确实令人生气，你马上写信去痛骂他一顿，以后再也不要和他来往了！”这位朋友依计行事，写了一封言辞激烈的信并准备把信寄出。但是，林肯却微笑着把信撕了，告诉朋友：“我写过很多这样的信，但从来没有也永远不会寄出去。我们可以尽情地倾吐心中的烦恼和气愤，但没有理由去伤害他人。”事实上，这位朋友写完信后，愤怒已经消除大半。

(5) 听。听音乐是一种放松的方式。许多研究表明，音乐具有明显的调节情绪的功能。节奏明快的使人振奋，旋律悠扬的使人宁静。当情绪紧张时，选择优美、柔和的乐曲；当感到忧郁时，选择雄壮有力的乐曲。

(6) 动。较为剧烈的体育运动或劳动，确实能起到宣泄情绪的作用。跑步、踢球、健身、摔打东西，都是缓解不良情绪的方法。如果能在活动中大汗淋漓，则效果更好。“发汗”不仅有助于治疗身体的感冒，而且有助于治疗心理的“感冒”。

（三）自我安慰法

人在失意的时候，容易情绪低落，这个时候就要学会安慰自己。有两种安慰形式：“酸葡萄式”和“甜柠檬式”。“酸葡萄式”是指人们想要但又得不到的东西，就故意说它不好，甚至公开表明自己不想要它，即吃不到葡萄就说葡萄是酸的。“甜柠檬式”是指人们对自己的东西，心里并不喜欢，但表面上还说它是好的，自己很需要它。看上去似乎是消极的做法，其实对情绪调节具有积极的意义。对于想得到而又不可能得到的东西，不妨像《伊索寓言》中的狐狸一样，想象一下它是酸的，然后放弃,如果始终跳来跳去,累死了不也得不到吗?而对于自己拥有的东西,多想一想它的好处。人有一个弱点,对于已有的东西总是容易忽视,不珍惜,而目光总是盯着自己没有的东西,从而凭空生出很多烦恼。

(四)自我暗示法

自我暗示是指自己有意识地将某种观念不断强化来影响自我的情绪和行为。常用的自我暗示法包括利用语言的自我暗示、利用环境的自我暗示、利用动作的自我暗示、利用心理图像的自我暗示等。心理学研究表明,正确、积极的自我暗示不仅可以增强个体的自信心,提高个体的动机水平和活动效率,而且可以有效地调节自己的情绪。例如,在情绪不好的时候,可以设计一些积极的语言来暗示自己,让自己的情绪发生转变。例如,情绪容易低落的人,经常对自己说"今天心情不错""我今天感觉很好";容易愤怒的人,可以暗示自己"我要冷静些,发怒是解决不了问题的"。另外,也可以通过改变一些行为来暗示自己,以调节情绪。例如,改变面部表情,对自己微笑;改变行走姿势,抬头挺胸,昂首阔步。

(五)自我放松法

当情绪紧张、身心疲惫、焦虑不安时,可以采用放松技术进行自我调节。常用的自我放松技术有以下几种。

(1)深呼吸放松法:在安静的环境中,自然站立,双肩自然下垂,两眼微闭,然后做缓慢的深呼吸,深深地吸气,慢慢地呼气。一般持续几分钟即可达到放松的目的。

(2)想象放松法:选择安静的环境,舒服地坐在沙发上,闭上眼睛,全身放松,想象一些美好的景象、幸福的经历,例如想象自己在大海边,仰卧在柔软的沙滩上,感受着温暖的阳光,听着海浪拍岸的声音。海风轻轻吹来,又悄然离去,感到身子好像悬浮在蔚蓝而宁静的大海上,全身感到温暖而沉重……试着感受这种安详和平静,想象你的身体和头脑正在恢复活力。5~10分钟后,慢慢睁开眼睛,伸展全身。

(3)肌肉放松法:这是通过循序交替收缩和放松自己的骨骼肌群,细心体会个人肌肉的松紧程度,最终达到缓解个体紧张和焦虑状态的一种自我训练方式。放松时,选择安静的环境,松开个人所有的紧身衣物,轻松地坐在一张单人沙发上,双臂和手平放于沙发扶手上,双腿自然前伸,头与上身轻轻后靠。整个放松训练按照由下而上的原则:脚趾肌肉放松——小腿肌肉放松——大腿肌肉放松——臀部肌肉放松——腹部肌肉放松——胸部肌肉放松——背部肌肉放松——肩部肌肉放松——颈部肌肉放松——头部肌肉放松。放松动作要领是,先使该部位肌肉紧张,保持紧张状态10秒钟,然后慢慢放松,并注意体验放松时的感觉，如发热、沉重等。放松时伴随想象，例如想象一股暖流从头顶慢慢流向全身。每次放松的时间为20分钟左右，持之以恒，一般能有效缓解焦虑、紧张等情绪。临睡前放松有助于提高睡眠质量，可以增进放松效果。

（六）活动转移法

这是指在情绪高度紧张或被负面情绪所困扰时，通过从事一些自己感兴趣的并且较为轻松和有趣的活动，把注意力从引起不良情绪的事件或事物中转移开来，从而缓解不良情绪。转移注意力的活动应是自己感兴趣的，从事该类活动，可以感受到愉悦。例如，失恋了心里难过，可以去旅游一下，去参加同学聚会，去看看电影，去报名参加一次竞赛活动，去下下棋、打打球，这些都可以缓解失恋后的痛苦。

但要注意，活动转移法有消极的转移，也有积极的转移。消极的转移是指情绪不佳时，转而从事一些不利于个人或社会的活动，如失恋之后酗酒、沉迷网络、赌博等，这些活动也许可以暂时麻痹自己，但会给自己的身心带来更大的伤害。积极的转移是指把时间、精力从消极情绪体验中转向有利于个人和社会发展的方向上，如失恋之后勤奋学习、积极参加各种实践活动等。学生要多进行积极的转移，而避免消极的转移。

思考活动

1. 你情绪不好的时候，用过哪些方法调节自己的情绪？哪些有效，哪些无效？

2. 举例说明什么是“酸葡萄式”和“甜柠檬式”。

二、压力与压力管理

随着社会的快速发展和竞争的日益激烈，人们所感受到的压力越来越大，不少人因为不堪重压而导致身心失调、情绪失控、行为失常。学会正确认识压力和有效地管理压力，对于保持积极的情绪和健康的心态具有重要意义。

（一）什么是压力与压力源

1. 压力的含义

压力又称应激，是由紧张刺激引起的，伴有躯体机能以及心理活动改变的一种身心紧张状态。压力既包括“紧张”也包括“应激”。“紧张”侧重于压力的内部体验；“应激”侧重于压力的内部反应，往往具有一定的生理和生化基础，伴随一定的心理和行为的反应和变化。例如，在参加一个重要的考试时，个体会感到紧张、焦虑，处于一种不安的情绪状态；同时他的机体内部也会有一种自然而然的变化和反应，如心跳加快、手心出汗、血压升高等，处于一种准备应付紧张情况的“应激”状态。

2. 压力源的含义

压力源是指能够引发内心紧张的刺激性事件。压力的来源是多方面的,既有生理的,也有心理的;既有社会的,也有文化的;既有自身的,也有环境的。引起压力的既包括一些重大事件,如亲人去世或遇到地震,也包括生活中的小事件、小烦恼,如钥匙丢了、家里水管漏了等。小烦恼累积起来对人的心理危害也很大,正如谚语所说:"最后一根稻草压断了骆驼的脊梁。"

许多研究认为,生活事件是压力的重要来源。生活事件指的是人们在日常生活中遇到的各种各样的社会生活的变动,如结婚、升学、亲人死亡、与同学争吵等。不同的生活事件对个体生活的影响是不同的,例如配偶死亡就比搬家需要个体付出更多的努力去适应和改变,对个体生活的影响也就更大一些。霍尔姆斯与瑞赫(Holmes & Rahe,1967)编制了一个著名的"社会再适应评定量表"(简称 SRRS)。该量表列出了 43 种不同的生活事件并赋予了相应的分值,分值最高的为 100,最低的为 11,例如配偶死亡是 100、结婚是 50、休假是 13 等。量表内容涉及很广,从失去亲人等不幸事件到结婚、过节等幸运事件。当个体遇到很多生活事件的时候,生活事件对个体的作用就会累加,他所遭遇到的心理应激也相应增加。因此,一个人在该量表中的得分,可以表示其正在承受的心理压力的程度。心理压力的程度越高,患病的可能性就越大。比如总分在 300 分以上,发病率为 79%;总分在 200~299 分,发病率为 51%;总分在 150~199 分,发病率为 37%。

根据国内一些学者的调查研究,当代我国青少年面临的主要压力源可以归为六大类别:人际关系方面的压力、学习方面的压力、未来前途方面的压力、与父母交往方面的压力、经济方面的压力以及恋爱和性方面的压力。

(二)压力的身心反应

当我们承受心理压力时,身心系统会随之发生一系列的变化。心理压力会影响认知、情绪、行为和生理过程,而认知、情绪、行为和生理也在影响或改变着心理压力,对心理压力有着"放大"或"缩小"的作用。一般来说,适度的压力能引起我们的积极反应,例如集中注意、激发斗志、促进思考等;压力过度则可能引起我们生理上、心理上、行为上的消极反应,产生种种身心失调的现象,会带来焦虑、紧张、不安、沮丧、烦躁等消极的情绪体验,同时还会带来种种身体上的不适,如头疼、心悸、肠胃不好、肌肉酸痛、失眠等,甚至诱发癌症、心脏病、溃疡等严重的疾病。这些身心失调反过来又"放大"了心理压力,造成恶性循环,最后可能导致心理危机。

例如,某个学生考试不及格时,他的心理压力很大。这种心理压力可能使他产生这样的认知:"我能力不行,别的同学都比我强。"这种认知会让他产生自卑、不安、无助、抑郁等情绪,这些消极情绪又影响了生理,产生失眠、疲劳、食欲不振等种种不适。反映在行为上,他就可能学习懒散、交往退缩、沉溺网络或试图逃避目前的环境。而所有这些,又会让他更加没有自我控制感,更加不能适应情境,从而"放大"了心理压力。久而久之,他的心理就有可能陷入危机状态。

(三) 压力的应对方式

压力的应对方式是指人们为了防止压力对自己的伤害而做出的努力。面临压力,不同的人会采取不同的应对方式,有的应对方式是健康、积极的,而有的是不适当的。例如,面临考试失败,有的学生怨天尤人,有的痛苦沮丧,有的极度自卑,有的破罐子破摔,这都是对压力的不适当应对。如果能寻找考试失败的原因,采取有效的措施,争取下次考好,则是一种更为积极的方式。

按照个体的积极性来分,可以把应对分为主动认知应对模式、主动行为应对模式和回避型应对模式 3 种。主动认知模式表现为:从有利方面看待压力;回忆和吸取过去的经验;考虑多种变通方法等。主动行为模式表现为:向专家求教;不等待而采取积极行动;找出应激情境中更多的信息,做有益于事态发展的事情。回避型模式表现为:封闭情感,自我忍受;多用吸烟、喝酒来消除紧张等。研究表明,主动认知模式和主动行为模式更有利于身心健康。

按照应对的指向性来分,可以把应对分为情绪指向的应对和问题指向的应对。情绪指向的应对是指个体试图控制和减弱压力源带来的负性情绪,如愤怒、受挫感和恐惧等,但不去改变压力源本身;问题指向的应对是指通过直接的行动来改变压力源,处理引起压力的事件本身,分析问题,思考解决问题的办法,最后动手解决。情绪指向模式对于应付那些不可控的压力源更为有效,而问题指向模式对于应付那些可控制的压力源更为有效。例如,"亲人去世"这一压力源本身是没有办法改变的,但我们可以通过情绪指向的应对来减轻负面情绪;"很多作业没有完成"这一压力源是可以解决的,我们就可以通过问题指向的应对来消除它。

(四) 有效的压力管理策略

压力管理是指对压力的主动调节和有效应对,使之保持适度的水平。适度的压力能引起我们的积极反应,促进认知过程,提高行为效率,促进身心健康,对于我们的学习、工作和生活具有重要意义;过小或过大的压力则有可能引起我们生理上、心理上、行为上的消极反应。压力管理并不是让我们完全消除压力,而是让它维持在适度的水平,压力太小时需要增加，压力太大时需要减轻。但现代社会中，人的压力日益增大，大多数学生更容易感受到过度的压力，所以，我们的压力管理策略也主要是从如何应对过度压力的角度来谈。

1. 寻找和化解压力源

当我们感到有压力时，首先要找到压力源，分析哪些事件或情境给我们带来压力，它们为什么给我们带来压力，哪些压力源是可以控制和化解的，哪些是无法化解的。如果压力源是可以改变和控制的，就应该采取主动行为模式和问题指向的应对模式，直接针对压力源去解决问题。

一般而言，化解压力源的过程包括以下步骤：①认清压力事件的性质；②理性思考及分析问题事件的来龙去脉；③确认个人对问题的处理能力；④积极寻求能帮助解决问题的信息，包括如何动用家庭及社会支持系统；⑤运用问题解决技巧拟订解决计划；⑥积极处理问题。如果自己已经尽力，问题仍然不能在短时间内解决，则表示问题本身处理的难度过高，有可能需要长期奋战或长期承受。这时，可以动用其他策略，如改变认知或缓解压力下的各种情绪。

如果有太多的压力源需要解决，还要学会运用有效的时间管理策略，提高工作效率。要分清事情的轻重缓急，按照事情的轻重缓急来安排自己的时间和精力。对重要的任务马上完成，对次要的任务可以先放一放，等时间充裕时再完成。

2. 改变认知

改变认知是应对压力的重要方式，尤其是当压力源无法化解时，改变认知可以减轻我们的压力感。

首先，要改变对压力的看法。不要把压力看成是完全负面的东西，要认识到压力的积极意义。要对压力有明确的认识和接受的态度，认识到压力及其反应不是个性的弱点和能力的不足，而是人人都会体验到的正常心理现象，是不可避免的。个体还应了解压力反应的机制，从而可以更好地觉察压力所引起的身心变化。

其次，要改变对压力事件的看法。同样的事件从不同的角度去看，会有完全不同的感受。面对半杯水，有的人说"太好了，还有半杯水"，而有的人却说"真倒霉，只剩半杯水了"。前一种人是善于驾驭压力的人，因为他经常从积极的角度来看待问题；而后一种人是自寻烦恼的人，因为他看问题的角度是消极悲观的。如果能对压力事件赋予积极的意义，我们的压力感就会减轻。前面所讲的理性情绪行为疗法的认知转换策略，同样可以应用到压力管理中来。

3. 主动寻求社会支持

社会支持是指一个人通过社会联系从他人那里所能获得的精神支

持。社会支持是一种特定的人际关系，是他人提供的一种资源，有了它，也就意味着知道有可以信赖的人在尊重、照顾和爱护自己。父母、配偶、朋友、老师、同事、同学、专业人士等，都是重要的社会支持力量。寻求社会支持是我们应付压力的有效手段。当一个人遇到心理压力时，他能够从这种社会支持中获得有效的帮助。寻求社会支持一般包括两方面的内容：一是寻求情感上的支持，如向别人倾诉、获得他人的安慰和鼓励等；二是寻求工具性的支持，如征求他人的意见、多方信息咨询、与能够提供具体帮助的人商讨等。

4. 建立健康的生活方式

健康的生活方式有助于我们更好地应对压力，而不健康的生活方式本身就有可能成为压力的来源。健康的生活方式主要包括：作息时间规律，保证充足的睡眠时间，不熬夜；营养全面、均衡、适量，养成定时、定量进餐的良好习惯，不暴饮暴食，戒烟限酒；经常锻炼，劳逸结合，张弛有度；培养多种兴趣，选择适合自己的健康休闲方式。

三、常见的情绪问题及其调节

（一）焦虑

焦虑是预期到某种可怕的、可能会给自己带来威胁的事物或情境即将来临，而又感到无法预防和制止时，所产生的紧张、不安、忧虑等情绪体验。适度的焦虑是必要的，但过度的焦虑就会使人的注意力难以集中、记忆力下降、烦躁、易激惹、提心吊胆、惶惶不安；同时还可能出现失眠、食欲减退、坐立不安、肌肉紧张，以及植物性神经功能的紊乱如心跳加快、呼吸紧迫、心悸心慌、多汗等症状。

焦虑可分为状态焦虑和特质焦虑两大类。状态焦虑又叫情境焦虑，是由具体情境引起的，如当众发言、考试、面试等，主体感受为“我现在正感到焦虑”，一般时过境迁后，焦虑便会消除。特质焦虑是一种弥散性的焦虑，往往没有什么明确的原因，不知道自己为什么焦虑，但经常会感到不安、紧张，主体感受为“我通常都感到焦虑”。这种焦虑往往有潜意识的原因，跟以往经历有关，而且容易演化成一种焦虑性的人格特质。常见的引起学生焦虑的原因有：学习和考试、适应困难、抱负水平过高、人际关系失调、恋爱与性方面的问题等。

如何调节焦虑情绪呢？关键是知己知彼。例如，面对考试焦虑，作为学生，应特别注意以下两点：第一，要正确认识和评价自己，建立符合自己实际水平的抱负水平。如果抱负水平太高，理想自我与现实自我的差距太大，那不管怎样努力，都永远达不到目标，焦虑就会明显增强。当然，如果抱负水平太低，相应的焦虑水平也太低，不利于激发上进心；

第二,要正确对待考试。由于各种竞争的日益加剧,而许多竞争又转化为考试的竞争,所以,很多学生不适当地夸大了考试的实际作用,把考试看成是至高无上的东西,视分数为“命根”,不自觉地成为分数的奴隶,容易产生严重的考试焦虑。我们要正确认识考试的重要性,摆正考试的位置。考试固然很重要,在学习过程中也有很大作用,但考试不是学习的目的,它只是一种手段;考试成绩也不是衡量学习效果的唯一指标,更无法决定一个人生命的内涵和价值。

(二) 抑郁

抑郁是一种感到无力应付外界压力而产生的心境持久低落的情绪状态,常伴有悲观、痛苦、羞愧、自卑等消极情绪体验,以及躯体不适和睡眠障碍等外部症状,严重者会有自杀念头。具体来说,抑郁的临床表现主要有:一是情绪上表现为孤独、悲伤、苦闷、压抑与失望;二是生理上表现出各种明显的不适感,如疲倦、头痛、失眠、食欲不振、腰酸背痛、四肢乏力、肠胃不适等;三是认识上表现为完全自我否定,对失败过分自责;四是行为上表现为退缩、封闭,不愿与人交往,神情呆滞,经常长吁短叹,有自残、自杀冲动。长期的抑郁情绪会严重影响学生的学习、工作和生活,还可能导致抑郁性神经症。学生的抑郁情绪一般由学习成绩落后、自我概念欠佳、人际关系不良、经常遭受挫折等因素引起。

如何走出抑郁呢?第一,纠正认知偏差。错误的认知观念是造成情绪困扰的重要根源,要找到自身不合理的一些认知因素,并予以纠正。第二,客观评价自己。自我评价偏低是导致抑郁的重要原因之一,学生要客观地评价自己的优缺点,愉快地接受自己。第三,积极参加实践活动,扩大交往范围,良好的人际关系是消除抑郁的重要途径。

(三) 愤怒

愤怒是由于主体愿望的实现受客观事物的阻碍而产生的激烈的情绪反应,其程度可以从不满、生气、恼怒、愤怒到暴怒。愤怒不仅有损自己的身心健康,而且容易引发不理智的冲动行为和攻击行为。学生情绪发展还不太稳定,遇事很容易激动,愤怒是经常会有的一种负面情绪。学生的愤怒情绪与其错误的认知、不良的家庭环境、个性修养方面的缺陷、先天的气质类型等因素都有关系。

人在愤怒的时候,会有几种不同的表现:一是把怒气压在心里,自己生闷气,表现出很强的克制能力;二是把怒气发在自己身上,比如自己骂自己,打自己耳光,甚至选择自残、自杀等过激方式来惩罚自己;三是把怒气用很激烈的方式发泄出来,表现出冲动行为和攻击行为,如大发脾气、大吵大闹、摔东西、打人等;四是通过倾诉、改变认知、转移注意力等方式来化解怒气,无疑这是比较理智的一种方法。

如何消除愤怒呢?首先,要加强个人修养。要认识到发怒不能解决任何问题,只会激化矛盾和招来别人的敌意和厌恶,要以宽容的态度对待别人。其次,要学会合理宣泄。如果经常把怒气压在心里而不宣泄,对自己的身心伤害较大。可以运用前面所讲的各种宣泄方法,如倾诉、运动、把愤怒情绪写出来等,在合理的范围内宣泄愤怒情绪。再次,要调整认知。可以运用理性情绪行为疗法中的认知转变技术,多用理性的陈述,少用非理性的陈述。例如,被同学冤枉后愤怒,可以这样告诫自己:"虽然同学冤枉我让我生气,但还不至于没有解释和澄清的机会"或"虽然同学冤枉我让我生气,但他可能不是故意的"。最后,要加强自控能力,掌握自控技巧。当怒火就要发作的时候,可以采用离开愤怒情境、深呼吸放松、心里默数数字、转而做其他事情等方式控制自己。

扩展阅读

什么是压力?

尽管对压力或应激的理解千差万别,但现在人们都普遍接受压力是个体的生理、心理反应和刺激情境之间的交互作用。拉扎洛斯(R. Lazarus)的认知交互作用模式是目前最有影响力的应激观之一。他在表4-1中对stress一词的分解可以帮助我们更好地理解什么是应激。

表4-1　应激的成分

S = Stressor	一种能够引发内心紧张的刺激性事件或对某一事件的主观认识
T = Transaction	个体同环境之间不断地调整关系
R = Resistance	在努力处理应激源时个体的持续斗争
E = Energy spent	在应对应激源时要付出生理和心理的能量
S = Strains	在应对时所产生的身心疲惫不堪
S = Solution or slide	应对的结果可能是解决应激源,但长期持续的应激可能导致能量与动机水平的逐渐降低

资料来源:[美]Phillip L. Rice著,胡佩诚等译. 健康心理学[M]. 北京:中国轻工业出版社,2000,141.

专题小结

情绪调节的常用策略有认知转换法、情绪宣泄法、自我安慰法、自我暗示法、自我放松法、活动转移法。压力是由紧张刺激引起的，伴有躯体机能以及心理活动改变的一种身心紧张状态；压力源是指能够引发内心紧张的刺激性事件；应对方式是指人们为了防止压力对自己的伤害而做出的努力。有效的压力管理策略包括寻找和化解压力源、改变认知、主动寻求社会支持和建立健康的生活方式。焦虑、抑郁和愤怒是常见的情绪问题，可以有针对性地进行调节。

专题三 意志与意志品质

专题导读

在日常生活中，我们每个人都会遇到困难情境或难以解决的问题，都会有“欲渡黄河冰塞川，将登太行雪满山”的时候，这就需要我们凭借自己的毅力去克服和战胜它。这种决心和毅力所产生的内在巨大力量支配着一个人的行为，指向一个人的行为目标，这就是我们所说的意志。古之立大事者，不惟有超世之才，亦必有坚韧不拔之志。一个具有良好意志品质的人，能努力克服困难，妥善解决冲突，正确对待挫折，从而最终达到目的、获得成功。一个意志坚强的人，也更容易产生积极乐观的情绪。那么，什么是意志？意志和认知、情感有何联系？意志品质有哪些基本特征？如何对意志品质进行培养？本专题将解答这些问题。

一、什么是意志

（一）意志的含义

意志是人为了达到一定的目的，自觉地组织自己的行动并与克服困难相联系的心理过程。它是人的主观能动性的突出表现形式。由意志支配的行动叫意志行动。

意志行动是人所特有的，但并非人的一切行动都是意志行动。一个行动只有同时具备以下 3 个特征时，才属于意志行动：第一，有明确的目的。人的意志首先是与行动的目的密切联系在一起的。无意识的本能活动、盲目的冲动行为或一些习惯动作都不是意志行动，像婴儿吸奶、人们早上起床后习惯性地刷牙洗脸等都不算意志行动。意志行动是为了达到一定目的，并依据目的自觉组织自己行为的过程。第二，以随意动作为基础。随意动作是受意识控制的动作，如写字、说话、跑步等；不随意动作是不受意识控制的动作，具有不自主的特点，如眨眼、睡觉翻身、习惯性动作等。意识要以随意动作为基础。第三，与克服困难相联系。并不是所有有目的的行动都是意志行动，作为意志行动，还必须与克服困难相联系。例如，一个身心健康的人拿起水杯喝水、端起碗吃饭轻易就可以完成，都不算意志行动，但如果一个双手残疾的人，要克服很多困难才能完成这些动作，那就属于意志行动。意志的强弱，主要以克服困难的大小来衡量。

（二）意志与认识、情感的联系

意志过程是一种确定目的和实现目的的过程，是根据目的调节和支配行动的过程，它不像认知过程那样反映客观事物的属性，也不像情绪和情感过程那样反映主体的需要和客观事物之间的关系，但它和认知过程、情感过程都有着极为密切的联系。

首先，意志与认识过程有着密切的联系。一方面，意志的产生以认识过程为前提。意志的特征之一是具有自觉性和目的性，而人的任何目的都不是凭空产生的，它是人认识活动的结果。只有当人了解到事物的客观属性，认识到他的目的符合客观规律，具有实现的可能性时，才会采取行动，他的意志活动才有可能得到实现。而且，在实现意志行动时所采取的方法是否有效，也依赖于人对行动手段的认识，认识愈深入，行动越顺利。另一方面，意志也对认识过程有巨大影响，它使得人能够主动地、能动地认识世界。

其次，意志与情绪情感的关系也十分密切。情绪与情感既可以成为意志行动的动力，也可以成为意志行动的阻力。例如，强烈的理智感能激励人们刻苦学习，克服学习中的种种困难；而抑郁、过度焦虑等情绪都会削弱人的意志力。当然，消极的情绪能否对意志行动起干扰作用，又受个体的意志力水平的制约：意志坚强者可以控制和克服各种消极情绪的干扰，增强个体情绪反应的力量，激发斗志；意志薄弱者则往往被这些消极情绪所左右，使行动半途而废。

二、意志品质的基本特征

人的意志品质主要从自觉性、果断性、坚韧性、自制性 4 个方面表现出来。

（一）自觉性

自觉性是指能否深刻地认识到行动目的的正确性和重要性，并主动支配自己的行动使之符合目的的意志品质。具有高度自觉性的人能够按照自然界和社会的发展规律提出自己的行动目的，经常主动地使自己的行动服从于该目的，既不会鲁莽行事也不会盲目附和。

与自觉性相反的意志品质是盲从和独断。盲从就是盲目地受他人的暗示或影响，轻易改变自己的决定。盲从的人没有主见，不了解自己行为的意义，因而极易受他人的影响。独断则走向了另外一个极端，表现为盲目地拒绝他人的意见或劝告，不论正确合理与否，一概顽固地拒绝。独断的人以自己的愿望代替客观事物的发展规律，即使客观条件改变,也不肯改变自己的计划,并经常毫无理由地拒绝考虑别人的意见。独断表面上看似乎是独立地采取决定、执行决定,但实质上是缺乏自觉性的表现。

(二)果断性

果断性是指善于辨明是非,迅速而合理地采取决定和执行决定的意志品质。果断不同于轻率,它是以周密考虑和勇气为前提的,果断的人对自己行动的目的、方向和可能后果,都有深刻的认识和清醒的估计,在需要行动时能当机立断、敢作敢为、毫不退缩。

与果断性相反的意志品质是优柔寡断和草率决定。优柔寡断者的显著特点是无休止的动机冲突。优柔寡断的人在各种动机、目的、方法之间摇摆不定、患得患失;做出决定后又经常后悔,甚至开始行动之后,还怀疑自己决定的正确性;在必须采取行动时,又会随便选择、仓促决定。草率决定是指对任何事物总是不加思考,凭着一时的冲动做出决定。意志的果断性必须建立在自觉性的基础之上,而优柔寡断、草率决定往往是由于行动的目的性不强引起的。

(三)坚韧性

坚韧性是指对行动目的的坚持性,是完成艰巨任务时坚持不懈地克服困难的意志品质。具有坚韧性的人有顽强的毅力,充满信心地为正确的目的而奋斗,他不怕困难、不怕挫折,善于总结经验教训,能克服内部和外部的各种困难,坚持到底。

与坚韧性相反的意志品质是动摇性和顽固、执拗。动摇性是遇到困难便怀疑预定目的,不加分析地放弃对预定目的的追求。顽固、执拗是对自己的行为没有理智的认识而一意孤行。这种人不能客观地认识形势,尽管事实证明他的行动是错误的,但仍然自以为是。

(四)自制性

自制性是一种在意志行动中善于控制自己情绪和约束自己言行的意志品质。自制性反映着意志的控制功能。有自制力的人能够驾驭自我,克服自己的欲望和情绪的干扰,迫使自己执行已经采取的决定,或者坚决制止某些行动;能够在复杂和困难的情况下,保持冷静的态度;必要时,为了实现远大的目标能忍受疼痛、饥饿、困乏、屈辱等各种艰难困苦。

与自制性相反的意志品质是冲动性。冲动性是指不善于控制自己的情绪,对自己言行的约束力较差,意气用事,容易受外界的引诱或干扰而做出违反纪律甚至危害社会的行为。

思考活动

1. 什么样的行动才算意志行动?有目的的行动就是意志行动吗?

2. 分析一下自己的4个意志品质。你认为自己在哪些品质上需要加强?

三、学生良好意志品质的培养

人的意志品质不是天生的，而是在后天的实践活动中培养而成的。培养是持续一生的过程，是教师、家长和自我不断努力的过程。学生意志品质的培养，一方面有赖于教师的正确引导，另一方面也有赖于自己的积极实践和主动磨炼。因此，下面所讲的培养方法，既有从教师的角度来谈的，也有从学生自身的角度来谈的。

（一）志向确定法

崇高的理想产生伟大的毅力。一个具有崇高理想的人，能始终坚持正确的方向，能不断激励自己战胜挫折和克服困难，能果断地做出有益于社会和人民的选择，能有效地控制自己的情绪和约束自己的言行。因此，作为当代学生，要树立远大的理想和正确的世界观、人生观，要把自己的学习同社会的发展、人类的进步、民族的振兴和国家的富强联系起来。有的学生觉得生活没劲，得过且过，或沉溺于吃喝玩乐，贪图享受，都是没有远大志向的结果。

在确定理想和志向时，要注意把崇高的理想同眼前的学习、工作、生活结合起来，既要有远大理想，又要有近期目标，要用理想来指导自己的实际行动。只有把崇高的理想融化在自己的行动中，渗透在自己的日常生活中，成为我们行动的具体目标，才能真正促进自己意志品质的发展。空有远大志向而无具体目标之人，往往好高骛远、眼高手低。在确定目标时，我们要记住：特定的目标比模糊的目标好；现实的目标比不现实的目标好；有挑战性的目标比无挑战性的目标好。

（二）积极实践法

坚强的意志是在克服困难的实践活动中发展起来的。正如孟子所说："天将降大任于斯人也，必先苦其心智，劳其筋骨，饿其体肤，空乏其身，行拂乱其所为，所以动心忍性，增益其所不能。"坚强的意志不可能通过纸上谈兵而得，只能在实践中经过磨炼而得。如果不在实践活动中经受锻炼，一个人即使有远大的志向，懂得满腹的道理，也不会有坚强的意志。因此，教师要组织好学生的各种实践活动，学生也要积极主动地参与各种实践活动。

在组织实践活动时，教师要注意以下几点：第一，要讲清活动的社会意义，要善于把每次的具体活动和远大的目标联系起来，激发学生的热情，唤起学生的崇高感和使命感。第二，向学生提出的活动任务要有一定的难度，同时又是他们力所能及的，是经过努力能够实现的。困难太大，克服不了，反而会挫伤人的积极性；困难太小，很容易克服，也起不到锻炼意志的作用。第三，根据学生意志品质上的差异，在活动中采取不同的培养措施。例如，对于容易遇难而退的学生，应多多鼓励他们克服困难的信心和勇气，并对克服困难的方法和技术给予指导；对于依赖性强的学生，则应多给他们独立完成任务的机会；对于自制力差的学生，则要让他们学会调节和控制情绪，克制冒险和蛮干的行为。

学生自己也要积极投身于各种实践活动，在实践中磨炼意志、增长才干。对于学生来说，学习是最主要的实践活动，也是培养意志的主要途径。要取得好的学习成绩，必须付出艰苦的努力。在学习中，学生要根据自己的实际情况确定恰当的目标，制订可行的学习计划并严格执行；要克服各种内外干扰，抵御各种诱惑；要承受考试、难题等各种压力。可以说，在积极主动的学习过程中，我们的意志品质会获得极大的提高。除了学习之外，学生还要主动参加社团活动、社会兼职、假期社会实践、志愿者活动等各种课外实践活动，在丰富的实践活动中认识社会、锻炼自己。

（三）集体熏陶法

集体具有一种巨大的教育力量。它既是一种引导，也是一种约束。优秀的集体具有明确的目标、健全的组织机构、严格的规范、良好的风气和正确的舆论。对学生来说，学校和班级是最基本、最重要的集体，对培养意志品质具有重要意义。

学生随年龄的增长，自我意识逐步增强，他们越来越注意老师、同学对自己的看法，也很关心自己在集体中的位置，因此，集体的舆论和风气往往具有一种强大的督促力量。这种力量有时会胜过教师的千言万语，胜过父母的苦口婆心。在良好的学校集体和班集体中，同学们能团结互助，每个人都珍惜集体的荣誉，尊重集体的意见，努力为集体争光。这种对集体的义务感和荣誉感有助于自制、刚毅、勇敢等意志品质的形成。同时，良好的集体往往有严格的规范，执行着严格的纪律，而学会严守纪律，坚决不做违反纪律的事，这本身就是最好的意志锻炼。因此，教师应努力培育好的集体，充分发挥集体的作用；学生也要融入集体之中，积极参加集体的各种活动，在集体的熏陶中养成良好的意志品质。

（四）榜样激励法

榜样的力量是无穷的。榜样示范具有潜移默化、激励调节的作用，教师要经常给学生树立一些意志坚强、百折不挠的榜样。这些榜样，可以是著名的科学家、艺术家、政治家、劳动模范、革命先烈以及文艺作品中的优秀人物等，也可以是同龄人的杰出代表；可以是和学生处在不同时空的人，也可以是学生身边的人。教师要善于从学生周围的生活中，从学生熟悉的人中，特别是从他们身边的同龄人中选取典型，为他们树立坚强意志的榜样。在这样的榜样面前，因为心理距离小，学生感到亲切，容易接受。

但是，教师不能把榜样拔得太高，而应该真实、可信、亲切，使学生感到这个榜样是可学的，十全十美的榜样会使学生敬而远之。另外，榜样的树立要有针对性。学生心目中往往都有自己的偶像，年龄、性别不同，偶像也有差异。教师对学生的偶像最好事先了解清楚。如果偶像能成为学习的榜样，二者统一，则效果最佳；如果不一致甚至存在矛盾，教师也不要简单粗暴地干涉或贬低学生的偶像，而应该因势利导，逐步转化。同时，教师要时刻记住自己就是学生的榜样。在意志品质的培养过程中，教师自身的榜样作用非常重要。教师如果光是要求学生有坚强的意志，而自己却经常优柔寡断，做事虎头蛇尾，这就难以保证意志教育的效果。

（五）自我锻炼法

在培养学生良好意志品质的过程中，他人的影响、集体的熏陶、榜样的示范等，都必须通过学生的自我锻炼才能真正起作用。学生的自我意识已经逐步成熟，他们能够认识自我、评价自我、控制自我，这就为意志的自我锻炼提供了前提条件。进行意志的自我锻炼要注意两点：首先，要善于掌握自己的目的和计划，做到切实可行，一旦做出决定要坚持到底，不能半途而废；其次，要养成自我检查、自我监督和自我批评的习惯，要能够发现自己意志上的优点加以发扬，发现自己意志上的缺点加以克服。

下面介绍一种自我管理技术，这是一种加强自我锻炼的有效方法。自我管理技术就是一种自己对自己实施行为管理的方法，整个过程不依赖教师或家长，由学生自己操作进行并承担主要责任。自我管理技术的实施步骤和注意事项如下。

1. 选择目标

目标的选择是积极的，是自己决定的。在选择目标的时候，一定要注意尽量使目标具体化。同时，刚开始应考虑选择那些较容易由自己控制的行为作为目标，然后逐步过渡到需要更强意志力才能控制的行为作为目标。

2. 制订计划

围绕目标制订切实可行的行为计划。计划应包括行为的总目标与阶段目标、实现目标所使用的各种方法、实现目标所经历的阶段、所使用的强化物及强化物发放的时间表、奖励或惩罚的措施、自我记录的方式、可能出现的问题及解决的办法、定期检查的时间等。在自我管理中，计划是写给自己看的，是一种自我契约，需要自己督促实行。如果对完全靠自我控制没有信心，需要别人帮助，可以考虑和他人（如老师、父母等）签订"行为契约"，内容与自我契约相似，这样更有利于加强对行为者的约束力，提高行为者的责任感，保证计划的完成。

3. 自我教导

这是指自己对自己下指令、自己指导自己的行为，如"我是一个爱学习的人，我每天都能认真听课"。在自我管理程序中，自我教导起着重要的作用。如何增强自我教导的力量呢？可以采取如下方法：第一，做出公开承诺，让周围的人都知道自己将开始执行或正在执行自我管理的程序，从而增加压力。第二，准备一张陈述单，上面写上各种陈述句，使用这些陈述句可以增加自我教导，如"我一定要坚持下去"，"我已经取得了明显的进步，不能半途而废"，"就要实现目标了，不久我就会获得成功"。陈述的具体内容应随程序实施的进度而变化。可以把自我教导的陈述贴在书桌上或墙上。第三，必须事先制订好处理各种诱惑或冲突的方式。在自我管理的程序中，肯定会有各种诱惑或冲突使你想放弃计划，因此，有必要未雨绸缪，想好如何处理这些可能的诱惑或冲突。例如，想要每晚都认真学习，但今晚有一个很好看的电视节目，该怎么办？

4. 自我记录

这是指对自己的行为做出系统的观察和记录，例如记"行为日记"或绘制"行为图"。可以把记录结果放在或挂在一个明显的地方，让周围的人都来督促你的行为。

5. 自我强化

这是指当行为达到强化或处罚标准时，自己按照规定对自己施行强化或处罚。在自我管理程序实施以前，学生自己必须先确定好获得强化或惩罚的行为标准，自己确定好发放强化物或惩罚物的种类和数量。例如看完一章书就允许自己放松 20 分钟；一周能按时交作业就奖励自己看一个小时电视。

6. 监督与评价

这是指要对自我管理的实施过程予以监督，对所用的方法及取得的进展做出评价。在此基础上，决定是否要对计划做出修改或补充。监督与评价也是保证自我管理能持久施行的重要措施，不少人自我管理的失败在于不能有效地坚持。为了提高监督效果，除了自身的监督外，还可以建立"同伙监督制"，即找一个有相同背景的朋友或同学相互监督，从而起到相互鼓励、相互促进的作用。例如，两个学生都想培养自己良好的意志品质，可以结成“同伙”，互相监督，如果都取得了进步，就以一种预先商定的方式相互庆祝一番；如果退步了，就相互惩罚。

（六）挫折教育法

挫折教育就是有意识地利用或创设一些困境，教学生独自去面对、去战胜，让学生在困难中经受磨炼、摆脱困境，从而提高挫折承受力，培养迎难而上的坚强意志。

在内容上，挫折教育要把认知、情感、行为统一起来，围绕这3个方面对学生进行全面的培养。在认知上，正确理解挫折，懂得挫折是客观存在、不可避免的；在情感上，充分体验挫折，消除对挫折的害怕心理；在行为上，掌握战胜挫折的有效方法，形成正确的反应方式。通过知、情、行的系统培养和训练，使学生成为一个勇敢、坚强的人。

在途径上，一是可以利用现实生活中自然产生的挫折进行教育，例如，学生在考试失败、感到劳累、碰到困难、受到批评、失恋等的时候，都是进行挫折教育的良好时机；二是可以主动创设一些挫折情境进行教育，如到艰苦的地方体验生活、提出难题让学生解决、对经常受到表扬的学生不失时机地给予批评和惩罚等，都能提高挫折教育的预防性和针对性。日本在这方面进行了大量尝试。平时，学校可以经常有目的地组织障碍性活动，如让学生赤脚在布满碎石瓦块的地上走，冬天让学生穿着单衣在雪地里锻炼等。日本有关方面还建立森林之家、自然教室，实行“山村留学制度”等，定期让学生到艰苦的地方生活，培养他们独立生存的能力和抗挫折的能力。现在，我国也有越来越多的学校注意到了这一点，组织学生进行远足、拉练、野营、野外生存、军训、学工、学农等专题活动，让学生在这些活动中经受磨难、体验挫折。除了上述两条途径之外，教师还要把挫折教育渗透到各科教学和各项活动之中，要善于发掘和运用其中所蕴涵的丰富的挫折教育因素。

上述各种方法是意志品质的培养过程中经常使用的，它们是相辅相成的。只有综合运用，才能收到最佳效果。

扩展阅读

延迟满足与糖果实验

根据美国心理学家沃尔特·米歇尔（W. Mischel）的定义，延迟满足是指一种甘愿为更有价值的长远结果而放弃即时满足的抉择取向，以及在等待期中展示出来的自制能力。

20世纪60年代，米歇尔曾经做过一个著名的“糖果实验”，对象是斯坦福大学附属幼儿园的孩子，该实验一直追踪到这些孩子中学毕业。实验者将一群4岁的孩子留在一个房间里，发给他们每人一颗糖，然后告诉他们：“我有事情要出去一会儿，你们可以马上吃掉糖，但如果谁能坚持到我回来的时候再吃，就能够得到两块糖。”有的孩子迫不及待地吃掉糖；有的孩子一再犹豫，但还是忍不住塞进了嘴里；另外一部分孩子用尽各种办法让自己坚持下来：有的闭上眼睛，避免看见十分诱人的糖果；有的将脑袋埋入手臂之中，自言自语、唱歌、玩弄自己的手脚，甚至让自己努力睡着。20分钟以后，实验者回到房间，坚持到最后的孩子又得到了一块糖。

实验之后，研究者进行了长达14年的追踪。他们发现，到中学时，这些孩子表现出明显的差异：克制型的孩子显得社会适应力较强，较为自信，人际关系较好，也较能面对挫折。在压力面前，他们不易崩溃、退却、紧张或乱了方寸，能够积极迎接挑战，不轻言放弃。而冲动型的孩子表现出一些负面的特征，例如，怯于与人接触，固执而优柔寡断，容易因挫折而丧失斗志，等等。

这些孩子中学毕业时又接受了一次评估，结果表明4岁时能够耐心等待的人在校表现更为优异。根据孩子父母的评估，这些孩子学习能力较好，无论是言语表达、逻辑推理，还是制订并实践计划、学习动机都比较好。更让人意外的是，这些孩子的考试成绩普遍较高，等待最久的三成孩子，平均成绩语文610分、数学652分；而最迫不及待吃掉糖果的三成孩子，平均成绩语文524分、数学528分。两组孩子总分差距多达210分。

这个实验表明：那些更善于调控自己情绪和行为的孩子，拥有更好的心理健康水平和更大的未来成功的希望。自制力等良好的意志品质是成功者的重要心理素质。

资料来源：刘儒德．教育中的心理效应[M]．上海：华东师范大学出版社，2006，185－187.

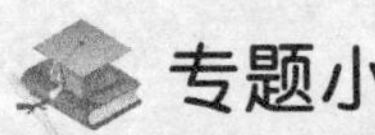

专题小结

意志是人为了达到一定的目的，自觉地组织自己的行动并与克服困难相联系的心理过程。由意志支配的行动叫意志行动。意志和认知过程、情感过程都有着极为密切的联系。人的意志品质主要从自觉性、果断性、坚韧性、自制性4个方面表现出来。培养学生良好意志品质的方法主要有志向确定法、积极实践法、集体熏陶法、榜样激励法、自我锻炼法和挫折教育法。

专题导读

如何对待动机冲突？如何对待挫折？这是意志过程的重要体现。本专题将介绍常见的3种动机冲突，阐述有效处理动机冲突的方法。同时，本专题也将告诉我们什么是挫折感，让我们了解挫折后的各种心理行为反应，并掌握对挫折感进行心理调适的方法。

动机冲突与挫折感的对待

一、动机冲突与对待

个体在日常生活中，经常同时产生两个或两个以上的动机。假如这些并存的动机无法同时获得满足，就会产生难于抉择的心理状态，即产生动机冲突。

（一）动机冲突的类型

从形式上看，根据美国心理学家勒温(Lewin,1935)的分类，动机冲突主要有3种类型。

1. 双趋冲突

这是指当个体面临两个同样有吸引力的目标，但只能选择其一的时候，所体验到的内心矛盾状态。正所谓"鱼我所欲也，熊掌亦我所欲也"，但又不可兼得的情境。例如，一个男孩同时喜欢两个女孩，喜欢的程度相当，但他又必须在两者之中做出选择，他就面临着双趋冲突。

2. 双避冲突

这是指当个体面临两种选择，而每种选择都会为个体带来不利的后果，但又必须接受其中之一的时候，所体验到的内心矛盾状态。例如，毕业分配时，两个工作单位个体都不喜欢，但又必须接受其中的一个，这时个体就会陷入双避冲突之中。

3. 趋避冲突

这是指某一目标既能为个体带来好处，同时又伴随不利的方面，个体只想取其好处，而不想要它所带来的不良后果。例如，有的学生既想多参加社会实践活动，以锻炼能力，又担心耽误太多时间而影响学习，从而陷入冲突。

（二）动机冲突的对待

不管是何种形式的冲突，都会对心理健康产生影响。如果冲突情境长期得不到解决，不仅会出现紧张、焦虑、爱幻想等防御性反应，严重时还会导致神经症。大部分的神经症,尤其是神经衰弱的产生,往往是由于长期的内心冲突造成的。冲突存在一日,心理压力就存在一日,久而久之,就容易产生神经症反应。因此,要认真对待和有效处理动机冲突,可以从以下几个方面入手。

1. 树立正确的世界观

要正确对待动机冲突,首先要树立正确的世界观。因为只有树立了科学的世界观,才能使学生确立正确的行动目的,才能明辨是非、善恶和荣辱。在面对原则性的动机冲突时,当个人的需要违背国家或集体的利益或社会道德准则时,正确的世界观可以抑制不恰当的需要和愿望,从而做出正确选择。

2. 了解自己的动机

首先,要了解自己的真实动机。人在进行某种活动时,有的动机是能明确意识到的,但有的动机却很隐蔽,甚至处于无意识状态。对待动机冲突的第一步是了解自己各种真实的动机状态并接受它们;其次,要了解自己的动机所处的位置。动机是在需要的基础上产生的,有的动机是为满足生理需要,而有的动机是为了满足爱的需要或自尊的需要,有的动机是为了满足自我实现的需要。了解动机冲突中各种动机所处的位置水平,则有利于做出正确选择。一般我们要选择那些建立在较高需要层次上的动机或者具有较高社会意义的动机。

3. 果断做出选择

优柔寡断、犹豫不决只会增加心理压力,只有做出选择才能最终解决心理冲突。在大多数情况下,做出选择之所以困难,往往是不愿承担这种选择所带来的后果。没有什么选择是十全十美的,任何选择都可能伴随着失去。因此,做出选择的过程是需要自己付出一些代价的。我们所能做的就是在各种各样可能的选择之间,寻找一种既能最大限度符合自己理想和需要,同时又付出最小代价的选择。如果不想付出任何代价,也就无法做出任何选择。中世纪时,法国哲学家布利丹写过这样一个故事:一头饥饿的驴子来到两个草堆之间,左顾右盼,无法选择,不知道该吃哪一堆草,最后竟然饿死在草堆旁。勇敢、果断地选择并对自己的选择负责,是一个人心理成熟的表现。千万不要成为布利丹的驴子,因为优柔寡断而失去一切机会。

4. 学会解除动机冲突的具体方法

针对不同情况,我们可采取下列方法去解决动机冲突。

(1) 理智分析,做出选择。面对动机冲突,要结合动机的性质、自己的目标、现实的条件等多方面的因素进行理智分析,从而做出理性选择。如果是原则性的动机冲突,应以道德要求或社会规范为依据,选择那些符合社会道德和社会要求的动机;如果是非原则的动机冲突,要以

思考活动

根据勒温的分类,图4-1中的情境属于冲突的哪种类型?

图4-1 情境画面

从内容上看,动机冲突可分为原则性的动机冲突和非原则性的动机冲突。原则性的动机冲突是涉及个人愿望与道德标准相矛盾的动机冲突,例如,考试时好朋友想看自己的试卷,一方面想帮助朋友通过考试;另一方面又想遵守考场纪律,不想作弊;非原则性的动机冲突是不与社会道德标准相矛盾的动机冲突,例如周末是学习还是出去兼职,大学毕业后是去找工作还是继续读研究生。

怎样对待和处理动机冲突,可以衡量一个人的意志品质。一般来说,在原则性的动机冲突过程中更明显地体现了一个人的意志力量。一个意志坚强的人能坚定不移地使自己的行动服从于社会道德标准,对于非原则性的动机冲突也能根据当时的需要毅然决定取舍;而意志薄弱的人在面对原则性的冲突时往往屈从于个人愿望而违背社会道德,在面对非原则性的冲突时也长久地处于犹豫不决、摇摆不定的矛盾状态。

自己的理想和目标为出发点，选择那些有利于实现自己理想和目标的动机。在选择时，还要结合现实的条件，使自己的选择在当前的现实条件下具有可行性。例如，有的大学生既想努力学习，取得好的成绩；又想兼职工作，改善经济状况，从而陷入冲突。对此，要认识到学生的主要任务是学习，其他工作应在不影响这一主要任务的前提下进行。如果兼职已经严重影响了学习，甚至占用了上课的时间，就应该放弃或调整。

(2) 折中处理，两面兼顾。如果两种动机都没有办法放弃，也可以接受二者并存状态，但应适当降低两种动机的强度，折中处理，两面兼顾。例如，一个职业女性，一方面想照顾家庭，另一方面又想干好事业，但时间和精力有限，无法两方面都尽善尽美。如果全身心照顾家庭，在事业上就难有发展；如果全身心投入事业，则家庭又无人照料。但家庭和事业都没有办法放弃，在此情境下，只有采取折中的办法，在有限的时间和精力之下，兼顾事业和家庭。

(3) 以退为进，迂回而取。有些目标在实现的过程中，会受到现实条件的阻碍，而这种现实条件又非个人能力所能克服。这时如果不顾客观事实的限制鲁莽从事，只会导致失败。此时可以采取以退为进、迂回而取的办法，暂时放弃某一目标，等到条件具备或矛盾解决后再重新行动。例如，某个大学生很想在毕业后从事专业对口的工作，但在严峻的就业形势下无法找到，只找到一个与所学专业无关的工作。是去还是不去？这时，可以以退为进，先接受这份工作，边干边寻找与专业相关的工作。

(4) 同时放弃，另谋出路。有些动机冲突如果实在无法选择，也可以同时放弃，重新开始。例如，一个大学生想考研究生，是考自己不感兴趣但把握较大的本专业，还是考自己感兴趣但没有把握的其他专业，为此一直犹豫不决，很是苦恼。这时，不妨两个考研目标都放弃，先找工作，工作一段时间后再做决定。

二、挫折感及其调适

人们在日常生活和学习工作中，并非总是一帆风顺的，常常会碰到各种各样的困难和障碍，产生挫折的体验。挫折人人都会遇到，但反应方式却各不相同，有的人在挫折中奋起，而有的人在挫折中沉沦。能否对挫折进行积极调适，是衡量一个人意志是否坚强的重要标准。

（一）什么是挫折感

所谓挫折感是指人们在追求某种目标的活动过程中，受到阻碍或干扰，致使目标不能实现时所产生的紧张、焦虑、抑郁、愤怒等消极的情绪体验。人生不如意十之八九,每个人都会遭受许多挫折,考试失败、比赛失利、求职无门、被老师批评、与同学争吵等,都是学生经常遇到的挫折情境,都有可能产生挫折感。

挫折感的强度与挫折本身有关,通常情况下严重挫折、意外挫折比一般挫折、意料中的挫折带给人更大的挫折感。同时,挫折感的强度也与个人的挫折承受力有关,有的人较能忍受严重挫折而毫不灰心丧气,有的人则遇到一点轻微的挫折就会意志消沉。心理学研究表明:人对挫折的承受力受生理条件、过去挫折的经验以及个人对挫折的主观认识的影响。身强力壮、神经系统坚强的人比体弱多病、神经系统脆弱的人更能承受挫折;在生活中历尽艰辛的人比一帆风顺的人更能承受挫折;善于从积极方面看待挫折的人比总是从消极方面看待挫折的人有更强的承受力。

(二) 挫折后的心理行为反应

个体遭受挫折后必然会有所表现,以减少挫折带来的不安和紧张感,这被称为自我防卫。自我防卫有积极的,也有消极的。

1. 积极的自我防卫方式

这是对挫折的理智性对抗行为,是在理智的指导下采取的形式,主要包括:①升华作用。个体受挫之后,将敌对、愤怒、绝望、自责等消极情绪,都做一种积极的处理,转化为一种高尚的行为,所谓化悲痛为力量、化失败为动力即属此类。升华既转移了原有情绪情感,达到了内心平衡,又创造了积极的价值。无疑,这是一种积极的应对方式。例如,歌德因为失恋写出了《少年维特之烦恼》,司马迁受刑而作《史记》,都是一种升华。②加倍努力。当发现目标难以达到,要求自己加倍努力,鼓起勇气实现目标。③改变策略。当发现目标无法实现时,或者降低目标,或者重新选择达到目标的方法。④补偿作用。当个体因为自身的缺陷或社会环境的客观原因而不能达到目标时,可以放弃原有目标,以另一方面的成功来加以补偿。如年龄大了,不能当运动员了,可以通过做教练来补偿。

2. 消极的自我防卫方式

这是非理智的对抗行为,主要包括:①攻击。攻击是个体受到挫折后,引起内心的愤怒或不满,从而表现出种种敌意行为,包括直接攻击和转向攻击。直接攻击是指个体在受到挫折后,愤怒的情绪直接导向造成挫折的人或物。转向攻击是指因各种原因无法对直接对象进行攻击,而把攻击对象转向自己或无关的人或物上。转向自己表现为自责、自伤甚至自杀,转向无关的人或物则表现为寻找“出气筒”,例如,挨了领导批评,不好对领导直接发火,就回家骂孩子一顿。②倒退。个体在受到挫折的时候,表现出与自己年龄不相称的幼稚行为,或者以幼稚而简单的方式来应付挫折情境，这就是倒退。本来成人应该学会如何控制自己的行为和情绪，在适当的时候、适当的场合做适当的反应。但是有的成人遇到挫折时便失去了这种控制，像小孩一样哭闹，无理纠缠，甚至在地上撒泼打滚，显得十分幼稚。③固执。个体受挫后，不去分析原因，而是盲目重复某种无效动作。这并不是坚持或毅力，因为个体明明知道无论如何都不能实现目标，却单纯重复无效动作。④厌世。个体遭到挫折后，产生厌世轻生的念头，甚至付诸实施。

3. 妥协的自我防卫方式

这是个体采取一种折中的办法来对待其所遇到的挫折，以消除心理上的不平衡，主要包括：①合理化效应。给自己的失败或挫折一种"合理化"的解释，又称文饰作用。虽然这些理由是不全面、不客观甚至不合逻辑的，但当事人却以这些理由来安慰自己，以减少挫折感。例如，伊索寓言《狐狸和葡萄》的故事中，那只跳来跳去都摘不到葡萄的狐狸咽着口水说："反正葡萄是酸的。"这种"酸葡萄效应"就是一种合理化的解释。鲁迅笔下的阿Q被人打时，念一句"反正是儿子打老子"便心里坦然，这种"精神胜利法"亦是一种合理化，尽管这种理由并不合理。合理化能缓解挫折所带来的消极情绪，从这点来说，它具有积极的意义。②自我整饰。个体遭受挫折后，表面上不动声色，把烦恼、苦闷通通埋藏在内心深处，掩盖自己的真实情绪，同时显示自己的长处，以弥补失败所带来的自尊心上的挫折，减轻心理压力。③转嫁。个体把责任推给他人或外界环境，以减轻自己的焦虑与不安，也就是寻找"替罪羊"。转嫁可能会导致人际矛盾和冲突，所以也常被看成消极的自我防卫方式。

（三）挫折感的心理调适

挫折感是一种消极的情绪体验，处理得不好，可能导致各种心理和行为问题。那如何对挫折感进行心理调适呢？

1. 积极认识挫折

首先，要认识到挫折的不可避免性。在人生的道路上，谁都不可能一帆风顺，每个人都会遇到各种挑战和可能处于逆境，受到不同程度的挫折。因此，要有承受挫折的思想准备，这样在遭受挫折时就会有克服困难的勇气，而不致怨天尤人。

其次，要认识到挫折的积极意义。挫折对心理的影响当然有消极的一面。例如产生紧张、愤怒、焦虑等消极情绪，减弱认知能力，影响个体实现目标的积极性，并且减弱自我控制能力，导致行为偏差。但挫折其实也具有积极的一面。这种积极性表现在这样几个方面：①提高认识水平。"吃一堑，长一智"，挫折是一所学校，逆境是达到真理的一条通道，个体能从挫折中学到很多东西。②增强个体情绪反应的力量，激发斗志,所谓愈挫愈奋、屡败屡战。③增强个体的挫折承受力。没有受过挫折的人往往脆弱,历尽挫折的人往往坚韧。提高挫折承受力的最佳办法就是实实在在地经受一些挫折。因此,挫折是一把"双刃剑",既可以产生消极作用,又可以发挥积极作用,问题的关键在于个体如何去对待。

2. 理智分析挫折

面对挫折,要客观、全面地分析目标是否恰当、方法是否可行,阻力来自何方,今后如何行动,要善于从失败中总结经验教训,对自身的某些不足进行纠正并积极开始新的行动,变失败为成功。在对挫折的分析中,要特别注意分析是否有合理的目标、恰当的策略和足够的努力。

调整不现实的目标是理智分析挫折的重要组成部分。挫折是由于不能实现目标而产生的,因此目标一定要恰当,要适合自己的实际情况。如果目标总是不能实现,就会不断影响或伤害自己对自己的看法,丧失自信。有的时候这一目标实现不了,可以暂时放弃,以另一方面的成功来补偿,这样可以减轻目标受阻而产生的压力。我们身边总是充满诱惑,而一个人不可能什么都得到,什么目标都实现,所以要懂得根据现实环境调整自己的目标。

如果目标合理但又不能实现,就要分析策略是否恰当。在某些情境中,个体的目标受挫是因为采用了错误的方式,因而要认真对策略进行分析,尝试使用不同的方法。如果目标合理、策略恰当,但仍然失败,就要考虑是否努力足够,要激励自己加倍努力以达到目标。

3. 主动调节情绪

挫折感会伴随着各种消极的情绪体验,要主动加以调节,可以通过宣泄、放松、转移注意力等各种方法缓解或消除这些消极情绪。关于情绪调节,我们在本章专题二中有详细论述,在此不再赘述。

专题小结

美国心理学家勒温把动机冲突分为3种类型:双趋冲突、双避冲突和趋避冲突。有效处理动机冲突可从以下方面入手:第一,树立正确的世界观;第二,了解自己的动机;第三,果断做出选择;第四,学会解除动机冲突的具体方法。挫折感是指人们在追求某种目标的活动过程中,受到阻碍或干扰,致使目标不能实现时所产生的紧张、焦虑、抑郁、愤怒等消极的情绪体验。挫折后有各种不同的心理行为反应,包括积极的、消极的和妥协的。挫折感的心理调适要注意3个方面:积极认识挫折,理智分析挫折,主动调节情绪。

思考与练习

一、选择题

1. 情绪和情感是人对客观事物是否符合自己的(　　)而产生的态度的体验。

A. 个性　　B. 需要　　C. 兴趣　　D. 自我概念

2. 强度较小、持续时间较长的情绪状态是(　　)。

A. 心境　　B. 激情　　C. 应激　　D. 情感

3. 由意外的紧急情况引起的情绪状态是(　　)。

A. 心境　　B. 激情　　C. 应激　　D. 情感

4. 在艾利斯的情绪 ABC 理论中,B 代表(　　)。

A. 诱发事件　　B. 对事件的看法和信念

C. 情绪反应和行为结果　　D. 质变过程

5. 在意志行动中善于控制自己情绪和约束自己言行的意志品质是(　　)。

A. 自觉性　　B. 果断性　　C. 坚韧性　　D. 自制性

6. 个体在受到挫折时,表现出与自己年龄不相称的幼稚行为,这称为(　　)。

A. 倒退　　B. 转嫁　　C. 固执　　D. 合理化

二、判断题

1. 有目的的行动就是意志行动。(　　)

2. 按指向性分可以把压力应对分为情绪指向的应对和问题指向的应对。(　　)

3. 动物没有情绪,情绪只有人才具有。(　　)

4. 心境具有弥散性,而激情具有爆发性。(　　)

5. “鱼和熊掌不可兼得”是一种趋避冲突。(　　)

三、简答题

1. 常用的情绪管理策略有哪些?

2. 如何培养学生良好的意志品质?

3. 常见的动机冲突有哪些?试举例加以说明。

四、论述题

1. 如何理解和运用理性情绪行为疗法的 ABC 模式?

2. 分析自己压力的来源,并谈谈如何有效管理自己的压力。

 推荐书目与文章列表

[1] [美]艾伯特·艾利斯. 别和自己过不去[M]. 刘宇峰译. 北京:中信出版社,2004.

[2] 刘儒德. 教育中的心理效应[M]. 上海:华东师范大学出版社,2006.

[3] 彭聃龄. 普通心理学(修订版)[M]. 北京:北京师范大学出版社,2001.

[4] 乔建中. 情绪研究:理论与方法[M]. 南京:南京师范大学出版社,2003.

[5] 阴国恩,李洪玉,李幼穗. 非智力因素及其培养[M]. 杭州:浙江人民出版社,1996.

第五章

人格心理

我是一个怎样的人？大家都说我太内向了,我真的是一个内向的人吗？我们在生活中常常会对自己提出这样的问题。对这类问题的解答，涉及心理学中有关人格心理的知识。人格健康是心理健康的重要内容之一,也是我们的幸福感的重要影响因素之一。

本章将带你学习人格的概念和特征,理解人格形成和发展的规律和影响因素。其中关于人格心理特征中的能力部分已有专章阐述,本章不再重复。

学完本章,你将能够:

（1）认识人格的内涵和特点。

（2）知晓人格的组成要素和结构。

（3）掌握需要的概念、种类，理解马斯洛需要层次理论。

（4）理解动机的内涵、种类，掌握动机的强化理论、自我效能理论、成就动机理论和期望—价值理论。

（5）熟练掌握气质的内涵、典型类型及其各自的行为特征。

（6）掌握性格的内涵和常见的性格类型。

（7）理解人格的发展过程及其阶段性特征，以及影响人格发展的因素；掌握健全人格培养的主要措施。

专题导读

人格是什么？人格有哪些特征？个体的人格由哪些要素构成？这些要素之间有怎样的内在关系？对这些问题的解答，就是本专题将要为你讲述的内容。

专题一 人格概述

一、人格的含义

人格这个词最初来源于拉丁文 Persona，意为“面具”。事实上，人格一词有很多种含义，我们在生活中也在不同的场合使用它的不同的含义。比如：我们说一个人人格高尚，侧重于指他的人格品行；说一个人侮辱了别人的人格，侧重指他的尊严等。而心理学对人格有着不同于这些日常用法的界定：人格是指个体在遗传素质的基础上，通过与后天环境相互作用形成的相对稳定的独特行为或内在行为倾向性，这种独特性反映了个体区别于他人的稳定而统一的心理行为模式。

理解心理学中的人格的概念，需要把握以下几点。

(1)人格的形成离不开个体的遗传素质。遗传素质为人格的形成提供了选择性偏好的基础。一个天生体质强健的孩子通常会比体质娇弱的孩子更容易养成勇敢冒险的个性特征。

(2)人格的最终形成还会受到后天环境的制约。比如，虽然同样是体质强健的孩子，后天的经历和成长环境也可能把他们分别培养成两种不同风格的勇敢性格，一个可能偏重于冲动急躁型的勇敢，而另一个可能偏重于理智坚毅型的勇敢。

(3)个体独特的人格不仅仅体现在外在的行为模式上，也体现在内在的心理倾向性上，比如内在的价值观等，也是人格的重要构成要素。

(4)个体人格对于其后天的环境有着适应性的功能。人格是适应环境的结果。正因如此，适应于某种环境的人格特征，可能在环境发生变化时变成不适应的特征。

二、人格的特点

个体的人格一旦形成，就具有如下 4 个特征。

（一）人格的整体性

人格的整体性是指人格虽然由多种要素组成，但是各要素之间并非孤立无关的，而是互相整合、协调一致的。

人格的内在心理倾向性和外在行为模式之间存在着密切的关联和一致性。一个人表现出对人热情、温暖如春的外在行为模式，他的内在的心理倾向也会认同与别人友好相处、关心他人等价值观。

人格的整体性是人格的基本特征。一个人的人格如果不具有统合协调的特征，往往也就无法完成正常的心理功能，也会让周围人觉得难以理解。

（二）人格的独特性

人格的独特性是指每个人的人格特征总是有别于其他人而表现出仅属于他本人的特色和模式。比如，同样是贵族小姐，林黛玉敏感忧郁，薛宝钗却圆融端方。可见，人格的独特性就像相貌的独特性一样，是普遍存在的特点。

当然，人格的独特性并不排斥不同的人在某个人格特征上具有相似性。比如，同一个地域的人，可能会养成相似的地域人格特征，如北方人通常比较豪爽，南方人通常比较温婉。

（三）人格的稳定性

人格的稳定性是指个体的人格一旦形成，会在一段较长的时间和较广泛的情景中保持一致性。

一项历时几十年的追踪访谈研究表明：从小学五年级到退休年龄，个体的人格特征中智力的稳定性最高；其次是内外向、情绪稳定性（Conley，1984&1985）。我们的生活感受也能映证这一点：年轻时冲动急躁的人，年纪大的时候也一样比其他人更容易焦躁一些。急性子的人不仅吃饭快、走路急，而且在工作中也会把时间安排得比较紧凑。

当然，人格的稳定性并不是说人格一旦形成之后，再也不会发生改变。首先，人格的稳定性主要是针对个体的核心人格特征和行为模式而言的，一些次要的特征的稳定性可能并不明显。其次，稳定的人格特征和模式在遭遇重大生活事件的时候，也是有重新塑造、重新定型的可能性的，否则我们的人格的适应性功能就会丧失掉。

（四）人格的社会性

人格的社会性是指人格的养成是在个体社会化的过程中发生的，具有很强的社会制约性的特点。

社会化是一个人在社会情境中通过与他人的交往和相互影响而掌

握语言文化、社会经验、行为规范等，获得社会性自我的过程。它是人的生物性特征逐渐被社会性特征所制约，从一个纯生物的人变成一个社会的人的过程。个体的人格正是在其社会化过程中，接受各种社会性信息和情境的影响，并在努力适应这种社会性情景的过程中逐步形成和稳定下来的。因此，个体的成长过程中所接触到的社会情境会成为他人格形成的最重要的制约因素。

人格的社会性使得个体的人格表现受到社会情境的制约，表现出一定的复杂性。同一个人，由于对不同社会情境的角色要求有着不同的理解，在不同情境下会表现出一定的差异。这种差异使得个体的人格具有相当的复杂性，并不总是在任何场合和对象面前都绝对一致。

三、人格的构成要素

在社会化的过程中，人和人之间在哪些方面会形成稳定的个别差异？下面我们就来看看每个人的人格中有哪些基本的构成要素，能够显示出个体之间的相对稳定的差异。

从大的方面来说，心理学认为人与人之间的差异主要表现在 3 个方面。

（一）个性倾向性

心理和行为活动的动力系统方面的稳定的差异，简单说来就是每个人出现某种心理或行为的原因可能是不一样的。比如同样是学习，有人是因为求知欲强，热爱知识；有的人是因为喜欢考第一拿奖金时的开心；有的人可能是因为别人都上学自己也来上学。由于动机不同，表现在具体的学习行为方式上可能就会出现明显的差异。个性倾向性中包括我们的需要、动机、兴趣、信念等。本章专题二将详细讲解个性倾向性。

（二）人格特征

心理和行为活动的特征系统方面的稳定的差异，简单说来就是心理或行为模式、特点、方式、风格上可能也是不一样的。比如同样是学习，有的人是博而不专型的，有的人是专而不博型的，有的人是博大精深型的，有的人是不专不博型的。显然不同风格的学习最后能够取得的成就是很不一样的。人格特征包括个体的气质特征、性格特征和能力特征。本章专题三将详细讲解人格特征。

个性倾向性系统和人格特征系统彼此关联。把它们的整合协调起来的系统，我们称之为自我调控系统。完整的人格就由这 3 个系统共同构成。

（三）自我调控

人格的自我调控系统是指我们的自我意识，包括自我认识、自我体验和自我控制。这是我们人格的统合控制枢纽系统，对人格的各个成分进行觉察、评价和协调，以保证人格的完整、统一和协调。同时这也令我们自己感受到自己是一个健康正常的个体。

四、自我意识

自我意识作为人格的调控系统，对于个体的人格起着统领整合的作用。正常的自我意识也是一个人心理健康的首要条件。

（一）自我意识的含义

简单地说，自我意识就是自己对自己的意识。心理学将自我意识定义为：自我意识是个体对自身存在状态的觉察和调控。

自我意识是意识的特殊形式，也是人所特有的一种意识现象。动物通常只有无意识的心理活动，而人不仅有意识活动，还可以将自己同时作为自己意识的主体和对象，也就是说，自己既是自我意识的执行者，也是自我意识的觉照对象，并可以根据对自己的觉照和评价，进一步调整自己的心理和行为。自我意识的这种主动反照的功能正是其实行人格调控的机制所在。

（二）自我意识的结构

自我意识包含 3 个相互关联的成分：自我认识、自我体验和自我控制。

1. 自我认识

自我认识是自我意识在认知上的体现，它要回答的是“我是个怎样的人”、“我以后可以成为什么样的人”、“我有哪些优势，又有哪些缺点”、“我能不能胜任那项工作”等问题。

自我认识是对自己的洞察和理解，包括自我觉知和自我评价，是以自己为认识对象进行各种认识活动并对自己的现状获得认识结果。

自我觉知是指对自己的心理活动和行为的感知和觉察。比如自己能够觉察到自己正赤脚走在沙滩上，沙子漫过脚背产生轻微的痒触和凉爽，这种凉爽和辽远的海面一起令自己产生了舒适、惬意、放松的感受等。能够觉知到自己正在发生的身心变化和感触，就是自我觉知在起作用。

自我评价是指依据一定的标准对自己感知到的自我现状进行判断和评价。比如，当发现自己语文课考试成绩不及格时，会产生“我没能把语文学好”的自我评价。

自我觉知和自我评价是否相对客观，对于自我体验是否适宜、人格是否健全、心理是否健康都会产生相应的影响。我们应该努力在比较客观、全面地自我觉知的基础上，对自己形成一个相对客观、正确的自我评价。

2. 自我体验

自我体验是自我意识在情绪和情感上的体现。它回答的是“我喜欢自己吗”、“我对自己满意吗”等问题。

自我体验是将自己作为情绪和情感活动的对象而产生的对自己的情感。

自我体验是伴随着自我认识而发生的。如果我们对自己的评价是积极的，就会产生自豪、自爱、自尊、自信等积极的自我情感体验；如果我们对自己的评价是消极的，就会产生自卑、自怜、自愧、自怨自艾等消极的自我情感体验。

3. 自我控制

自我控制是指自己对自己的行为进行规划、调整和控制，是自我意识在行动上的体现。它回答的问题是“我要控制自己不发火吗”、“我对自己承诺的按时起床能做得到吗”等。

自我控制包括自我监督、自我激励、自我教育等多种形式，是一个人维持正常的行为模式、遵守社会规范、达到自我目标的重要制约力量。自我控制力强的人对自己的行为有效的协调管理能力，既不会放任自己随意行动，也不会轻易被别人胁迫威吓。

（三）自我意识的内容

我们的自我意识中包含着关于自己的丰富的内容。从服饰相貌、言谈举止到我们的内在感受都包含在内。总的说来，我们的自我意识中包含如下的内容。

1. 生理自我、心理自我和社会自我

生理自我是由意识到自己的生理方面的特征而得到的自我意识，这些生理特征包含我们的相貌、身高、体重、体型、生理健康水平、运动素质等主要取决于我们的生理特征的信息。当然，我们对自己的生理自我的感受和评价是主观的。比如同样身高的两个人，一个觉得自己身高正好，另一个可能嫌弃自己太矮了。

心理自我是由意识到自己的心理方面的特征而得到的自我意识，如对我们的语言习惯、兴趣爱好、性格特征、能力水平、情绪状态等的意识。

社会自我是指由意识到自己的社会属性方面的特征而得到的自我

意识,包含对我们的社会身份、地位、角色、关系、利益格局、宗教信仰、家庭背景、教育状况等的意识。

2. 现实自我、理想自我和投射自我

现实自我是对自己的现状的自我意识。我们对自己当前所拥有的生理、心理、社会特征的总体认识构成了我们的现实自我的主要内容,包括我们现在的身体状况、已经取得的成绩、当下的心态、已经形成的性格和兴趣、正在扮演的社会角色等。

理想自我是基于对现实自我的不满和对自己的发展可能性的估计而构建出的未来自己有可能成为的理想目标。理想自我是我们的现实自我奋斗的动力和航标,指导我们不断地丰富自己所希望拥有的品质、改掉自己不满意的缺点、摆脱自己不喜欢的身份、追求自己所需要的成就等,逐步向理想自我靠近。

投射自我是指我们从别人眼中看到的自己。投射自我使得我们可以从别人对我们的态度、评价、喜爱程度、交往方式来考量别人是如何看待我们的。我们需要吸收别人对我们的看法和态度,作为对自己的现实自我和理想自我的对比、补充和矫正。

(四)自我意识的调控机制——自我概念和自尊

自我意识对人格系统的调控机制是通过自我概念和自尊来实现的。

自我概念是一个动态的心理结构,是由自我图式(自我图式属于社会图式的一种,关于社会图式,本书在第六章第二节有详细讲述,此处不再赘述)对自己的有关记忆信息,如个体的人格特征、动机、价值观、理想自我、预期角色、投射自我等进行加工之后形成的关于自己的概括化的信念模式。自我概念是自我认识的核心系统。个体认为最重要的那些个人特点才能进入自我概念。比如你觉得自己最重要的特征就是"我是个最善良的人","最善良"就是你的自我概念的核心内容。

自尊是在自我概念的基础上获得的自我体验,是个体对自己是否满意的主观情绪感受。自尊作为自我概念大的情感体验后果,会对自我概念反过来也起着影响的作用,影响着自我控制和自我概念。

(五)自我意识的功能

作为人格系统中的自我调控系统,自我意识在个体的人格乃至整个心理的发展中发挥着重要的功能,主要表现在以下3个方面。

1. 保持个体人格的内在一致性

自我意识可以经由具有动力性的自我概念和自尊将人格中的倾向性系统、人格特征系统,以及自我意识的诸多方面的内容组织起来,在动态的调控中维持内在的一致性、稳定性和完整性。

2. 为个体的行为选择和经验解释提供依据

人们的行为选择和经验解释都以维护和发展其个人的自我价值为出发点，也就是说，自我概念和自尊本身会成为我们选择和约束自己行为的标准。同时，在解释自己的经验时，我们会力图将它们解释得与自己的自我图式保持一致，对于不一致的信息我们会采取防御机制来“视而不见”或“曲解”。关于这一点，请大家参考本书第六章中的“自我实现的预言”。

3. 促进自我监控和自我教育

自我意识中的理想自我为自我监控提供了判断标准，也为自我教育提供了方向和目标。因此，良好的自我意识、积极的自我概念和健康的自尊水平，不仅维护我们的人格系统处于完整、稳定的状态，也会引导我们的人格系统向着更为积极健康的水平发展，有利于实现人格的自我塑造。

思考活动

1. 人格具有哪些特征？你能分别为这些特征找到一些经验性的证据吗？

2. 拿一张白纸，写下20个“我是一个________的人”并完成这20个填空。其中，你最核心的人格特点是什么？在这20个填空的答案中，有多少个答案与你的这个核心人格特征是相关联的？

3. 你的理想人格是怎样的？对照这个理想的人格，反观一下：现实人格在哪些方面还存在不足，你打算如何提升这

专题小结

人格是指个体在遗传素质的基础上，通过与后天环境相互作用形成的相对稳定的独特行为或内在行为倾向性，这种独特性反映了个体区别于他人的稳定而统一的心理行为模式。人格具有整体性、独特性、稳定性和社会性等特征。人格系统由个性倾向性系统、人格特征系统和人格的调控系统构成。自我意识是人格的调控系统，它包括自我认识、自我体验和自我控制3种成分，通过自我概念和自尊的动力性将人格系统统合为一个稳定的整体。

专题二 个性倾向性

专题导读

在选择专业的时候，有些人选择学文学，有些人选择学艺术，有些人选择学建筑，有些人选择学工程。为什么不同的人会有不同的专业选择？同样的选择背后，不同的人依据的理由往往也并不一样。这些都是个性倾向性的体现。什么是个性倾向性？个性倾向性包括哪些成分？这些成分各自有何特征和规律？这些问题就是本专题将要讲述的内容。

一、个性倾向性的概述

（一）个性倾向性的含义

个性倾向性是指一个人所具有的相对稳定的意识倾向，是个体选

择和从事某种活动的基本动力系统，它决定着人对客观事物的稳定的态度和行为的方向。简单地说，个性倾向性决定了一个人的行为偏好，也就是他为什么选择做某件事而不做另一件事。

理解个性倾向性的时候，要注意以下几点。

1. 个性倾向性具有动力性

正是因为有了个性倾向性，每个人才会表现出不同的行为选择偏好，并且将自己的选择付诸行动。就如同一个人想通过学习取得好的成绩、别人的夸奖、解决问题的能力，他才会去学习。如果他对学习不感兴趣，对学习所能得到的任何结果也没有兴趣，他是不会心甘情愿地去学习的。

2. 个性倾向性具有相对稳定性

一般而言，我们的心理偏好会持续一定的时间，维持到我们将自己选择的活动进行到最后或者最终放弃为止。当然，个性倾向性的稳定性是相对的，我们在某个时段曾经非常喜欢的活动，以后也可能变得不再喜欢。只有较少的活动是我们一直都非常喜欢而且能够一直坚持喜欢下去的。

3. 个性倾向性与行为的持续时间和活动效率关系密切

一般而言，越是我们兴趣浓厚的活动，我们坚持的时间越长，活动的效果越好，而那些只是有一点好感、不是特别急迫地想去做的事情，就经常被其他更重要更喜爱的事情替代。

（二）个性倾向性的内容

个性倾向性主要包括需要、动机、兴趣、信念等内容。

简单地说，需要是指我们的欲望，想要什么，不想要什么；动机是行为背后的直接推动力，它将需要和行为目标连接起来并发动相应的行为来满足我们的需要；兴趣是对活动对象的喜爱和愿意参与的程度，我们感兴趣的对象才会促使我们去追求；信念是我们相信什么是对的，什么是不对的。信念支撑我们坚定行动。所有这些都为我们的心理和行为提供动力，没有它们的支撑，我们的心理和行为就像没有安装方向盘和发动机的汽车一样，失去了动力、目标和方向。本专题重点给大家讲述个性倾向性中的需要和动机。

二、需要

（一）需要的含义

需要是个体在生活中感到某种欠缺而产生的生理上或心理上的不平衡状态，是个体对内部或外部生活条件的一种稳定的要求，是个体心理和行为的根本动力源泉。

需要建立在个体对自身状态与达到生理或社会平衡的条件之间差距的觉知。比如，人在一整天没有进食时，血液中的血糖浓度会下降到正常值以下，这种生理上的不平衡可以被我们的生理系统觉察并让我们形成饿感，产生对食物的需要。被一个数学题目困扰很久的人会产生求教的需要，被关押的人会产生对自由的需要等。我们几乎每时每刻都被各种各样的需要包绕着，催促我们去寻找合适的活动来满足这些需要。

需要会变化。一种需要一旦得到满足，它的动力强度可能会变弱，而其他的需要可能会相对变强，于是我们活动目标转而变成另一种活动。比如我们非常饿的时候，会放下手头的工作先去吃饭，吃饱不饿了，就会放下饭碗去做当下最需要做的事情。

可见，需要是我们每一项行为背后的最终动力，推动我们去维持我们生理上的平衡、完成社会赋予我们的各项任务和要求。

（二）需要的种类

需要可以按照不同的起源和满足物的特点分为两组 4 类。

1. 生物性需要和社会性需要

根据需要产生的起源，可以把需要分为生物性需要和社会性需要。

生物性需要是指个体为了维持生理的平衡而产生的需要，是作为一个生物体自然而然会生成的需要，比如对食物、水、睡眠、运动、配偶、排泄、子嗣等的需要，又称自然需要，是维持生命、延续后代的重要力量。

社会性需要是指个体为了顺应社会生活的要求、维持正常的社会生活、推动社会发展而产生的需要，比如对朋友、爱、身份、角色、地位、金钱、成就、知识、美德等的需要。社会性需要是人类所特有的需要。

生物性需要虽然是人和动物所共有的需要类型，但是人类的生物性需要与动物的生物性需要从内容到满足方式都有着本质的区别，人类满足自己的生物性需要也必须符合人类的社会规则。比如吃饭，人类为此发展出的美食文化、烹饪技能、餐具艺术、宴客礼仪、餐饮服务与管理、酒桌辞令、饮食保健等，都是我们满足自己对吃的需要时根据不同的场合不得不学习和适应的社会要求。可见，人类的生物性需要的满足是很难离开社会性需要的满足而单独存在的。

2. 物质需要和精神需要

根据满足需要的目标物的性质，可以把需要分为物质需要和精神需要。

物质需要是指那些对物质对象的需要。很多需要的满足是离不开相应的物质的。比如饿了的时候，画饼无法充饥，必须吃到饭菜才能填饱肚子。比如工作和学习,也离不开相应的场地和工具等。

精神需要是指那些对社会精神生活和精神产品的需要,如对知识、艺术品、书籍、社会信息、交友、聚会、自尊、成就、名誉、身份地位等的需要。

物质需要与精神需要的划分不是绝对的,需要的满足往往同时需要物质对象和精神对象的具备,物质对象往往同时也负载着精神因素。比如住房,大家都想住宽大舒适美观一些的房子,房子这种物质对象里面一定也少不了对自尊、身份显示、审美品位等的精神对象的需要。当然,物质需要和精神需要也并不总是一致的。富足的物质生活条件并不能完全满足人的精神需要,而丰富的精神需要也并不总是需要良好的物质条件才能满足。这和每个人自身的信念与价值观有着复杂的内在联系。

(三)需要的结构

人本主义心理学家马斯洛(A. H. Maslow,1908—1970 年)的需要层次理论是心理学关于需要结构的理论中影响最为广泛的一种理论。

马斯洛认为,需要是人活动的根本动力,要理解人类的行为就应该从理解人类的需要着手。尽管具体说来人类的需要可以有几百上千种,但是其中最基本的需要却只有5 种,它们分别是:生理的需要、安全的需要、归属与爱的需要、尊重的需要和自我实现的需要。这 5 种需要按照它们发生的先后可以从下到上构成一个金字塔形的结构(图 5-1)。而且这 5 种基本需要之间的关系是:下一级的需要比上一级的需要更具有优先满足的力量,上一级的需要必须在下一级的需要得到相对满足之后才能够产生。个体的基本需要就是这样一级一级地发展起来的。

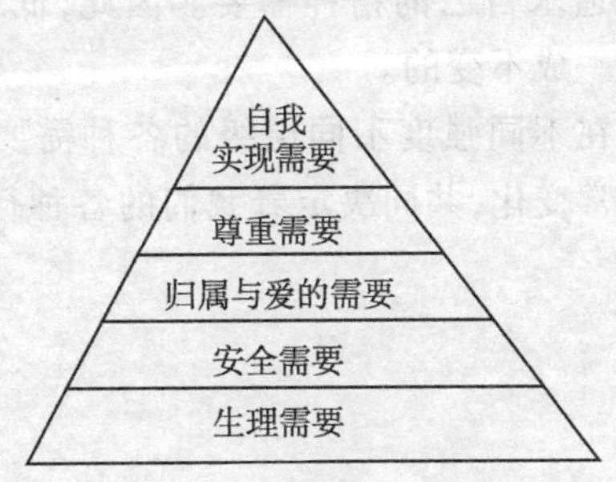

图 5-1 人类需要的层次

生理的需要是人对食物、空气、水、睡眠、性等的需要。它是人们所有的需要中发生最早、最重要,也是最有力量的需要,决定着个体的生存与否。一般而言,当我们的生理需要得不到合理满足的时候,其他的需要无论原来多么重要，都会自动让位于生理需要。在命悬一线的时刻，大多数人会发现自己原来最看重的名利早被抛到了九霄云外。

安全的需要是指人们对稳定、安全、受保护、有秩序、免于恐惧和伤害的需要。比如良好的社会治安环境、稳定的住房和工作、安全的食品和药品、安全的交通等，缺乏这些安全保障，个体会陷于持续的担忧和焦虑，影响到生活的方方面面。当生理的需要得到一定的满足时人们就会产生安全的需要。

归属与爱的需要是指人们希望与其他人建立感情联系或人际关系。我们都需要朋友、跟家人和睦相处、加入一个团体或者在团体中受到大家的认同，这就是归属与爱的需要。当生理需要和安全需要能够得到一定的满足之后，人们就会产生归属与爱的需要。

尊重的需要包含两重意思，一是自尊的需要；二是被别人尊重的需要。人们需要认同自己的能力、品质、价值等，自己相信自己是一个有尊严有价值的人。同时，人们也要得到其他人的尊重和认可，成为别人的眼中有能力有品格值得敬重的人。

自我实现的需要是指人们追求实现自己的潜能，并使之得到丰富和完善。在马斯洛看来，一个产生自我实现的需要并使之得到满足的人，也是人格最为健全的人。他们“有自知之明，能理解自己，在社会中反应灵敏，有创造性，自然优雅，愿意接受新事物和挑战”。

不难发现，越是位于金字塔底部的低级的需要，越是与我们的生理需要联系紧密；越是位于金字塔顶部的高级的需要，越是与我们的社会需要和精神需要联系紧密。马斯洛认为，虽然一般而言，低级需要要优先得到满足，才能产生高级的需要，但是，对于极少数为了实现理想或维护自己的信仰而不惜牺牲一切的人而言，高级需要一旦产生并坚定起来，就可以超越低级需要的力量而成为个人最核心的需要，他们可能宁愿忍受贫寒也会追求自己的精神需要。因此，低级需要和高级需要之间的关系并不是一成不变的。

我们时刻都处在不同强度不同层级的各种需要的促进之下，这些需要的相对力量常常变化，共同决定着我们的各种行为的发生、变化和更替。

三、动机

（一）动机的含义

动机是指直接推动一个人的行为的内部动力。

需要只是一种不平衡导致的欲求状态，如果没有合适的能够满足这种需要的目标（诱因）出现，这种欲求状态也就仅仅是一种内在的紧张与焦虑体验，而不会发动具体的行为。因此，需要虽然是行动的原动力，但直接引发行为的内部动力则是在需要基础上产生的动机。比如一个人感到饿了，产生了吃食物的需要。但是，如果没有可吃的食物，即使产生吃食物的动机，吃的行为也是不会发生的。因此，动机的产生是内部的需要与外部的诱因共同作用的结果。人的生理需要促发生理性动机的产生，人的社会需要促发社会性动机的产生。

（二）动机的作用

动机对行为的作用可以总结为如下 3 个方面。

1. 激活功能

动机是个体发起某种行为的直接动力，这种激活功能使得个体从安静的状态转变到兴奋活动的状态。比如一个学生听了科学家的报告之后产生了努力学习科学文化知识的动机，他可能会发起一系列新的学习行为：订阅科学杂志、提前半小时起床学习科技英语、参加科学兴趣小组等。

2. 定向功能

动机为人们的行为选择合适的目标，而不是无的放矢。比如，学习动机强的人会更多地去图书馆、教室、实验室；而娱乐动机强的人会更多地去公园、游乐场、歌舞厅。同样是学习和阅读，为了考高分而学习的人会更多地购买练习册、试题集、教学辅导书；而为了掌握更多知识的人可能会更多地购买课外书籍、科学杂志等。

3. 维持和调节功能

动机帮助个体将活动维持到底，并在活动过程中根据需要调整自己的行为，以达到最终的活动目标。动机给个体的行为注入了坚持下去的力量。即使是面对不很有利的情景，动机强的个体也会坚持更久的时间，并灵活地调整自己的行为不因外力的干扰而改变目标方向。比如学习动机强的学生专心听讲的时间更长，一旦出现走神或噪声干扰，会很快加强自我提醒，保证自己的精力迅速回到教师的讲授上来。

（三）动机与行为效率

我们通常认为动机强度越高，行为的效果就越好，但是在实际生活中，动机与行为效果之间的关系不像我们想象的那么简单，而是因受到其他因素的复杂影响而呈现出复杂的关系。

1. 动机与行为选择

动机与行为选择之间不是简单对应的关系。同样的动机，可能引发出的是不同的行为，比如同样是为了锻炼身体，有的人去游泳，有的人练太极拳，有的人爬山。反之，同一种行为也可以有不同的动机。比如有的同学努力学习是为了得到高分和表扬，有的同学则是为了让父母开心，有的同学是为了增加见闻，有的同学是为了提高解决问题的能力。

2. 动机与行为后果

尽管一般而言，动机和行为后果是一致的，但是，有良好的动机未必总能够获得良好的行为后果，动机只是获得良好后果的许多个因素中的一个，不能代替其他因素而单独决定行为的后果。比如我们生活中的好心办坏事的现象，就是很典型的例子。

3. 动机与行为效率

心理学家耶基斯和多德森的研究表明，对于一项具体的活动而言，动机与行为效率之间不是线性的关系，而是倒 U 形关系，而且达成最高的行为效率的最适宜的动机水平会因任务难度的不同而不同。这就是著名的耶基斯—多德森法则定律（图 5－2）。

从图 5－2 中可知，对于容易的任务而言，最适宜的动机强度比较高，这类活动没有太大难度，个体越是热切地想做好，就越能够做好。而中等难度的任务，则需要中等强度的动机水平才最有益于能力的发挥，动机强度太弱和太强都不利于活动的顺利进行。而高难度的任务则要适当降低动机强度，保持在平静轻松的状态下，不被急于求成的愿望所干扰，才能让个体集中精力发挥出最佳的能力水平。因此我们在平时的生活和工作中，需要根据任务的难度主动调节自己的动机强度，斗志昂扬、志在必得的心态并不是对所有的任务都能起到提高活动效率的作用。

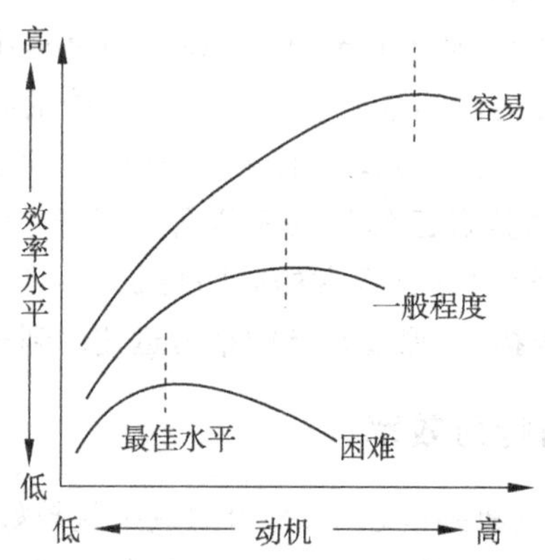

图 5－2　耶基斯—多德森法则定律

（四）几种主要的动机理论简介

1. 强化理论

斯金纳（B. F. Skinner）等联结派心理学家提出行为学习的强化理

论:认为强化是建立或改变行为的关键。他们也用强化论来解释动机的建立和改变。动机的强化理论认为,动机是经由强化而建立或消退的。所谓强化就是指由于一些结果性的刺激的存在而使得某种行为反应发生的概率得到提高的过程,其中的结果性刺激称为强化物。强化是我们学习的主要机制之一。动机与其他的行为一样,可以经由过去被强化的历史经验而得以建立、加强,或者消退、减弱。

比如,当父母问我们为什么那么喜欢读书时,我们告诉父母因为自己喜欢书里描述的各种各样的事物或者现象,扩大了我们的眼界,增长了我们的知识。这样的动机常常会得到父母的嘉许和赞赏而被强化,这种求知欲的学习动机也因而更加长久。相反,如果父母发现我们一放下饭碗就开始读书,是因为这样就可以不用洗碗,大概会觉得我们太自私而批评我们,这种逃避洗碗的动机可能会因为遭到批评而被削弱。

强化理论提醒我们,行为的动机和行为一样,也是可以经由外部结果的强化作用而建立或削弱的。因此,我们的庞大的内部动机系统与外在的强化物系统之间有着密切的联系,在现实生活中,我们也可以经由控制外在的强化机制而影响个体内在的动机系统,这在社会的管理和教育工作中有着重要的意义。

2. 自我效能理论

自我效能理论是社会学习理论的创始人班杜拉(A. Bandura)提出的。这一理论认为:人类的行为不仅受到外部强化的影响,也受到通过个体的认知因素而形成的对结果和自身能力的预期的影响。个体对于自己能够进行某一行为的实施能力的主观预期叫做自我效能感。如果个体对活动结果和自身能力的预期较高,他更有可能产生发动该行为的动机;如果这种主观预期比较低,他的行为动机则会减弱。

比如我们接到一个流行歌曲歌唱比赛的参赛报名通知,是不是去参加这个比赛呢?这将主要取决于我们对自己唱流行歌曲的能力高低的自我评价。如果我们认为自己是个流行歌曲演唱高手,可能我们会信心满怀地去报名,热切地练习和准备,干劲十足、志在必得。如果我们自认为自己擅长的不是流行歌曲而是民歌,那我们可能就放弃这次比赛了。

班杜拉认为,个体的自我效能感的形成可能受到以下 4 种因素的影响,一是自身过往在该行为上的成败经验;二是他人在同类行为上的成败经验;三是言语的劝说或引导;四是情绪状态。从这 4 种影响自我效能感的因素中我们会发现,自我效能感理论实际上将个体自己的强化经验、类似榜样的强化经验、理性或非理性的扰动因素都考虑进来,说明我们的行为动机是会受到来自自己和别人、过去和当前、理性和非理性的诸多因素的广泛影响的。当然,这也给我们加强或调整自己的动机水平提供了广泛的途径和策略。

3. 期望—价值理论

弗鲁姆(V. H. Vroom)提出动机的期望—价值理论。该理论认为，个体从事某种行为的动机强度由两种力量决定:期望和价值。期望是指个体对于自己能否成功完成该任务的概率的主观估计,对于个体越是觉得容易的任务,其期望值越高;越是困难的任务,其期望值越低。价值是指个体对所从事的行为如果成功能够为自己带来多大利益的主观估计,一件事情能为自己带来的利益越是被个体认为重要、不可替代,那么这件事情的价值就越高;如果这件事情带来的利益被个体认为是不大的,那么它的价值就低。

在期望—价值理论看来,某种行为的动机强度是其期望值与价值之乘积,即动机 = 期望值 × 价值。因此可以发现,如果一件事情的期望值很高,价值也大,个体从事这件事情的动机水平是会非常高的。而如果某行为价值虽大然而实现的可能性非常低,或者虽然很容易实现但是价值不大,个体的动机水平都不会很高。

有趣的是,人们在估计一件事情的价值时,常常受到期望值的影响。越是容易达成的目标,其心理价值越是会被低估;越是难以达成的目标,其心理价值越是会被高估。这种期望值与价值成反比的状况往往导致人们更倾向于选择成功概率居中的任务,而不是更容易或更难的任务。

期望—价值理论使得我们在考虑个体的动机水平时将个体对任务主观难度的评价与任务带来的价值同时考虑,这在动机激励工作中是有价值的。人们在激励别人或自己做一件事情的时候,常常容易想到去强调这件事情的价值、未来的好处或利益,而忽视当事人对任务难度的评估,这样的激励往往达不到预期的效果。

4. 成就动机理论

成就动机是一种重要的社会性动机,它是指人们在完成任务中力求获得成功的内部动机,也就是人们在追求自认为重要的、有价值的活动目标时乐意去做并努力达到完美状态的内部推动力量。

成就动机高的个体常常具有如下的特征:首先是喜欢选择中等难度的有适度挑战性的任务并全力以赴获取成功;二是目标明确并抱着对成功的期望去完成任务;三是精力充沛、求新求异;四是选择合作伙伴时以能力为首要条件,而不是以关系的亲疏为首要条件。

阿特金森(J. W. Atkinson)和麦克里兰(D. McClelland)将个体的自我效能感、目标对象的价值、经验或习惯的强度等诸多因素综合起来,提出了颇具特色的成就动机理论。该理论认为:个体的成就动机由追求成功的动机和逃避失败的动机两种成分共同构成。前者表现为对成功的向往和追求,激发趋向目标的行为。后者表现为对预料中的失败结果的逃避。在个体面临一种任务时，这两种倾向同时起作用，一方面受到成功的吸引想去尝试；另一方面也受到失败的威胁想要放弃。如果双方力量相当个体会陷入心理冲突无法决策，而如果成功倾向占上风，则会促使人积极投入到任务中去；反之，如果逃避失败倾向占上风，会令人在完成任务时处于一种紧张恐惧之中，容易导致放弃和退缩。

试验研究的结果表明：以追求成功倾向为主要成就动机成分的人与以逃避失败倾向为主要成就动机成分的人，在行为表现中有不少差异。这些差异主要表现在3个方面：一是选择的任务难度方面；二是面对任务的坚持性方面；三是面对成功和失败的结果的感受和行为表现方面。比如，以追求成功倾向为主要成就动机成分的人更倾向于选择难度中等的任务，而且坚持的时间更长，他们对成功的结果非常敏感，成功能够激发更高的成就动机，而失败的结果对他们的消极影响并不大；而以逃避失败倾向为主要成就动机成分的人则更容易选择难度偏高或偏低的任务。这是因为他们对失败的结果更为敏感，失败给他们带来更沉重的打击，因此在选择任务时就会预设对结果的控制和解释。选择偏易的任务可以很容易地避免失败，而选择很难的任务在面临失败时容易为自己的失败找好借口以避免主观上的挫折感。这类个体容易在成功时沾沾自喜，而在失败时垂头丧气。

也有研究发现，成就动机水平与个体的抱负水平有关，也有一定的性别差异。抱负水平是指个体在完成任务之前对自己可能达到的成就水平的主观估计，一般而言，抱负水平高的人，其成就动机水平也会较高，耐挫折的能力也会较强。成就动机水平的性别差异主要体现在男性的成就动机水平通常比女性要高，而且其追求成功的倾向比女性更强，逃避失败的倾向比女性更弱。当然也有研究认为，女性可能因为文化的影响而形成一种逃避成功的倾向——对成功的回避倾向，使得女性在工作和学习中既不愿意做最优秀的，也不愿意做最差的，保持在居中的水平上似乎会让她们更有安全感。我们也不难看出，如果文化对女性的角色有了新的诠释和接纳，这种逃避成功的“女性特征”可能不复存在。

思考活动

1. 按照马斯洛的需要层次理论，分析自己的主导需要已经达到了哪一个层级，思考这种主导需要对自己的生活产生了哪些影响。

2. 对照动机理论，分析自己阅读本书的动机。这些动机是怎样产生的？其产生过程符合动机理论的观点吗？

扩展阅读

工作动机理论

工作动机是最有效能、最为复杂的社会性动机之一，是一种使个体努力工作、高质量创新并不断完善自己的工作的动机。

工作动机理论基于不同的人性观，它涉及一个问题：人为什么工作。回答这个问题有4个理论——X理论、Y理论、V理论和Z理论。X理论认为人之所以工作是为了钱。个人的工作动机来自物质利益的驱动,并且常常被外来的刺激所吸引,因此薪酬、福利待遇等是激励工作动机的最有力的工具。Y理论认为人是负责任、有创造力的个体。人之所以工作是不是因为外在的物质刺激,而是出于一种要将工作做好的内在责任。根据这种观点,在工作激励中不应将物质刺激的吸引力放在第一位,而应该将创造一个自由的工作环境,让工作者充分发挥他们的创造力、满足他们内在的工作的需要放在最重要的位置上,让他们充分享受工作的过程带来的内在的愉悦感。V理论认为,个体的工作动机水平依赖于他们为实现自身价值观而付出的努力,有雄心的人个人价值观比较重,而且会在工作中努力寻找机会证明和实现自己的个人价值。因此管理中最重要的事情是为个体提供自由选择的机会和自我发挥的成长空间,重视个体的价值取向,尊重个体的选择和努力。Z理论则认为个体是一个社会人,需要与自己的团队保持一致以获得最高的归属感和奉献感。当个体的价值感与组织的目标协调一致时,个体的工作动机、士气和忠诚度都会得到提高。

工作动机来自不同工作需要的驱动,不管人们的工作动机是来自什么需要,它总是人们不辞辛苦地勤奋工作的强大动力。人们为了生存,为了证明自身的价值,为了使自己更成熟,甚至为了寻求一种乐趣,而努力做着各种各样的工作,因此工作是每一个人一生的事业。

资料来源:张厚粲. 心理学[M]. 天津:南开大学出版社,2002.

专题小结

个性倾向性是指一个人所具有的相对稳定的意识倾向,是个体选择和从事某种活动的基本动力系统,它决定着人对客观事物的稳定的态度和行为的方向。个体的个性倾向性主要包括需要、动机、兴趣、爱好、信念等。需要是个体在生活中感到某种欠缺而产生的生理上或心理上的不平衡状态,是个体对内部或外部生活条件的一种稳定的要求,是个体心理和行为的根本动力源泉。马斯洛的需要层次理论认为人的5种基本需要——生理需要、安全需要、归属与爱的需要、尊重的需要和自我实现的需要可以构成一个逐级生成发展的金字塔结构。动机是需要在诱因的激发下生成的直接推动行为的内部动力。动机与行为之间有着复杂的关系,其与行为效率之间的关系受到任务难度的影响。主要的动机理论有强化论、自我效能感理论、期望—价值理论和成就动机理论,这些理论从不同的方面解释了影响动机水平的因素及其相互关系。

专题三 气质和性格

专题导读

我们每个人都有自己的脾气，比如，有的人是急性子，有的人是慢性子，有的人是倔脾气等。这种秉性上的差异在心理学中称之为气质。我们每个人也都有自己的性格，有的人热情开朗，有的人细致严谨，有的人从容淡泊，有的人稳重端庄。气质和性格体现了人与人之间稳定的差异，这就是我们常说的个性心理特征。那么，到底什么是气质？什么是性格？人与人之间在气质和性格方面的差异究竟体现在哪些方面？我们可以用怎样的方法来描绘不同的气质类型和性格类型，以增进人们对自己的个性差异的了解呢？这些问题就是本专题要讲述的内容。

一、气质

心理学中所讲的气质与生活中常说的气质一词有不同的含义。生活中我们说一个人气质好，主要指的是他的修养气度、谈吐风貌等方面表现出来的综合素养，而心理学中所说的气质则与生活中所讲的脾气、秉性相近。

（一）气质的含义

气质是指人的心理活动的动力特征，包括心理活动的速度、强度、敏捷性、灵活性和指向性等方面的特点。比如我们说的急性子，就是指他的心理行为反应很快，强度比较大。我们说一个人外向，是指他的心理活动容易指向外部的刺激。我们说一个人呆板，是说他的心理和行为反应的敏捷性和灵活性比较差。这些心理活动的动力特征主要受到个人先天的神经系统活动的类型差异的影响，仅仅反映一个人在行为反应形式上的特征，与他的行为反应的社会意义、人品的高下、地位的高低等都没有必然的关系。气质是个体的人格形成的原始基础，它本身没有好坏之分，也不直接决定个人的社会成就和社会身份。

（二）气质理论

心理学家多从生物因素来解释气质的由来。有关气质的理论主要有体液说、体型说和高级神经系统活动学说等。

1. 体液说

体液说是古希腊名医希波克拉底最早总结提出的，并由古罗马医生盖伦发展成气质的体液说。体液论认为个体的气质差异主要由他体内的体液类型比例决定。人的身体里有 4 种体液，分别是来自心脏的血液、来自脑的黏液、来自肝脏的黄胆汁和来自胃的黑胆汁。不同人体内这 4 种体液的混合比例不同，就表现出不同的气质类型特征。

在所有的气质类型中,有4种类型的气质特征是最典型的,它们分别是胆汁质、多血质、黏液质和抑郁质。这4种典型气质类型分别有着自己在生理、心理以及行为方面的典型的类型特点。现代心理学虽然并不认同该理论的解释,但是对于他们提出的4种典型气质类型的名称依然沿用下来。

2. 体型说

体型说来自德国精神病学家克瑞其米尔的临床观察。他发现人的气质与体型有关,而且身体结构与可能罹患的精神疾病的类型有关。肥胖型的人感情丰富善交际、乐观,容易患躁狂抑郁症;瘦长型的人内向沉默,易患精神分裂症;强壮型的人比较固执认真,较易患癫痫症。这种将体型与气质和精神疾患对应起来的理论相对比较简单。

3. 高级神经系统活动学说

巴甫洛夫认为人的气质类型与其高级神经系统活动的类型特征有关。他认为人的大脑皮质的神经过程有3个基本特征:强度、灵活性和平衡性。强度是指神经系统持续工作的能力,灵活性是神经系统的兴奋过程与抑制过程相互转化的速率,平衡性是神经系统的兴奋过程与抑制过程之间的相对关系。

根据这3种基本特征的组合方式,可以发现4种基本的气质类型以及其对应的行为风格方面的特征如下:

兴奋性:又称不可遏止型,对应于体液说中的胆汁质,其高级神经系统活动的类型特点是强—不平衡型。

活泼型:对应于多血质,其高级神经系统活动的类型特点是强—平衡—灵活型。

安静型:对应于黏液质,其高级神经系统活动的类型特点是强—平衡—不灵活型。

抑制型:对应于抑郁质,其高级神经系统活动的类型特点是弱型。

(三)气质类型

现代心理学对气质类型的研究表明,个体的高级神经系统活动的强度、灵活性和平衡性等3种类型特征在气质的行为层面上分别表现为以下的特征。

强度特征主要表现为感受性和耐受性。感受性是指人对外界刺激的感受能力,也可以是敏感的,可以是不敏感的。耐受性是指人对外界刺激在时空上的耐受能力,可以是高耐受的,也可以是低耐受的。

灵活性特征主要表现在反应敏捷性、可塑性和情绪兴奋性上。敏捷性是指心理反应的速度。可塑性是指根据外界变化改变自身行为以适应环境的难易程度。情绪兴奋性表现为对微弱刺激产生情绪反应的速度。

平衡性特征主要表现为心理和行为的指向性。心理、语言与活动指向于外的人其兴奋过程较抑制过程强，指向于内的表现为抑制过程较兴奋过程强。

因此，可以根据上述6项心理行为层面的指标，结合高级神经系统活动的类型特征，将个体的气质类型中的4种典型的气质类型的特点归纳如下：

胆汁质：强—不平衡型，感受性低—耐受性高—反应敏捷性高—可塑性强—情绪兴奋性高—高外向性，其行为的主要特征是急躁、热情、兴奋性高、攻击性强、情绪外露。典型人物如《水浒传》里的黑旋风李逵等。

多血质：强—平衡—灵活型，感受性低—耐受性高—反应敏捷性高—可塑性强—情绪兴奋性高—较高外向性。其行为特征是活泼好动、灵活、善交际、容易接受新鲜事物。典型人物如《红楼梦》里的王熙凤等。

黏液质：强—平衡—不灵活性，感受性低—耐受性高—反应敏捷性低—可塑性弱—情绪兴奋性低—较内向。其行为特征是稳重、安静、迟缓、节制、不善交际。典型人物如《水浒传》里的林冲等。

抑郁质：弱型，感受性高—耐受性低—反应敏捷性低—可塑性弱—情绪兴奋性高—内向。其行为特征是孤僻、退缩、敏感、情绪体验深刻持久、多愁善感。典型人物如《红楼梦》里的林黛玉等。

事实上，大多数人的气质类型并不是上述4种典型气质类型中的一种，而是多种典型气质类型的混合型。下面的气质类型测试可以帮助你了解自己的气质类型。

气质类型测试

下面有60个题目，可以帮助你了解自己的气质类型。回答的要求是：①回答下列问题必须实事求是，并尽快完成，不要在一个题目上停留太长时间；②每个题目都必须作答，不要漏答；③对于每一个题目中描述的现象，如果很符合你的情况，就记2分，比较符合记1分，不能确定记0分，不太符合记-1分，很不符合记-2分。

1. 做事力求稳妥，不做无把握的事。
2. 遇到可气的事就怒不可遏，想把心里话全说出来才痛快。
3. 宁肯一个人干事，不愿很多人在一起。
4. 到一个新环境很快就能适应。
5. 厌恶那些强烈的刺激，如尖叫、噪声、危险镜头等。
6. 和人争吵时，总是先发制人，喜欢挑衅。
7. 喜欢安静的环境。
8. 善于和人交往。
9. 羡慕那些善于克制自己感情的人。

10. 生活有规律，很少违反作息制度。
11. 在多数情况下情绪是乐观的。
12. 碰到陌生人觉得很拘束。
13. 遇到令人气愤的事能很好地自我克制。
14. 做事总是有旺盛的精力。
15. 遇到问题常常举棋不定，优柔寡断。
16. 在人群中从不觉得过分拘束。
17. 情绪高昂时觉得干什么都有趣，情绪低落时又觉得什么都没有意思。
18. 当注意力集中于某一事物时，别的事情很难令我分心。
19. 理解问题总比别人快。
20. 碰到危险情境，常有一种极度恐怖感。
21. 对学习、工作和事业怀有很高的热情。
22. 能够长时间做枯燥、单调的工作。
23. 对符合兴趣的事情，干起来劲头十足，否则就觉得没有意思。
24. 一点小事就能引起情绪波动。
25. 讨厌做那些需要耐心、细致的工作。
26. 与人交往不卑不亢。
27. 喜欢参加剧烈的活动。
28. 爱看感情细腻、描写人物内心活动的文学作品。
29. 工作学习时间长了，会感到厌倦。
30. 不喜欢长时间谈论一个问题，而愿意实际动手干。
31. 宁愿侃侃而谈，不愿窃窃私语。
32. 别人说我总是闷闷不乐。
33. 理解问题比别人慢些。
34. 疲倦时只要经短暂休息就能精神抖擞起来，重新投入工作。
35. 心里有话宁愿自己想，不愿说出来。
36. 认准一个目标就希望尽快实现，不达目标，誓不罢休。
37. 学习或工作同样一段时间后，常比别人更疲倦。
38. 做事有些莽撞，常常不考虑后果。
39. 老师讲授新知识时，总希望讲慢些，多重复几遍。
40. 能够很快地忘记那些不愉快的事情。
41. 做作业或完成一件工作总比别人花的时间多。
42. 喜欢运动量大的体育活动或各种文艺活动。
43. 不能很快地把注意力从一件事情转到另一件事情。
44. 接受一个任务后，就希望迅速解决它。
45. 认为墨守成规比冒风险强些。
46. 能够同时注意几件事物。

47. 当我烦闷的时候,别人很难使我高兴起来。
48. 爱看情节起伏跌宕、激动人心的小说。
49. 对工作抱着认真严谨、始终一贯的态度。
50. 和周围人的关系总是相处不好。
51. 喜欢复习学过的知识,重复做已经掌握的工作。
52. 喜欢做变化大、花样多的工作。
53. 小时候会背的诗歌,我似乎比别人记得清楚。
54. 别人说我"出语伤人",可我并不觉得是这样。
55. 在体育活动中,常因反应慢而落后。
56. 反应敏捷,头脑机智。
57. 喜欢有条理而不很麻烦的工作。
58. 兴奋的事常使我失眠。
59. 老师讲新概念常常听不懂,但是弄清楚后就很难忘记。
60. 假如工作枯燥无味,马上就会情绪低落。

确定自己气质类型的方法是:将表5-1中各行中的题号对应的分数相加,得到各行的总分。

表5-1 统 计 表

气质类型	题 号	总分
胆汁质(A)	2,6,9,14,17,21,27,31,36,38,42,48,50,54,58	
多血质(B)	4,8,11,16,19,23,25,29,34,40,44,46,52,56,60	
黏液质(C)	1,7,10,13,18,22,26,30,33,39,43,45,49,55,57	
抑郁质(D)	3,5,12,15,20,24,28,32,35,37,41,47,51,53,59	

说明:如果某一行,如胆汁质(A)栏总分超过20,并明显高于其余3栏,那么就是典型的该类气质(如胆汁质)。其余类推。如果某栏总分在10~20之间,并高于其余3栏,则为一般的该类气质。如果两栏得分相近,并明显高于另外两栏,则为该两种气质的混合型。如果某3栏总分接近,并明显高于另一栏,则为该3种气质类型的混合型。如果4栏分数都不高而且接近,则为4种气质的混合型。多数人的气质是一般型或两种气质类型的混合型,典型的气质类型和3种或4种气质的混合型是较少的。

(四)了解气质的意义

了解自己和别人气质的类型和特点,可以帮助我们自觉地扬长避短,和谐与他人的关系。虽然我们说每种气质类型都有各自的特点,这些特点也没有绝对的好坏之分。但是这并不意味着我们的气质特点对我们的生活和工作不发生影响。事实上,作为与我们的高级神经系统活动特征密切相关的气质,是我们的人格中最为稳定的特征,在我们生活的方方面面都表现出较高的稳定性。因此,它更需要我们在清晰地知晓自己和别人的气质特点的前提下,自觉地发挥我们的气质特点在特定情景或职业生涯中的长处,尽量避免因气质方面的原因而造成的冲突。

比如,我们如果知道自己是个胆汁质的人,就要有意识地提醒自己有容易冲动、爱发脾气、攻击性强的特点,在待人接物时尽量控制自己少发脾气,减少人际冲突与对立。而不能抱着自己反正就这个气质,就这个脾气,不发脾气就不是我了的态度,由着自己的性子乱发脾气。尤其当对方是一个抑郁质的人的时候,可能发一次脾气就伤害到彼此的关系,而且给对方带来长远的阴影。

同时,从职业发展的角度来看,我们也应尽量选择与自己的气质相适宜的职业,这样更容易适应职业的要求。比如自己是个抑郁质的人,却选择做公关接待,可能就不是最佳选择。而一个多血质或胆汁质的人也不太适合去做图书整理一类的工作。不过,职业选择对气质的依赖是相对的,如果我们的性格特征中有高度负责任的特点,无论属于哪一种气质类型都可以把工作做好。因为性格才是人格中最核心的力量,能在一定程度上约束气质特征的表达。

二、性格

播种行为,收获习惯;播种习惯,收获性格;播种性格,收获命运。可见性格对于我们的生活是多么重要。从人格的角度来看也是这样,性格是我们人格的核心,即便是主要取决于我们的生理因素的气质特征,也会受到性格的影响而在需要的时候表现出与平常不一样的风格。

(一) 性格的含义

性格是指个人对现实的稳定的态度和与之相适应的习惯化了的行为倾向的总和。理解性格的含义,需要注意以下几点。

首先,性格中最核心的是对现实的稳定的态度,行为倾向是这些稳定的态度的外化,有什么样的态度就会形成什么样的相应的行为方式。由于态度是内在的,而行为方式是可见的外在风格,因此,我们很容易关注到性格中行为倾向方面的个体差异,而不容易觉察到性格中核心的态度成分的重要性。比如张三勤快,李四懒散等。而实际上,这种勤快和懒散正是由于个体对于工作或者劳动有不同的态度,才在行为层面上表现为勤快或者懒散的。

其次,态度与行为风格是相应一致的。所谓稳定的态度是指那些已经被个体接受成为长久指导他的生活、工作、学习等方方面面的比较核心的价值倾向。这种核心的稳定的价值倾向自然会推动个体形成相应的行为习惯。一个认同“人不为己,天诛地灭”的价值观的人,也会在任何时间一切事情上表现出无论怎么掩饰终究是自私自利的行为风格,比如狡诈、伪善、虚夸、算计等;一个"大公无私"的人也同样会在任何时间一切事情上表现出"先天下之忧而忧,后天下之乐而乐"的行为风格,比如宽厚、谦让、忍辱、担当等。从中我们也可以看到,性格的形成主要受后天环境和教育的影响,这是它和气质不同的地方。

最后,由于性格是以稳定的态度为核心建构起来的个性特征,那么态度在不同场合不同情境不同对象上显示出来的差异性和复杂性,也导致了性格的复杂性。了解一个人的气质相对较容易,因为气质特征的跨情境性较高。而了解一个人的性格则相对较难,因为性格围绕着最核心的价值观而在外化为行为风格时会因时机的不同而显示出不同的特点。因此我们常说:路遥知马力,日久见人心。了解人的性格要放在长远的时空范围内来综合、全面地进行考察。

(二)性格与气质的关系

性格与气质之间既有区别又有联系。

性格与气质之间的区别主要表现在这样几个方面:首先,气质反映的主要是人格中先天因素所决定的心理和行为的动力特征,而性格主要是接受后天环境因素影响而决定的现实特征;其次,气质没有好坏之分,性格则有道德评价的意味;再次,气质的可塑性比性格低;最后,气质在个体成长史上形成和表现的时间都比较早,个人的气质特征在新生儿期就有显现,而性格一般到青年期才较为稳定。

性格与气质的联系体现在这样几个方面:首先,气质是性格形成的基础之一,影响性格的发展和形成。比如,胆汁质的人比抑郁质的人更容易养成果敢的性格特征。其次,气质使性格染上了特殊的风采。比如,同样是乐于助人,胆汁质的人常常表现为两肋插刀,而抑郁质的人则表现为陪你流泪。最后,性格对气质有统领和改造的力量。如果一个多血质的人已经从事着图书编目的工作,虽然这个过于孤独和安静的工作对于活泼好动的多血质的人并不是最适宜的,但是如果此人已经养成了爱劳动、为工作尽责的性格特征,那么,至少在工作的时候,他会表现得像一个黏液质的人一样专注而稳重地工作。

(三)性格特征分析

我们可以从4个方面来分析性格的特征。

1. 性格的态度特征

性格的态度特征主要指一个人对于现实生活各个方面的稳定的态度倾向,主要表现在以下几个方面。一是对社会和集体的态度,比如有没有集体荣誉感,对社会和集体是热情关注还是事不关己、漠不关心,是热心参与和承担社会义务还是逃避责任不尽义务;二是对劳动和学习的态度，比如是认真还是马虎，是创新还是守旧，是勤劳还是懒惰等；三是对他人的态度，比如是善良关怀还是虚伪冷酷等；四是对自己的态度，比如是自信还是自卑，是自立还是依赖，是谦虚还是骄傲，是自尊还是自弃等。

性格的态度特征因为涉及价值观的问题，带有很明显的价值判断和社会道德评价的意义，可以说是一个人的道德观念和道德发展水平的稳定的反映。因此我们从这一部分性格特征中最容易发现哪些人、哪些性格特征是受人尊重、喜爱和欢迎的，哪些人、哪些性格特征是令人厌恶、鄙夷和抗拒的。

2. 性格的理智特征

性格的理智特征是指个人在认知活动中表现出来的稳定的倾向和风格。人们虽然都在进行感知、记忆、思维和想象的认识活动，但是每个人的认知风格也有着稳定的差异。有的人沉思严谨，有的人跳跃灵动；有的人主动观察思考，有的人比较被动；有的人很有自己的主见不容易受外在情景条件的左右，有的人没有主见容易左摇右摆、人云亦云；有的人对视觉信息特别敏感，喜欢自己看书观察看图片来理解知识，而有的人却对听觉信息更敏感，喜欢听别人解说来理解知识。

3. 性格的情绪特征

性格的情绪特征是指个体在情绪情感活动中表现出来的稳定的倾向和风格。同样是喜怒哀乐，有的人情绪总是快热快冷，有的人情绪却是慢热慢冷；有的人的情绪大起大落，有的人情绪平平稳稳；有的人冲动易怒，有的人含蓄内敛；有的人开朗乐观，有的人悲观冷漠，这都是性格在情绪方面的特征。

4. 性格的意志特征

性格的意志特征是个体在意志活动中表现出来的稳定的倾向和风格。良好的意志特征包括有计划、有目标、独立自主、当机立断、坚毅、自控自觉；不良的意志特征包括优柔寡断、任性而为、易受暗示、轻易放弃、盲目蛮干等。

性格的各个方面是互相关联的，表现出一定的内在一致性。比如，自尊自信的人，通常也会比较独立、果断、开朗、主动性强；而助人为乐的人也常常会热情、善良、富于同情心。所以，我们常常看见一个人身上聚集着若干个优秀的品质，从态度到知、情、意、行等心理和行为倾向，都表现出一致的特征。反过来，如果一个人形成或接受了不良的价值观，自然也容易滋生出一些不良的行为倾向，使得自己的性格中出现一系列的消极特征。

（四）性格的类型分析

由于个体的性格特征复杂多样，如果能够使用一定的标准将人的性格划分成几种类型,将大大简化我们对性格的认识。心理学家提出的主要的性格类型有以下几种。

1. T型人格

这是一种以单一标准来划分人格类型的分析方法。T型人格是一种好冒险、爱刺激的人格特征。具有冒险性的人格特征的人,我们就称之为T型人格。

同时,依据一个人的惯常冒险行为的性质,又可以分为积极冒险型人格即T+型,和消极冒险性人格即T-型。前者会朝健康、创新、建设行为方向冒险;后者会朝破坏、对抗、反社会、暴力和攻击性行为方向冒险。

在T+型人格中,又可以根据冒险活动是体力活动还是智力活动分为体格T+型和智力T+型。前者如极限运动员通过身体运动的创新和冒险不断地突破体格运动能力的极限,登山、攀岩、赛车、漂流等风险运动员常常具备这种体格T+型人格。后者如科学家的大胆创新、设计师的反传统思维、艺术家的逆常规表达等,都是属于智力型冒险行为,这些活动的从事者容易形成智力T+型人格。

2. 认知风格类型

根据个体的认知风格的不同方面的特征,性格的认知风格类型有以下3种划分方式。

(1)冲动型和沉思型

冲动型认知风格的主要特点是反应快,但精确性差。冲动型的人面对问题时等不及细致地分析问题、全面地考察各种不同的方案,不管是对是错,就急着去解答问题。他们往往擅长使用整体加工方式,对于整体解释的直觉性问题具有一定的优势。

沉思型认知风格的主要特点是反应慢,但是精确性高。沉思型的人面对问题时会认真全面地做周密的思考,多采用细节加工方式,尤其在面对复杂问题时,他们的严密谨慎的特点会表现得非常突出。沉思型的人在阅读、记忆、推理和创造力方面常常有较好的表现。

当然我们也会发现有些人兼具沉思型和冲动型的优点,解决问题又快又准,也有些人则是既不迅速也不准确,整体的思维效果较差。

(2)场独立型和场依存型

场独立性反映的是个体对外界环境信息的依赖和敏感程度。场独立型的人通常有自己明确的内在标准,不太受到外在环境刺激的干扰和暗示,而场依存型的人则非常容易受到环境因素的影响,总是依照自己所感知到的其他人或外界提示的准则来做判断。

场独立型和场依存型的差异可以表现在解决问题上,也可以表现在人际关系的处理方式上。场独立型的人习惯按照自己的想法解决问题,按照自己的内在准则行事,不太顾及别人的感受和评价,通常擅长抽象思维。而场依存型的人则对关系更为敏感,会顾及别人的感受和评价,因而在处理与人相处的问题方面更为善解人意,他们也往往更擅长学习人文社会学科,对于人际关系的处理比较圆融灵活。

(3) 同时加工型和系列加工型

同时加工型是指解决问题时同时考虑多个假设或方案,兼顾各个方面的条件变化,综合考察每种因素的相互关系的一种宽视野的思维风格。同时加工型的人在空间问题等领域比较有优势。系列加工型则是一步只考虑一种假设、属性或条件变化,一个假设验证结束之后再考虑另一个假设。各个步骤之间有明显的前后衔接的序列,采用链状的思维方式来解决问题。系列加工型的人在言语操作、记忆等领域更为突出。

3. 斯普兰格和霍兰德的性格类型

斯普兰格根据人的社会生活方式和占优势地位的价值观的不同,将性格划分为理论型、经济型、审美型、社会型、权力型和宗教型 6 种。理论型的人将追求真理、思考和探索的乐趣作为人生追求的核心价值,他们领悟力强,喜欢钻研,喜欢用学者或科学家的研究性眼光给予事物客观冷静的评价;经济型的人使用功利的价值观看问题,注重实惠、追求物质财富;审美型的人以唯美为生活的目标,喜欢以美的标准来看人看事,长于艺术创作和欣赏;社会型的人重视人际关系、擅长关心他人,积极从事服务性事物,追求爱;权力型的人崇尚权利,支配欲强,追求地位和影响力,容易变得专横强势;宗教型的人坚信慈悲和神秘力量对人的生活的重要价值,他们善良而忍耐,相对比较退缩。

与斯普兰格比较接近的是霍兰德的性格类型理论。霍兰德认为人的性格与他的职业密切相关。他总结出 6 种性格类型,并认为这 6 种性格类型的人会对不同的职业感兴趣。社会型的人爱交际、合群、乐于助人,喜欢从事教师、护士等职业;理智型的人爱分析和思考,喜欢从事研究工作;现实性的人重视实际和实践,喜欢从事工程、农业等领域的工作;艺术型的人情感丰富、以美为乐,适合艺术创作和艺术表演;企业型的人好冒险、喜欢支配别人,适合从事管理者、推销员等职业;传统型的人务实保守,适合做秘书、打字员、会计等。

4. 荣格的性格类型

荣格根据个体的心理活动的倾向性,将性格分为内倾和外倾两种类型。外倾的人将心理活动投射于外在刺激,热情、开朗、爱交际、独立自主、行动快捷,也比较冲动。内倾的人更热衷于对内在感受的体验和分析、自我体验和自我剖析,容易疑虑重重,比较谨慎敏感,不善交际。

我们每个人都既有内顷的一面,也有外顷的一面,只是不同的人内向和外向的表现程度不同而已。

5. A 型性格和 B 型性格

A 型性格是指那种争强好胜、苛求结果的性格。这种人时间紧迫感很强，总是想同时将几件事情都做好，因此很容易让自己时时处于紧张焦虑的状态中。他们锋芒毕露，总想超过别人，对环境和别人的控制欲都很旺盛，因而也经常容易引发人际冲突。在遇到挫折时很容易产生敌意和攻击性，对别人怀有戒心。这些急着想第一时间把所有的事情都做好的人，由于总在给自己施加压力，持续处于紧张戒备的状态，容易损害自己的身体和心理健康，A 型性格的人是高血压、冠心病的高发人群。

B 型性格则是指那种悠然自得、从容不迫、不争不斗、宽容忍耐的性格。他们也会努力去做，但是不会去跟别人较量高低，也能够坦然面对失败，不太看重最后的结果是不是圆满。由于不给自己过高的预期和压力，他们凡事想得开，拿得起，放得下。B 型性格的人与 A 型性格的人正好相反，他们很少患心血管类的疾病。

（五）性格的特质分析

特质是我们用来描绘所有人的性格的基本因素，个体的性格方面的差异就体现在这些特质的不同表现程度上。

1. 奥尔波特的人格特质理论

奥尔波特认为人格特质可以分为共同特质和个人特质两类。共同特质是生活在同一个民族、地域、群体的人共有的特质，比如我们可能觉得美国人比较坦率热情，中国人比较保守勤劳等。个人特质是每个个体身上表现出来的特质，又可以依据其典型性和广泛性分为首要特质、中心特质和次要特质。首要特质是一个人最典型、最稳定、最概括的特质，比如多愁善感是林黛玉的首要特质，势利泼辣是王熙凤的首要特质等。中心特质是构成个体的独特性的几个重要的特征，比如王熙凤的能干、聪慧、狡黠、谄媚、毒辣等特质。次要特质是那些不太重要、只在特殊情况下才表现出来的特质，比如王熙凤在某些时候对待特定的人也会表现出她的乖巧、忍耐、大方等次要特质。

2. 卡特尔 16 种人格特质理论

卡特尔使用因素分析的方法，发现所有人的人格特征可以由 16 种互相独立的根源特质构成，不同人的性格差异只是他们在这 16 种特质上的表现程度各不相同而已。这 16 种人格特质如下。

A 乐群性	B 聪慧性	C 情绪稳定性	E 恃强性
F 兴奋性	G 有恒性	H 敢为性	I 敏感性
L 怀疑性	M 幻想性	N 世故性	O 忧虑性
Q1 激进性	Q2 独立性	Q3 自律性	Q4 紧张性

卡特尔依据这16种人格特质编制了《卡特尔16种人格因素测验》(16PF),分别测查个体在这16种根源特质上的表现程度,就能够对该个体的性格的全貌做出较为细致准确的描述。

3. 大五人格理论

20世纪80年代以来,学者们在人格的描述模式上达成了共识,用5种主要人格特质来给个体的人格做概括的描述,这五种人格特质如下。

(1) 情绪稳定性:具有焦虑、敌对、压抑、自我意识、冲动、脆弱等特质。

(2) 外向性:表现出热情、活跃、冒险、乐观、擅长社交、果断等特质。

(3) 开放性:具有想象、审美、情感丰富、创造、智能等特质。

(4) 随和性:具有信任、直率、利他、依从、谦虚、移情等特质。

(5) 谨慎性:显示胜任、公正、条理、尽职、自律、谨慎等特质。

思考活动

1. 按照书中的气质测试结果,对照自己平时的行为特征,你觉得这个气质测试的结果准确吗?

2. 分析自己的性格类型,说说自己性格中的优点和缺点各有哪些,如何才能扬长避短。

扩展阅读

C型性格

除了本专题中讲到的A型性格和B型性格之外,还有一种C型性格,也与我们的身体健康和心理健康有关。C型性格是一种过度克制自己的性格。这种性格的人会压抑自己的悲伤、愤怒等情绪,不让其发泄;行为上表现为与别人过分合作,原谅一些不该原谅的行为;尽量回避各种冲突,屈从权威,逆来顺受,内向忍耐。表面上毫无怨言,但内心却有很多的不满、充满创伤,以姑息、放任、无可奈何的方式维持虚假的和谐。这样的负面情绪长期得不到合理宣泄和转化,会对他们的身体和心理健康产生极大的危害:大脑内分泌紊乱、人体免疫力降低。研究表明,这种性格的人患癌症的概率比较高。

下面的问题可以帮助你了解自己是不是一个C型性格的人。

(1) 你有很强的愤怒时,是否把它表达出来?

(2) 你是否不管什么事都尽可能把事情做好,连怨言也没有?

(3) 你是不是认为自己是个可爱的人?

(4) 你是否在很多时候都觉得自己没有什么价值?是否常常感到孤独、被别人排斥?

(5) 你是不是正在全力做你想做的事情?你满意你的社交关系吗?你对于常常能发挥你的潜力感到乐观吗?

(6) 如果现在有人告诉你,你只能再活6个月,你会不会把正在做的事情继续下去?

(7) 如果有人告诉你,你的病已经到了晚期,你是否有种解脱感?

理想的答案是:1是,2否,3是,4否,5是,6是,7否。如果你对上述问题的回答中有两个或两个以上与上述答案相反,就说明你是具有C型性格的特质的人。

资料来源:唐红波. 心理学[M]. 广州:广东省出版集团广东省语言音像电子出版社,2009.

专题小结

气质是人的心理活动的动力特征,包括心理活动的速度、强度、敏捷性、灵活性和指向性等方面的特点。它是个体高级神经系统活动的类型特点在行为动力风格上的反应。气质没有好坏之分,具有很高的稳定性。典型的气质类型是多血质、黏液质、胆汁质和抑郁质。性格是个体对现实的稳定的态度倾向和与之相适应的稳定的行为方式的综合。性格可以按照不同的标准分成不同的类型,如内向型—外向型;冲动型—沉思型,同时加工型—系列加工型,场依存型—场独立型,A型—B型—C型等。

专题四 人格发展与健全人格培养

专题导读

我们的人格虽然有着各种各样的差异,但是有一点却是大家共同的希望:我们都希望自己拥有健康、优秀的人格特征。那么什么样的人格才叫做健全?怎样才能拥有健全的人格呢?这就涉及人格发展和培养的问题。人格是怎样形成和发展的?人格的发展会受到哪些因素的影响?健全的人格有哪些特征?如何培养健全的人格?这些问题就是本专题将要讨论的主题。

一、健全人格的特征

什么样的人格是健全的人格?对于这个问题,不同的心理学家从不同的侧重点做出了不同的回答。我们不妨跟随他们的视角来对健全人格做一个全面的透视。

(一) 阿德勒眼中的健全人格

精神分析心理学家阿德勒认为,每个人都有一种与他人和谐相处的需要,这就是社会兴趣。个体的人格发展是否健全,与他的社会兴趣的发展和成熟水平密切相关。如果一个人完全意识不到这种社会兴趣的潜能,他的人格发展将走向精神病态之路。

阿德勒认为一个人的幸福与否取决于他的生活风格，而相比那些社会兴趣缺失的个体所经常采取的支配型、依赖型或回避型等错误的生活风格而言，只有发展出健康成熟的社会兴趣才能引领个体采用健康的生活风格来面对自己的生活，这种健康的生活风格就是社会利益型生活风格。

具有社会利益型生活风格的人能正视生活中的问题，并试图以有益于社会的方式，而不是仅仅以有益于个体的方式来解决这些问题，这样的人才有希望过上充实而有意义的生活。他们因为关心社会和他人的利益，会更加热爱自己的职业，致力于建设和谐的人际关系，有着丰富的社会兴趣和正确评价事物的“社会尺度”。

简单地说，阿德勒认为健全的人格就是社会利益型的人格。

（二）弗洛姆眼中的健全人格

精神分析心理学家弗洛姆认为，研究健全的人格应该将文化、政治、经济和社会意识形态的因素结合起来思考。他认为个体只有养成一种生产性取向，能够创造性地对人对事，才有可能发展出健全的人格。他提出的健全人格的5种特征如下。

1. 拥有创造性自我

能够发挥自己的创造性的潜能，成为对社会有贡献的创造者。

2. 创造性的爱

能够给予自己和他人关心、爱、尊重和理解。

3. 创造性思维

能够整体性地把握和理解客观世界，并保持主客观的一致性。

4. 有幸福感

人格健全的人是拥有幸福体验的人，这种幸福感能够让人充满活力和创造性。

5. 有道德心

人格健全的人完全依赖自己内在的道德心进行自我管理，对于自己和他人的符合道德行为产生深刻的内在赞同感和幸福感，而不是依赖于外在的表彰和奖励来评价道德行为。

（三）马斯洛眼中的健全人格

人本主义心理学家马斯洛认为，那些产生了自我实现的需要，并使自己的潜能和价值得到充分实现的自我实现者的人格，才是健全的人格。他提出了健全人格的15项特征。

1. 能准确而客观地知觉现实

对事物有正确的判断力和较强的推理能力。

2. 能接纳自己和他人

不会为自己和他人的缺点所困扰,能坦然接受自己的现状,也宽容别人的弱点和问题,少用防御机制。

3. 自发、坦率、真实

能真实地对待自己的感情,坦诚地说出自己的感受,不掩饰,不伪装。

4. 倾向于关注问题而不是自己

热爱并专注于某项工作,将谋生与自我实现统一在努力工作中。

5. 独立、自立

既不回避他人,也不依赖他人为自己做主。

6. 自主性

满足于内在的自足,而不受外在名誉、地位、金钱、爱等需要的影响。可以不受环境影响而自主生存。

7. 欣赏生活

对生活保持持续的新鲜感。

8. 高峰体验

能常常进入一种天人合一、物我两忘的纯净的幸福中。

9. 同情和关爱他人

10. 拥有持久而精粹的人际关系

能基于共同的价值观而与有限的他人发展出深刻的交往关系

11. 民主

能平等待人,随时准备向别人学习。

12. 具有创造性

常常有创新体验。

13. 伦理严明

信守明确的伦理道德准则。

14. 富于哲理的幽默感。

具有良好的发展性的非敌意的幽默感。

15. 不盲从

在遵守习俗时坚持自己的价值体系和行为方式。

(四) 罗杰斯眼中的健全人格

人本主义心理学家罗杰斯认为充分发挥自己的心理机能的人才是人格健全的人。他认为这些机能完善者的人格具5种特征。

1. 经验的开放性

机能完善者坦诚面对自己和世界，不胆怯、不防御，坦然而准确地体验和接受各种经验。这种广泛体验的开放性经验使得他们在生活和工作中富于灵活性、建设性和积极性，不会因为经常性的防御而对自己和别人戒备过多、简单僵化。

2. 自我与经验的和谐一致

机能完善者能在每一个当下感受到新鲜的体验，不受过去经验和知识的限制，因而有很高的适应性、自发性和灵活性。

3. 信任机体评估过程

机能完善者相信自己的感觉、直觉和经验，对内在的机体经验的信赖和体察灵敏高效，不易受外在标准、舆论压力影响而扭曲自己的真实经验。

4. 富于自由感

机能完善者重视每一个当下的充分觉察和感知，时刻有充足感，在每一个当下都体验到选择的自由和心灵的自由。

5. 高度创造性

机能完善者对世界敏感开放，接受各种可能，因为思维不受约束，在生活中常常主动追求新的挑战，建设性地给出最富创意的产品或方案，能够适应多变的环境条件而自如创新。

从上述心理学家对健康人格的界定来看，人格的健康实际上是关系到一个人的心理是否健康的重要因素。一个人格健康的人不仅能够有自主、和谐、独立、开放的内在心灵，也有积极、乐观、智慧、愉悦的社会生活。

二、人格的发展阶段

关于人格的形成和发展阶段，最著名的理论是弗洛伊德和埃里克森的人格发展理论。在此给大家介绍被人们广为接受的埃里克森的自我发展的阶段理论。

精神分析心理学家埃里克森把个体从出生到老年的人格发展分成了8个阶段。每个阶段个体都会面临人格发展中的一个特殊的矛盾，这个矛盾解决得好，能让个体获得一种优秀的人格品质；解决得不好，会让个体形成一种不良的人格品质。每一阶段是否能够顺利成长受到社会环境的影响，其中每个阶段对个体发展影响最大的重要他人也是不一样的。同时，不同文化的社会中，个体每个阶段的起止年龄会有一些差异，但是这8个阶段的顺序是不会改变的。表5－2中列出了这8个阶段的起止年龄、主要矛盾以及发展顺利者和发展障碍者的心理特征、重要他人。

表 5-2 埃里克森的人格发展阶段

阶段	年龄段	发展危机	发展顺利者的心理特征	发展障碍者的心理特征	重要他人
1	0~1 岁	基本信任对基本不信任	希望	恐惧	母亲
2	1~3 岁	自主对羞怯和怀疑	自我控制和意志	自我怀疑	父亲
3	3~6 岁	主动对内疚	生活指向和目的	无价值感	家庭
4	6~12 岁	勤奋对自卑	能力	无能	邻居、学校、师生
5	12~20 岁	同一性对角色混乱	忠诚	不确定性	伙伴和小团体
6	20~24 岁	亲密对孤独	爱	泛爱(杂乱)	友人、异性、同伴
7	25~65 岁	繁殖对停滞	关心	自私	同事、家属
8	65 岁以后	自我整合对失望	智慧	绝望和无意义感	人类

第一年龄段要解决的主要矛盾是基本信任对基本不信任的问题。这个年龄的个体所有的生存条件都要依赖主要抚养者(一般是母亲)的照顾。如果孩子得到了无条件的关注和爱护,他会觉得这个世界是温暖的、可信任的,自己的合理要求都可以得到满足,这种根本性的信任感会扩散到其他人和其他环境中去,对个体以后的人际关系产生深远的影响,是以后各个阶段的人格特征发展的基础。

第二年龄段要解决的主要矛盾是自主对羞怯怀疑。1~3 岁的孩子已经会说会跑,有了自己穿衣、吃饭、探索环境的需要。如果父母能够在保证安全的条件下允许和鼓励孩子的自主探索,那么孩子会在自己初步的目的性行为经验中学会自我控制,获得好的意志品质;如果成人过于保护限制孩子的自主探索,孩子会变得自我怀疑。

第三年龄段要解决的主要矛盾是主动对罪恶。3~6 岁的孩子行为能力大大提高,行为的预见性和主动性增强。这个阶段父母如果能够在合理限制的前提下允许他做自己想做的事情,其目的性会得到发展;如果毫无规则或者过度苛求,孩子在犯错之后容易产生罪恶感。

第四年龄段要解决的主要矛盾是勤奋对自卑。这个年龄的孩子开始进入小学学习。在小学的学习中,勤奋努力学习的习惯是这个阶段的重点培养内容。一般而言,除非有智力缺陷,勤奋的孩子容易获得好的成绩、得到老师和同学们的喜爱,让他对自己的能力产生信心。如果不能及时养成努力勤奋的习惯,不良的成绩会令孩子感到自卑。

第五年龄段要解决的主要矛盾是自我同一性对角色混乱。青春期的孩子开始思考自己的个人特征和未来生涯,面临人生观、世界观的形成和确立。如果孩子能够对自己方方面面有一个协调一致的整体认识，就容易对自己的未来选择有明确的定位，获得良好的自我概念；否则容易成为糊里糊涂、随波逐流的人，失去生活的方向感和人生正确的航向。

第六年龄段要解决的主要矛盾是亲密对孤独。这个年龄的个体通常会对牢固而亲密的爱情关系获得经验。有了自我同一感的人更容易与别人建立亲密稳定的关系，并在亲密关系中获得内在的满足，学会如何与人相处；否则，个体对亲密关系的认识会停留在肤浅混乱的状态，无法从与别人的亲密中获得积极的心理认同。

第七年龄段要解决的主要矛盾是繁殖对停滞。这个年龄段的个体面临职业生涯和家庭生活的双重责任。繁殖的意义既包括职业领域中从新手成长为经验丰富的长者，并将自己的工作经验传递给下一代；也包括在家庭中获得为人父母的身份，担负起养育后代的责任，能够在社会和家庭两个领域共同成长的个体会收获关心的美德，而缺乏这两个领域的成长的人，则容易越来越自私。

第八年龄段要解决的主要矛盾是自我整合对失望。步入老年的人直接面对的是对自己整个人生历程的回顾总结，以及面对死亡。如果一生的各个阶段顺利而充实地度过，则可以获得人生的智慧；否则在面对死亡时容易产生绝望感和无意义感，对自己的人生历程感到无奈和悲哀。

埃里克森的人格发展理论为我们勾勒出了人格的终生发展的图谱，提醒我们处理好每个年龄段的主要矛盾，有效地利用环境和重要他人的积极影响，为自己的人格发展步步留下美好的人格特征而努力。

三、影响人格发展的因素

人格发展是否顺利受到各个方面因素的复杂影响。总体说来，人格的发展受到生物遗传因素、环境因素、自我教育和自我调节三大方面的影响。

（一）生物遗传因素

生物遗传因素不仅提供了人格发展的生物学基础，也制约着人格特征的形成。具体说来，生物遗传因素对人格发展的影响主要表现在以下几个方面。

1. 直接影响气质的类型特点

气质是一种主要取决于个体的生物遗传因素的人格成分。无论气质的体液说、体型说、血型说，还是高级神经系统活动类型说，这些气质理论都是从生物因素方面在解释气质形成的原因。不仅如此，个体在气质方面的差异在新生儿时期就有所显现。有的婴儿生下来就很安静,不哭不闹;有的婴儿则比较烦躁吵闹,这种差异显然主要是由个体的生物遗传因素决定的。

2. 生物遗传因素影响个体的性格特征和能力水平形成

个体的性格和能力的形成也与生物遗传因素有着密切的联系。学家用双生子试验来寻找人格与生物遗传因素之间的关系。

表5-3中列出的是明尼苏达大学的研究人员对44名双生子的多项人格特征和智商水平进行测试之后的结果。

表5-3 双生子多项人格特征和智商水平的相关系数比较

抚养情况 / 双生子类型	多项人格特征相关系数		智商相关系数	
	在一起抚养	分开抚养	在一起抚养	分开抚养
同卵双生	0.52	0.49	0.87	0.73
异卵双生	0.23	0.21	0.53	0.40

表5-4列出了另一项详细考察成年的同卵双生子和异卵双生子的5种人格特质的相关系数的研究结果。

表5-4 双生子5项人格特征的相关系数比较

人格特质	同卵双生子	异卵双生子
利他性	0.53	0.25
共情性	0.54	0.20
照顾别人	0.49	0.14
攻击性	0.40	0.04
果断性	0.52	0.20

从上面两个表格的数据中不难发现,在几乎所有的性格特征和智力水平方面,同卵双生子的相关系数都明显高于异卵双生子的相关系数。由于同卵双生子彼此之间在遗传基因方面完全相同,显然,上述同卵双生子之间的相关水平高于异卵双生子的相关水平是遗传基因所致。

当然,在一起养大的同卵双生子和异卵双生子之间的相关水平,也总要略高于分开抚养的同类双生子,这也说明,环境也会对人格的形成产生影响。

3. 个体的生物遗传因素也间接影响人格特征形成的难易程度

一个人的相貌、身材,虽然理论上只具有生物学上的意义,但是因为社会文化和习俗会为这些生物特征赋予一定的判断和评价,也会间接地影响孩子人格的形成。比如,我们从经验中可以观察得出,那些体格强健、力量较大的小孩,一般而言,要比体弱多病的小孩更容易养成勇敢、活泼、坚持性好的性格特点。过于瘦弱的孩子也容易变得比较胆怯、懦弱。长相漂亮匀称的孩子也容易因为讨人喜欢、得到的赞赏更多更容易,而比较外向、开朗、自信一些。当然,这种影响不是绝对的,体格方面有一些不足的个体,如果受到良好的教育或者形成积极的自我调控习惯,这些缺陷对人格的消极影响会降低,甚至成为激励其人格健全发展的积极因素。

(二)环境因素

遗传和生物因素仅仅为人格的发展提供了一种可能性,这种可能性需要与个体接收到的后天环境因素和实践活动共同决定个体的现实人格。环境因素对人格的影响主要表现在以下方面。

1. 胎儿期环境因素

胎儿期母体内的环境因素直接影响胎儿各个方面的生长发育。

医学和心理学的研究已经发现:母亲怀孕期间的营养状况、生病历史、药物使用情况、烟酒或放射性物质、严重的噪声污染等都会影响胎儿的发育。因此,怀孕的母亲需要提前掌握一些孕前和孕期的生活习惯、生理状态、安全与健康、居住环境方面的保健知识,尽量给胎儿创造良好的生理环境。

母亲在孕期的情绪也会影响胎儿的身心健康。心情愉快、情绪稳定的母亲比经常感到悲哀、难过、失望、愤怒、焦虑的母亲更有可能生育一个性情温和、有安全感的孩子,其营养和体格也常常比较好。而胎儿如果在出生前就经常生活在母亲的消极情绪中,不仅身体素质会受到影响,成长过程中也更容易出现心理素质上的不足,如敏感、孤僻、自卑、敌意、偏执等。当然,母亲出现短暂、轻微的消极情绪不会对胎儿的发育产生明显的不良影响,但是长期、持续的消极情绪对胎儿的影响却是非常严重的。因此,孕期的母亲一定要调整好自己的情绪和心态,给胎儿提供一个愉快、轻松、安全的心理环境。

2. 家庭环境

家庭是孩子的第一所学校,孩子出生之后人格雏形的形成以及成长期人格特征的定型,都会受到家庭因素的影响。具体说来,家庭对个体人格发展的影响主要体现在父母教养方式、家庭结构、家庭成员关系、家庭成员品行4个大的方面。

(1) 父母教养方式

父母对孩子的教养态度和方式,主要有以下几种类型:民主型、权威型、溺爱型、暴虐型和放任型。不同的教养方式会对孩子人格的养成产生不同的影响。

民主型的父母会尊重孩子的意见和合理需求,亲子关系比较平等融洽。他们能够给予孩子一定的选择权和自主活动的空间,懂得信任和鼓励孩子做有益的尝试。这样的家庭中长大的孩子比较容易养成一些优秀的人格特征，如乐观、自信、合群、负责、独立、宽容等。

权威型的父母对孩子的支配行为和约束行为比较多，重视在孩子面前的威信，对孩子有严格的规则，亲子关系较为疏远和拘谨。这种家庭长大的孩子有秩序感，但是也容易粗暴、执拗或懦弱、没有主见。

溺爱型的父母对孩子百依百顺，让孩子的欲望控制家庭的决策，容忍孩子自私骄横的行为。这样的家庭长大的孩子比较自私、冷漠、任性、无礼、依赖。

暴虐型的父母急躁粗暴，经常打骂孩子。这样的家庭长大的孩子容易形成反社会人格、粗鲁、冷漠或者特别悲观、自暴自弃。

放任型的父母对孩子不闻不问，任其自行其是。这样的家庭长大的孩子比较容易懒散、缺乏规则意识和是非界限、意志薄弱。

一般而言，最有利于孩子人格健康发展的教养方式是民主型的教养方式。

(2) 家庭结构

常见的家庭结构有大家庭、核心家庭、单亲家庭等。不同家庭结构也影响孩子人格的发展。大家庭里长大的孩子既有可能形成活络热情的性格，也有可能养成计较、虚伪的性格，很难一概而论，要将家庭的气氛和家庭成员的素养综合起来考虑。核心家庭的孩子没有祖父母的溺爱，常常比较独立、自主、民主，但是如果父母管教不当或疏于管教，也可能出现放任、懒散的个性特征。单亲家庭的孩子人格问题通常比较多，但是如果父母能够给予孩子足够的情感支持，孩子也能获得很好的人格发展。

(3) 家庭成员之间的关系

关系和睦、情绪愉快的家庭能够为孩子的人格发展提供良好的心理支持，这种家庭长大的孩子安全感强，学习也比较容易专心踏实，跟人交往也很愉快，容易养成乐观开朗的性格。而气氛压抑、冲突不断的家庭里长大的孩子则容易出现缺乏安全感、情绪不稳定、忧虑、自卑的不良性格特征。

(4) 家庭成员的品行

父母是孩子的第一任老师。家庭里成年人行端品直，给孩子提供了良好的模仿对象，孩子也容易受到潜移默化的影响而自然养成良好的品行。父母的价值观、为人处世的风格、对工作的态度等都会很容易被孩子接纳下来。父母抱负水平高的孩子，其成就欲望和努力程度也好于父母缺少人生追求的家庭里长大的孩子。如果家庭成员有不良恶习、品行不端，给孩子造成的消极影响是很明显的。因此家庭成员应该努力给孩子做一个好的榜样。

3. 学校教育环境

学校是学生生活和学习的主要场所，学生在学校里接受来自校园、老师和同学的各种各样的影响，这些都可以影响到他的人格发展。比如学科教学中涉及的人生观、世界观等，班级里的班风和学风等，学校的传统和校园的布置等，教师的人品和威信等，都会影响学生人格的形成和发展。

4. 社会文化环境

我们每个人都是在文化和传统的包绕下长大的，长期的熏染使得个体非常容易接受自己文化和传统的观念、行为风格和价值体系。同时，由于现代社会文化传播的方式迅猛发展，从影视作品中透出的时代精神会给个体提供一个自然学习的机会，影响着一代人的人格健康。当然，这也使得我们经常受到一些影视传媒传播并不健康的理念和行为风格的消极影响，这是我们需要格外警惕的！

（三）自我教育和自我调控

对于自我意识已经发展起来的个体而言，所有环境的影响都可以经由自我教育和自我调控而得到更加合理、健康和积极的修正。因此，我们经常说30岁之前命运掌握在别人的手中，30岁之后命运掌握在自己手中，就是这个道理。

四、健全人格的培养

针对上述健全人格的影响因素的分析，我们可以有针对性地进行健全人格的培养工作。总的说来，培养一个人的健全人格，可以从以下几个方面人手。

（一）开设人格辅导课程

这是一项针对学校教育而发展出来的方法，可以在各级各类学校广泛开展，循序渐进地依据各个不同年龄段孩子容易出现的问题和他们的心理特点来设置人格辅导的课程内容，真正让最大数量的学生最大限度地受益。

（二）心理咨询和治疗

如果说人格辅导课程是面向全体学生的专门的人格健康教育，心理咨询和治疗就是一项专门为自己认为自己有某种烦恼或人格缺陷的人来进行专业化的康复的过程。它能起到发现问题、有针对性地个别解决的目的。

（三）在学科教学中渗透人格教育

这个途径需要每一个教育者在自己的教学中具有一定的教学机

制，将人格健康的知识、观念、相应的标准等渗透到学科教学中的相应内容中去。发挥每一名教师、每一门课程的力量，随时地来进行人格教育。让每一个受教育者能够从各级各类学校各门学科中受到良好的人格教育方面的影响。

（四）家庭教育熏陶

利用家庭对个体的自然影响力和亲和力，有意识地在家庭教育中渗透或专门进行人格健康的教育，比如，发挥家长的自然榜样的作用，以家庭成员的良好的人品来感染孩子，或者与孩子一起探讨一些他能够理解的人格健康方面的常识。

（五）环境浸染

学校、社区、工作单位中的环境布置也可以加入人格健康教育的元素。比如利用宣传栏来宣传人格健康方面的知识，以良好的物理环境来促进社会成员形成积极健康、合群乐观的心理环境。

（六）自我教育和调节

马斯洛给我们提供了如何进行积极有效地自我教育和自我调控来达到自我实现的健全人格的途径，可以作为我们进行自我教育和自我调控时的依据。它们分别如下。

(1) 无我地体验生活，全身心投入工作。
(2) 做出成长的选择，而非退缩的选择。
(3) 肯定自我、显露自我。
(4) 坦诚和承担责任。
(5) 听从自己的志趣和爱好。
(6) 志向高远，但要从小处做起，要经历勤奋和付出精力的准备阶段。
(7) 感受高峰体验，即自我实现的短暂时刻。
(8) 自己的天性，使之不断成长。

专题小结

心理学家对健全人格的特征有着丰富的论述。埃里克森的人格发展阶段理论描述了健全人格发展各个阶段所面临的主要问题和可能形成的人格特征。人格的发展受到生物遗传因素、各种环境因素和自我教育与自我调节因素的多重影响，培养健全的人格需要从开设健康人格课程、加强学校和家庭的人格教育功能、学会自我教育和自我调节等方面进行。

思考活动

1. 对照健康人格的标准，自己在哪些方面还有缺陷，这些缺陷应怎样去完善呢？

2. 对照埃里克森的人格发展理论，反思自己在各个阶段的主要危机解决得好吗？如果有不足之处，如何来弥补呢？

3. 总结自己平时常用的自我教育和自我调整策略是否合适，还可以做哪些改进。

思考与练习

一、名词解释

1. 气质
2. 性格
3. A 型性格
4. 人格

二、填空题

1. 典型的气质类型有:多血质、__________、黏液质和__________。
2. 性格特征主要包括:意志特征、__________和__________。
3. 影响人格发展的因素有:__________、__________和__________。
4. 按照满足需要的目标物的不同,需要分为:__________、__________和__________。
5. 自我意识从功能上可以分为自我认识、__________和__________。

三、判断题(认为正确的打"√";错误的打"×",并说明理由。)

1. 气质受环境因素的影响较大,在生活条件和教育的作用下易于发生改变。 (　　)
2. 气质是个体心理活动的动力特性,影响着个体活动的一切方面,仿佛使一个人的整个活动表现都涂上了个人独特的色彩。 (　　)
3. 人的气质是相当稳定的,不发生任何变化。 (　　)
4. 性格是表现在人对现实的态度和行为方式中的心理特征的总和。 (　　)
5. 气质无好坏之分,性格有好坏之分。 (　　)
6. 性格的形成完全是由遗传因素决定的。 (　　)

四、选择题

1. 最有利于培养良好的人格的家庭教养方式的类型是(　　)。

A. 民主型　B. 溺爱型　C. 权威型　D. 放任型

2. 某人性情急躁,易发脾气,喜怒形之于色,遇事缺乏思考,其气质类型属于(　　)。

A. 胆汁质　B. 多血质　C. 黏液质　D. 抑郁质

3. 埃里克森认为建立自我同一性的关键年龄段是(　　)。

A. 3 ~ 6 岁　B. 6 ~ 12 岁　C. 12 ~ 20 岁　D. 20 ~ 24 岁

4. 心理学家卡特尔依据因素分析方法提出了人格的(　　)模型，并据此编制了人格问卷。

A. 3 因素　　B. 4 因素　　C. 7 因素　　D. 16 因素

5. 成就动机理论认为,人的成就动机由两种成分构成,它们是追求成功的动机和(　　)。

A. 逃避失败的动机　　B. 逃避成功的动机

C. 追求失败的动机　　D. 追求居中的动机

五、论述题

1. 简述马斯洛的需要层次理论并谈谈这一理论对你的启示。

2. 试述气质对能力、职业活动和心理健康的影响。

3. 联系实际,分析说明人格的形成与培养策略。

推荐书目与文章列表

[1] 金盛华．社会心理学[M]．北京:高等教育出版社,2005.

[2] 乐国安．社会心理学[M]．广州:广东高等教育出版社,2006.

[3] 郑雪．社会心理学[M]．广州:暨南大学出版社,2004.

[4] 彭聃龄．普通心理学[M]．北京:北京师范大学出版社,2004.

[5] 张积家,王惠萍,等．大学心理教育导论[M]．北京:高等教育出版社,1999.

第六章

人际心理

人际问题是我们在社会生活中经常要面对和处理的最为普遍的问题之一。现代社会个体的流动性增加，人与人之间的交流越来越频繁，合作的领域越来越宽广，接触的方式也不再仅限于传统的面对面沟通。这些人际心理现象的变化给每一个社会成员带来新的适应性课题。同时，人际沟通、人际关系和人际魅力已经不仅仅是我们生活中的重要内容，也是形成我们的健康心理、健全人格和主观幸福感的最为重要的成分之一。学习和研究人际心理现象及其规律对有效适应现代生活有着重要意义。

本章首先阐述了人际关系的含义、特点、发展过程及规律以及影响人际吸引的因素，然后介绍了社会认知的内涵、常见的社会认知效应、印象整饰以及社会认知偏差的防范方法，最后讲解了人际沟通的过程和工具，并总结了人际沟通的策略。

学完本章，你将能够：

（1）认识人际关系的内涵和特点。

（2）知晓人际关系形成的进程和各环节的重要影响因素。

（3）了解影响人际吸引的主要因素。

（4）掌握社会认知的含义、特点和影响因素。

（5）熟练掌握常见的社会认知效应。

（6）熟练掌握人际沟通的一般原则。

（7）熟悉人际沟通的工具。

专题导读

怎样与别人建立良好的人际关系？如何防止人际关系的破裂？怎样让自己成为受人喜爱的人？对于这些我们生活中最常面对的问题，本专题将一一为你解答。

专题一 人际关系与人际吸引

一、人际关系的含义和特点

我们几乎每天都在面临亲子关系、朋友关系、同学关系、邻居关系、同事关系等各种各样的社会关系。有时我们能享受到别人带给我们的温情与快乐，有时我们也面临着人与人之间的各种矛盾和烦恼。要想与别人建立和维持良好的人际关系，我们首先要了解一下什么是人际关系，人际关系由哪些成分组成，是什么决定了我们与别人人际关系的好坏，以便在学习建立人际关系之前对人际关系的特点有一个基本的了解。

（一）人际关系的含义

人际关系这个概念是很多社会学科研究的对象，社会学认为人际关系是人与人之间的一切关系，以及人与人之间关系的一切方面。心理学对人际关系的界定则是：人际关系是指人与人之间通过直接地相互交往而形成的直接的心理上的关系。

理解心理学中的人际关系的概念，需要把握以下几点。

(1)人际关系的形成需要借助直接的相互交往，离开了直接人际互动，是无法建立双方之间在心理层面上的关系的。当然，这里所说的直接的相互交往不仅仅限于面对面的交往，所有直接发生在交往双方之间的交流与沟通都是直接交往，包括通过书信、电话、网络等进行的一切直接交往。

(2)人际关系仅指交往双方在心理上的关系，这种心理上的关系可能会受到诸如血缘关系、地缘关系、权力关系等的影响，但是交往双方是否具有血缘关系、上下级关系等并不能直接决定双方心理上关系的亲密与否。因此，虽然我们常常觉得一家人之间的关系一般要比非亲非故的人之间更亲密一些，但是也会发现有些家庭成员彼此之间也会发生互相敌对、互相猜疑等消极的心理。

(3)人际关系侧重于心理的层面,反映的是交往双方心理上直接感受到亲密与否,与旁观者对双方关系的理解和评价之间可能会有一定的差距。

(二) 人际关系的特点

按照人际关系的定义,人际关系具有如下的特点。

(1)人际关系反映的是双方心理上、情感上的亲密性、融洽性和协调性。

(2)人际关系由认知成分、情感成分和行为成分共同构成。其中认知成分是指双方对对方的印象和评价的好坏,比如,认为对方是个什么样的人,具有怎样的品质和能力等。情感成分是人际关系的核心成分,决定着人际关系的性质是亲密性的关系还是分离性的关系。一般而言,我们判断两个人的关系好不好,主要根据双方的情感是亲密性的还是分离性的。行为成分是指双方直接的交往行为,包括相处的方式和频率等。

(3)人际关系是在人际交往中建立和发展起来的。交往双方需要在彼此的互动和沟通中建立和推进其关系的发展。同时,双方的交往是否得体也制约着他们之间人际关系发展的速度、方向和最终能够形成的交往深度。人际关系会随着人际交往的进行而发生变化,顺利的交往有益于关系的深入,冲突的交往阻碍人际关系的发展,甚至给已经建立起来的关系带来裂痕和终结。

二、人际关系建立的过程

(一) 人际关系建立的阶段

两个完全不相识的人从相互认识到彼此信任、建立良好的人际关系,一般需要经过定向阶段、情感探索阶段、情感交流阶段和稳定交往阶段。经过层层淘汰,最后能够进入我们的亲密人际圈子的人是很少的,这些人成为我们生活中的重要社会支持和社会资源。不同的人与我们的人际关系处在远近不同的亲密水平上,共同构成了我们的人际关系网络。

莱温格和斯诺克提出的人际关系发展模式很形象地反映了人际关系的发展增进过程,以及每个环节所需要的主要前提条件(图 6-1)。

阶段	图解	条件	相互作用水平
零接触		物理近距性	低
单向注意 双向注意		社会和个人背景的接近	
表面性接触		体态吸引	
轻度卷入		态度的相似性	
中度卷入		需要互补性	
深度卷入		自我暴露	高

图 6-1 莱温格和斯诺克提出的人际关系发展模式

1. 定向阶段

定向阶段主要是对可能建立关系的交往对象的注意、抉择和初步了解。在选择性注意到交往对象之前，我们可能已经有自己的喜好和偏爱了。当符合我们期望的人出现在我们面前的时候，我们才会对他给予注意。这一阶段的交往一般会依照正式的社交礼仪和规则，双方都会给对方留下一个合情合理的好印象。

2. 情感探索阶段

情感探索阶段双方在交往中发现两人能够彼此信任和有安全交流的领域、场合或话题，开始产生初步的好感，但交往的内容通常不会涉及一些私密的话题，交往继续遵循明显的社会规范。

3. 情感交流阶段

情感交流阶段是两个人的关系发生实质性进展的阶段。双方已经建立了比较全面的安全感和信任度，沟通的频率、交流的内容、话题的范围都有了重大突破，开始分享一些更为真实内在的感受和经历，真诚地接受和欣赏对方。这个阶段如果双方的关系破裂或者中断，会给双方带来重大的困扰或打击。

4. 稳定交往阶段

这一阶段双方的情感卷入程度更高、更稳定。互相允许对方进入自己的亲密圈子，分享自己的时间、空间和社会资源，甚至是一些私人秘密、知心话，成为非常要好的朋友、知己。当然，达到这个阶段的人可能并不多，许多人可能停留在前面某个阶段，不再能够加深感情、发展出稳定的亲密关系，还可能倒退回去或者完全终止。

我们不可能和每一个认识的人都顺利地成为密友。有的时候在上一个阶段没有发现的问题或者不够成熟的条件，还可能反过来让已经进入下一个阶段的情感和关系倒退回去，或者完全终止。

（二）交往深度和自我暴露

在人际关系的发展过程中，交往的深度是我们评价自己与他人的人际关系发展到什么程度、彼此信任到什么程度的一个重要指标。那么，怎样评价人际关系的深度呢？这就涉及自我的分层（strat）和自我暴露的问题。

心理学家鲁宾（Z. Rubin & S. Shenker，1978）等认为：我们心中关于自己的信息从外到内分成 4 层，它们分别是：第一层，兴趣爱好；第二层，态度；第三层，人际关系与自我概念；第四层，隐私。

在交往中，我们有时会根据自己与对方的人际关系的深度来主动向对方表露自己的有关信息，这就是自我暴露。

一般而言，交往中的自我暴露有如下特点。

1. 自我暴露与交往的深度是相辅相成的

交往初期双方暴露的常常是自我中比较表层的内容，如兴趣爱好等。双方交往的深度也随着自我暴露的深度而逐渐加深，在稳定交往的阶段，暴露的内容甚至可能会涉及自己的重要人际关系等。

2. 自我暴露本身是一种推进交往过程的策略

一方的自我暴露常会令对方感受到受信任的程度增加，继而也加深自己的暴露深度，推进双方的关系向更深一步发展。

3. 自我暴露是有一定风险的

尤其是自我暴露的深度较大而双方关系并未达到相应的信任程度的时候更是如此。

当然，网络也会成为我们自我暴露的一个重要选择。网络上的许多言行，既可能是高度真实的又可能是高度虚拟的，它与我们的真实生活中的行为准则是有距离的。

三、人际关系破裂的阶段

“月有阴晴圆缺，人有悲欢离合。”尽管人人都想将良好的关系维持在良好的状态，但也总有一些人会遭遇人际关系的破裂。那么，人际关系又是怎样一步一步地走向终结的呢？下面先为大家呈现人际关系破裂一般会经历的阶段，以及各个阶段的主要特点。在了解这些阶段的特点之后，会提出一些应对人际冲突的一般策略，以方便读者在面对人际关系破裂时做好相应的修补和协调的工作。

（一）分歧

稳定的人际关系存在的基础是双方在心理上达成共同感，当这种共同感遭遇裂痕的时候，分歧是双方共同感减弱和消失的开端。

分歧会导致大量的怀疑、协商、辩论甚至争吵。分歧的结果既有可能因大量的协商和争吵而最终解决了导致分歧的问题，关系得到恢复；也有可能继续发展为收敛，使得人际关系继续向着恶化的方向发展。

在日常生活中，有许多人的人际关系会在反复的分歧—妥协—恢复—分歧中维持和继续。那种从来都没有发生过冲突和分歧的完美而平等的人际关系是比较少见的。

（二）收敛

如果分歧不能经由争论和协商达成新的一致，反复沟通的失败会将关系带入收敛阶段。收敛阶段的双方不再指望沟通来解决问题，而是减少沟通总量，回避紧张性沟通。收敛阶段看起来比分歧阶段更为温和平静，但是，如果双方不及时进行修补和维护的话，情感上的相容程度也会越来越低。伴随着情感的彻底降温，关系进入冷漠阶段。

（三）冷漠

冷漠阶段双方已经不再幻想关系的重新和解，彼此都不再做增进沟通的努力。冷漠阶段双方对对方的回应十分冷淡，只是维持着最必不可少的冷淡的交流，因为这个阶段意味着双方认识到关系的结束极有可能成为事实。在冷漠阶段持续的时间里，双方开始思考和适应关系的最终丧失。

一般而言，如果一方或双方不愿结束某种关系，应该在冷漠阶段结束之前及时协调缓和，成功的概率比较高。

（四）逃避

冷漠阶段发展到逃避阶段，双方连最基本的共处都难以面对。逃避阶段的双方都尽可能不直接和另一方接触，如果确实需要商谈什么的话，常常通过第三方传话。彼此对对方都产生许多消极的解释，容易发生彼此误解和伤害等。对于对方的信息也会发生过敏反应，使得两个人的关系破裂成为人尽皆知的公开事实。

（五）终止

终止意味着人际关系的彻底结束，双方在心理上将自己与对方彻底隔离开来。

人际关系的破裂过程中，双方不仅面临着关系的终结，而且要应对一系列的冲突和摩擦，因此，每一次重要关系的变动都可能给人带来沉重的再适应压力。如果双方能够本着和平、理解、协商的心态理智地处理关系破裂中的各种纠纷和冲突，就可以将关系破裂的损失降到最低。

四、人际冲突的处理

人际冲突对人际关系有着深远的影响。每一次人际冲突，都既可能导致了解深入、感情加深，也有可能导致矛盾加剧、关系破裂。

面对人际冲突我们应该做到如下几点。

（一）建立合理的冲突观

1. 承认人际冲突的必然性

每个人的经历、情感、观念、需要、利益背景、潜在变化趋势都不可能完全一样，要求别人与自己在某些问题上永远保持高度一致基本上是不可能的，因此，人与人之间发生冲突的可能性总是存在的。只有先承认人与人之间的客观差异，才能够抱着“求同存异、和而不同”的原则去理性对待人际冲突。

2. 树立从人际冲突中学会成长的心态

人际冲突的发生并不必然是“糟糕的”。从积极的方面讲，冲突暴露了我们不曾了解的差异，修正我们曾经对对方的不合适的期待，将潜在的矛盾公开化以促进尽快彻底解决，这些都可促使我们反省自己的不合理的交往策略，以更成熟的心态和方式应对未来的人际关系。

（二）用合适的方法和步骤应对人际冲突

解决人际冲突，可以遵循下列几个步骤。

(1)相信一切冲突都可以理性而建设性地获得解决。

(2)客观地了解冲突的原因。

(3)具体地描述冲突。

(4)向别人核实自己有关冲突的观念是否客观。

(5)提出可能的解决冲突的办法。

(6)对提出的办法逐一进行评价，筛选出最佳的解决途径，最佳方法必须是对双方都最有益的。

(7)尝试使用选择出的最佳方案。

(8)评估实现最佳方案的实际效应，并按照给双方带来最大利益和有利于良好人际关系维护的原则给予修正。

五、人际吸引

（一）人际吸引的概念

人际吸引指的就是两个人之间在情感上的相互喜欢、悦纳和亲密。

它反映了人际关系双方在情感上的亲密程度，是人际关系中的肯定形式。

一个人引起他人喜欢、接近的能力叫做人际吸引力，又称人际魅力。

尽管我们都希望自己是个人际魅力高的人，但每个人对他人的人际吸引力还是不一样的。有些人人见人爱，有些人只能得到一类人的喜欢，还有一些人不太讨人喜欢。

由于情感因素是决定人际关系性质的核心因素，因此人际吸引和人际吸引力是人们交往中经常考虑的问题。想一想我们在与人交往的时候，是不是会自然而然地在意“他喜欢我吗？他到底有多喜欢我？”这种在意很典型地反映了在面对人际关系时，人人都想知道自己对别人的人际吸引力到底有多大。

（二）人际吸引的层次

按照人际关系中人际吸引的强度由低到高的顺序，我们可以将其分为亲和、喜欢和爱情 3 个层次。

(1) 亲和是指人们之间彼此亲近，能够互相陪伴的一种关系状态，是人际吸引的最低层次。

人作为一种社会动物，天生就有与人亲近的需要。见到另一个人产生亲切感正是亲和的典型体现。亲和为双方以后建立友好协作的关系做好了铺垫：只要对方不是特别讨厌我们，我们大都是愿意与他人友好相处、彼此陪伴的。

(2) 喜欢就不仅仅要求对方不讨厌我们、愿意接近我们，而是要建立情感上相互愉悦的亲密关系。

两个相互喜欢的人在一起的时候会感到高兴、满足，不在一起的时候会相互思念、牵挂，被强迫分开的时候会感到痛苦。当然，我们对不同人的喜欢也有从轻微喜爱到非常热爱等程度上的差别。

(3) 爱情是最热烈的人际吸引。

一般而言，爱情指发生在成年男女之间的浓烈的相互吸引，在有些国家，同性成年人之间的感情也开始得到法律的认可。

对于青年人而言，爱情与喜欢之间的界限经常令人困惑。正如俄国作家契科夫说：从友谊到爱情，只要跨出一步就到了！那么，该怎样来判断什么时候喜欢就变成爱情了呢？

心理学家提出了如下的标准帮助我们区别爱情与喜欢。

(1) 爱情有较多的幻想，喜欢则更多的是对对方的现实评价引起的。

(2) 喜欢是一种比较单纯的情感体验，相对平稳、宁静，而爱情则比较狂热、激烈而且与许多冲突、矛盾的情绪体验相关联。

(3) 爱情往往与性有关,而喜欢则不涉及到这个方面的需要。

(4) 爱情具有独占性和排他性,而喜欢则不是这样。

(三) 影响人际吸引的因素

我们都希望自己的人际魅力高,也希望知道自己容易得到哪些人的喜欢。了解影响人际吸引的因素,有助于有针对性地提高自己的人际魅力。

一般而言,影响人际吸引的因素有能力、外表吸引力、人格品质、接近性、相似性、互补性、交往频率、交往的氛围和背景等。

1. 能力

人们通常更喜欢那些能力强、聪明的人。

拥有良好的能力和才华,是一个获得高人际魅力的重要途径。与有才能之人的交往不仅可以为丰富我们自己的经验和技能提供学习的榜样。同时,能力强的人更容易在社会竞争中脱颖而出,受到大家的关注、尊重和喜爱。

然而当某人能力超群、才华过人,达到引发我们的尊严危机的时候,其人际魅力反而会下降。社会心理学家阿伦森(Elliot. Aronson, 1978)用一个实验巧妙地提出"犯错误效应"来解决能力卓越的人面临的"曲高和寡"的难题。他让被试者听大学生才艺表演大赛的录音。录音的上半部分是两位大学生在大赛中的表现,其中一位是能力很强的校刊编辑,他答对了92%的难题;另一个是能力一般的校刊校对员,他只答对了30%的题目。这时候请被试者评价他们对这两个大学生的喜欢程度,结果大家普遍更喜欢前一位能力较强的大学生。在后面的录音中,被试者听到两个大学生犯了一个小错误的叫声:"哎呀,不好了,我把咖啡通通泼到我的新衣裳上了!"然后再请被试者评价他们对这两个大学生的喜欢程度。结果发现,被试者对能力强的大学生的喜欢程度上升,而对能力弱的大学生的喜欢程度下降!

2. 外表吸引力

漂亮的外表确实会增添个体的人际魅力,我们不仅自己更喜欢漂亮的人,而且还会更在意那个漂亮的人是不是也喜欢我们!

尤其在交往之初,这种"漂亮就是好"的效果非常显著。在交往后期,外表导致的吸引力会下降。而且,当漂亮被认为是用来欺骗了我们的感情、愚弄了我们的智商的时候,我们会对之进行更为严厉的惩罚。

西格尔(H. Sigall, 1975)等做了一个外貌对判刑年数的影响的实验。给被试者事先拟好的某人的犯罪事实,请他们来判断应该判多少年监禁。3组被试者看到的卷宗都是一样的,但是实验组配有一张很漂亮的女犯罪嫌疑人的照片,对照组配一张相貌一般的女犯罪嫌疑人的照片,控制组没有照片只有文字,结果如表6-1所示。

表 6-1 判刑的平均年数

罪行	漂亮组	不漂亮组	无照片组
诈骗	5.45	4.35	4.35
夜盗	2.80	5.20	5.10

可见,我们要正确看待漂亮的外表带给我们的人际魅力,不能将之当作人际关系中可以无限利用的资本!

3. 人格品质

与漂亮外表带来的人际魅力随熟识时间的延续而递减不同,具有良好个性品质的人能够持久地保持较高的人际魅力。

良好的人格品质保证了交往的安全性,也保证了人际关系的真诚互惠,对人际关系和人际吸引的影响力是深远而稳定的。一般而言,最能增进人际魅力的个性品质是诚实、理解、忠诚、真实、热情、善良等;而最令人厌恶的个性品质则是说谎、虚伪、作假、邪恶、冷酷等。

4. 接近性

空间上接近的两个人之间更容易产生人际吸引。

俗话说"远亲不如近邻",讲的就是这个道理。空间上接近的人们之间交往的机会也比较多,交往的频率也会相对高一些,因此,容易结成常来常往的亲密关系。在我们的现实生活中,大多数经常来往、关系密切的人也多半是自己的同学、同事、亲人、邻居等身边熟人。

5. 相似性

两个人在某些方面的相似性会增进彼此对对方的人际魅力。

年龄、观念、爱好、受教育程度、社会地位、宗教信仰等许多方面的相似性都可以导致更强烈的人际吸引。其中价值观的相似尤其能加深人际吸引。"志同道合"、"同心同德"对于我们具有更加深刻的心理影响。我们从别人的相同或相似态度和价值观念中获得了"被确认、被肯定"的感觉,更加坚信自己的价值和判断,自尊得到了维护和加强。在这个意义上讲,那些与我们持相同意见的人在"心理上"或"精神上"成为我们的盟友,比那些在空间上陪伴我们的人更值得我们加倍喜欢和报偿,这种相似性带来的彼此吸引甚至可以超越交往之初效果显著的接近性吸引。

6. 互补性

在人际关系发展的后期,尤其是在非常亲密的关系中,需要、性格、行为方式的互补会增进人际吸引。在基本目标和观念一致的情况下,主动性强的人喜欢的可能正好是一个被动性强的人。在基本需要相矛盾的前提下,行动方式的互补并不能产生感情的共鸣。比如,高雅与低俗、庄重与轻浮等,就只有可能彼此排斥,不可能发展成互补吸引。

相似吸引和互补吸引看似矛盾,实际上是相辅相成的。相似吸引,尤其是价值观方面的相似,是建立良好人际关系的基石,在交往之初就发挥作用,而互补,尤其是行为方式与人际需要方面的互补常常是在关系发展到非常亲密和持久的阶段才变得更为突出。可以说,互补吸引是推动长期、稳定、深厚的亲密关系的形成和发展的动力。

7. 交往频率

交往频率是指彼此交往次数的多少。一般而言,交往频率高的人之间更容易形成人际吸引。

莫兰德和比奇(R. Moreland &S. R. Beach,1992)做过一个实验,请4名具有同等相貌吸引力的女性以学生身份去上社会心理学课,她们只是坐在教室里的第一排,安静地听讲,让所有学生都能够看得见,但并不与老师和同学们讲话。她们在一个学期内来上课的次数分别是1次、5次、10次和15次。学期末的时候请全班同学对她们的人际魅力打分。结果发现,曝光频率对受人喜欢的程度有着显著的影响,来上课的次数越多,越受人喜欢,这就是"曝光效应"(mere explosure effect),又称"单纯接触效应"。

我们常说的"日久生情",反映的就是交往频率带来的"熟悉效应"。不过,交往频率只对积极或者中性的对象的喜欢程度发生影响。我们不喜欢的那一类人在我们面前的曝光频率越高,我们会越讨厌他们。

8. 交往的氛围和背景

让我们愉快的交往氛围和背景能够增加我们对对方的喜欢程度。

梅和汉密尔顿(May & C. V. Hamilton,1977)研究了背景音乐对魅力评价的影响。他们事先调查女大学生被试者的音乐偏好,找到她们喜欢的音乐和不喜欢的音乐。然后让她们分别在自己喜欢和不喜欢的音乐背景下评价照片上的陌生男子的吸引力。结果发现,当背景音乐是她们喜欢的曲目时,她们对照片中的人的人际魅力的评价比没有背景音乐时要高,而在她们不喜欢的背景音乐下的评价比没有背景音乐还要低。可见,愉快的交往氛围和背景能够增加我们对对方的喜欢程度。

思考活动

1. 挑选你最亲密的朋友3人,写下他们的名字,并分别分析你们之间的相互吸引主要由下列哪种因素决定的。

你的能力
你的外貌
你的某种性格特征
你们在某方面相似
你们在某方面互补
空间邻近
接触次数多
交往情景因素

2. 回忆你和某一位朋友的结成关系的过程,对照人际关系发展进程,说说你们关系进展中的每一个环节,各自向对方暴露了哪些自我信息,这些与人际关系进程有何联系?

3. 回忆你和某人的一次冲突过程和解决方式与结果,对照人际冲突的解决方法,看看自己哪些地方做得合适,哪些地方做得不合适。

扩展阅读

爱情大家谈

爱情,是人生永恒的话题之一,也是最强烈的人际吸引。心理学家们又是如何看待爱情的呢?我们为大家收集了一些心理学家对爱情的研究结果，也许能够对解答你的一些疑惑。

广义的爱情是指存在于各种亲近关系中的爱，意味着人际关系中的接近、悦纳、共存的需要，持续和深刻的同情，共鸣的亲密感情。而狭义的爱情是指心理成熟到一定程度的异性个体爱情的行为。

爱情的行为常常成为我们判断某人是否爱自己的依据。如果一个人口口声声说“爱你”，但是却总是去和其他人约会，从不知道帮助你做些举手之劳的小事，你一定会怀疑他到底是不是真的爱你。Swensen(1972)请不同年龄的人回答与爱人联系最紧密的行为有哪些？将其结果总结为如下7种：

(1) 爱情的口头描述：如“我爱你”等。

(2) 表达爱情的身体语言：如拥抱等。

(3) 言语上的自我暴露：把自己的秘密告诉对方。

(4) 非言语的表达：当爱人出现时，尽管与对方无直接交往，也表现出轻松和快乐。

(5) 有形的爱情表征：赠送礼物或帮对方做一些事情。

(6) 无形的爱情表征：关注对方的活动，尊重对方的想法，鼓励对方。

(7) 愿意容忍对方的一些缺点：为维持这种关系做出一定的牺牲。

爱情的体验

爱情与友情的一个最重要的区别是生理上的特殊体验，如心跳、无法入眠、难以集中精力做其他事情、幸福感、约会前的紧张感，以及相应的性体验。

爱情的类型

哈特菲尔德(E. Hatfield)把爱情分为同伴式爱情和激情式爱情。同伴式爱情是指向他人的亲切和关爱的情感，不带有生理唤醒和激情，年久的夫妻之间可能体验到这种同伴式的爱情。激情式的爱情是指对爱侣的强烈渴望，伴随着生理唤醒的冲动，当所爱的人出现时会感到气短和心悸等。

李(Lee)认为爱情可以分为下面6种类型。

浪漫式爱情：强调爱情的强烈的情绪体验成分和外表的吸引力。

占有式爱情：对爱人着迷，需要独占，害怕被拒绝，容易紧张嫉妒。

好朋友式爱情：强调爱情中的共同爱好和经友谊逐步发展而成的爱情。

实用式爱情：强调彼此能够满足对方的实际需要。

利他式爱情：强调无微不至的关怀、付出和谅解。

游戏式爱情：强调爱情就是一种游戏关系。

爱情的三角形理论

斯滕伯格（R. Sternberg）提出的爱情的三角形理论最为著名。他认为爱情应包括3种基本成分：亲密、激情、承诺（图6-2）。

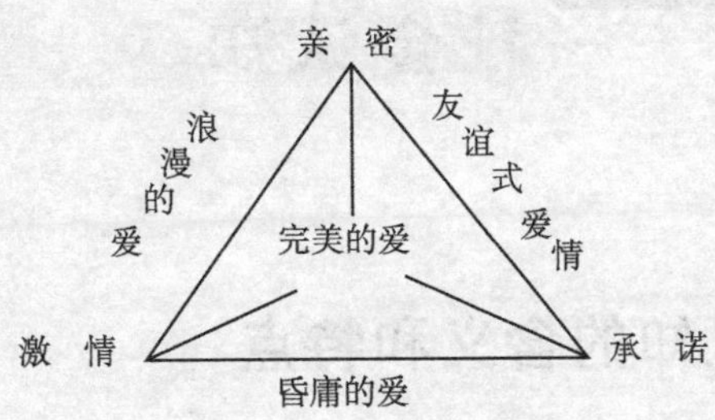

图6-2 爱情三角理论

根据这3种成分在爱情中占有的比例，可以将爱情分为7种类型。

(1) 喜欢：只包括亲密，如友谊式的爱情。

(2) 迷恋的爱：只有激情，如少男少女的初恋。

(3) 空洞的爱：只有承诺，如包办婚姻。

(4) 浪漫的爱：激情和亲密的结合，缺乏承诺，如情侣。

(5) 同伴式的爱：亲密和承诺的结合，缺乏激情，如老夫老妻的爱。

(6) 昏庸的爱：激情和承诺的结合，没有亲密，如闪婚。

(7) 完美的爱：3种成分的完美结合，是爱情的最高体验，较难达到。

资料来源：全国十三所高等院校《社会心理学》编写组．社会心理学[M]．天津：南开大学出版社，2008.

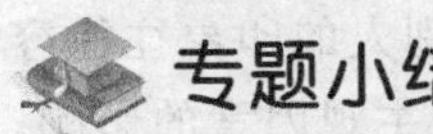

专题小结

心理学中所说的人际关系是指人与人之间通过直接交往而形成的直接的心理层面的关系，其中双方对对方的情感吸引是人际关系中最重要的成分。影响人际吸引的因素主要有个人的能力、外貌、性格特征、双方的相似性、互补性以及交往中的情景因素。人际关系的建立和人际关系的破裂都需要经历一定的阶段。应对人际关系中的冲突需要建立正确的冲突观并使用有效的冲突应对策略。

专题导读

俗话说，不认识人是真瞎子！怎样相对客观地认识和评价自己与别人？哪些因素会导致认识他人时发生错误和偏差？我们怎样解释自己和别人的行为？如何在他人面前树立良好的个人形象？本专题将为你解答这些问题。

专题二 社会认知

一、社会认知的含义和特点

（一）社会认知的内涵

社会认知是指个体对自己和他人的社会心理和社会行为的认知，简单地说，就是对人的认知，是一个与对物的认知相对应的概念。

我们在与他人的交往中观察他人的言行举止、揣摩他人的心情与想法、理解他人的行为原因以了解他人的人际圈子，就是在进行社会认知。

（二）社会认知的特点

与对物的认知相比，社会认知具有如下几个特点。

1. 双向互动性

在对物的认知中，认知对象处于被动的地位，认知过程是单向的。在社会认知中，交往的双方都同时作为认知者和认知对象在进行交流，认知过程是双向的。

2. 主观性

对物的认知具有客观性，而社会认知中我们对别人的印象往往容易受到自己的社会阅历、生活经验、评价习惯等各种主观因素的影响。所谓“公说公有理、婆说婆有理”就是社会认知的主观性的典型体现。

3. 多变性

对物的认知结果相对稳定，而社会认知中的认知者和被认知者都处于不断发展变化之中，对对方的印象和评价很少是一成不变的。比如，小孩子对于严厉的老师常常觉得害怕，但长大后感激的可能恰恰就是当时老师的严厉。

4. 社会性

人作为社会关系的总和，其一切言行品质都是在社会情景中表达和养成的，对人的认知也一定是在各种社会关系、社会角色和社会情景的限定中进行的。离开对人所生活的复杂社会情景的考虑,社会认知难以获得理想的结论,也无法以此来预测人的行为。相比较而言,对物的认知主要探究的是事物的自然属性,而社会认知总是在各种社会关系、社会角色和社会情境的限定中进行的,具有明确的社会性。

二、社会认知的内容和环节

(一) 社会认知的内容

一般而言,社会认知的内容主要包括如下几个方面。

1. 对他人外部特征的认知

社会认知常常是从对他人的外部特征开始的。这里说的外部特征主要包括一个人的仪表、表情等能够直接被我们观察和了解的信息。

仪表是对个人的衣着、体型、肤色等方面的物理特征是否协调、适宜等的综合和概括。我们会用自己的主观偏好来形成对对方仪表的印象。比如,喜欢高个儿的人看见高个子会觉得高大帅气,不喜欢的人则可能认为是傻大个子。

表情是个体情绪和情感的外部表达,包括面部表情、体态表情,即身体动作、姿势和语态表情,即讲话时的语气语调 3 个方面。

表情是了解对方外部特征的重要线索,在社会认知中通常会以自然发生、自然获取的方式起作用。

2. 对他人性格的认知

了解一个人的性格能够更好地预测人的行为。因此,我们与别人打交道时一定会关注对方的性格特征,对方是否诚实、热情等会直接影响我们的交往方式。对他人性格的认知不像对表情和仪表的认知那样快速直接,需要有相对长期的交往和相处才能获得。所谓"路遥知马力,日久见人心"就是这个道理。

3. 对他人行为动机和原因的认知

我们在认识他人时还要对其行为原因进行分析和推测,探究他为什么要这样做?是什么原因导致这一行为和结果?这将影响我们怎样解释对方的行为以及对他的评价。比如,你如果认为张同学积极回答老师的问题是因为他爱学习,你可能会佩服他;可是如果你认为他是在抢风头,就会对他不屑一顾。

4. 对他人人际关系的认知

在与别人的交往中,我们不仅希望知道对方与自己的关系发展到怎样的深度,也希望了解对方与别人之间的关系,以便确定自己和别人在人群中的亲疏距离和交往方式。

（二）社会认知的过程

社会认知是一个由表及里的过程。一般而言，社会认知的过程可以分为社会知觉、社会判断和社会评价、行为归因 3 个环节。

1. 社会知觉

社会知觉是指感知他人的外部特征并形成对他人的总体印象的过程。总体上讲，它属于社会认知开端的环节，其主要任务是收集外在信息为后面的深度认识提供准备。

2. 社会判断和社会评价

社会判断和社会评价是指根据认知者看待他人的标准对经由社会知觉获得的“客观”印象做出主观的判断和评价的过程。我们生活中常说谁是个好人、谁的举止很得体等，都是在对别人做判断和评价。

3. 行为归因

行为归因是对他人言行的原因分析，需要运用一系列的思维和假设检验的方法，遵循一定的逻辑规则，以求对认知对象的言行做出合理的解释。

由于社会认知的复杂性，社会认知的这 3 个环节并不需要截然分开，而常常是同时进行、互相照应的。

三、影响社会认知的因素

社会认知的过程和结果受到多种因素的影响，其中最主要的有认知者因素、被认知者因素和情景因素 3 个大的方面。

（一）认知者因素

认知者自身的特点对社会认知影响重大。有趣的是，认知者本人常常觉察不到自身特点对认知过程和结果的影响。实际上，认知者的原有经验和图式、价值观念、情绪情感状态等都会对社会认知产生影响。

1. 经验和社会图式

不难发现，经常被老师批评的学生和经常被老师表扬的学生对同一个老师的印象和评价常常是完全相反的。这个例子说明认知对象的某种言行在有着不同相关经验的人看来其用意是迥然不同的，说明个体原有的经验和社会图式会影响到社会认知的结果。

图式是人们从处理社会事务的个体经验中获得的有一定组织的认知系统。图式既是个体用来解释社会信息的依据和模板，也是指导个体自己的社会行为的重要依据。比如，我们中国人聚餐之后有“争着付钱”的图式，所以几个中国人吃完饭总会为谁来付钱拉扯一番，大家都觉得这很正常。但是外国人没有这个图式，会看不懂中国人每次吃完饭为什么都要立刻“打上一架”！

事实上，我们每个人的经验中都有许许多多的社会图式参与我们的社会认知，这些图式有关于自己的、关于他人的、关于某个角色的、关于一件事情该如何做的，这些图式为我们的生活提供了脚本和判断的依据，大大简化了我们的社会认知过程。

2. 价值观念

“焦大是绝对不会爱上林妹妹的。”认知者的价值观念决定了拥有什么样的品质、行为方式的人最符合自己的偏好。比如，一个极端的“物质至上主义”者可能更喜欢直接给他钱的人，而对于给予他荣誉、赞许或情意的人则评价为虚情假意。两个价值观相差太远的人彼此也很难对对方的行为中表达出的意图有相对适宜的理解，因此也容易产生互有隔膜的情形。

3. 情绪状态

一般而言，积极的心情导致对别人的积极正面的评价，消极的心情导致对别人的消极解读。比如，当我们比赛得了奖高高兴兴地去吃饭时，服务员洒了点水在我们衣服上，我们会解释为她是无意的；可是如果我们刚刚被偷了钱包，就会觉得服务员是看见我们没钱了故意欺负我们！

可见，作为认知者，我们应该经常提醒自己关注自身因素对我们的社会认知造成的影响，尽可能对别人形成相对客观的印象。

（二）被认知者因素

被认知者的外在表现、行为特质、与认知者的熟识程度也会影响我们对他形成的印象。

1. 显著性信息

被认知者身上的显著性信息对形成印象有显著影响。

按照知觉的选择性的一般要求：显著的信息优先被知觉。因此，一个人在行为、言论、服饰、外貌、人格特征中的那些独特的、明显的、与众不同的、跟背景场合很不一致的信息，更能左右我们对其形成的印象和评价。

(1) 外部表现中的显著性信息

突出的外部行为容易引起我们高度关注。相比其他的常见行为而言，它对于印象形成更有影响力。想一想：长相非常漂亮的人是不是总能轻易地让我们记住他？嗓音非常洪亮的人是不是总能让我们优先去听他在讲什么？穿着古怪衣服，化着奇异妆容的人如果不是出现在惊悚电影里而是站在你身边，是不是令你惊吓之余印象格外深刻？突出的外在特征更容易让人留下深刻鲜活的印象。

(2) 人格特征中的显著性信息——核心特质

显著性信息的影响力还体现在被认知者的人格特征中是否具备一些特定的核心特质。研究表明:对方是否具有"热情"或"冷漠"这两种人格特征,对于我们对他形成整体印象的影响要超过其他人格特征的影响力,因此我们将"热情—冷漠"称之为核心特质,而将其他对印象形成影响力较弱的人格特质称为边缘特质。

2. 被认知者与认知者之间的熟悉程度

一般的,熟人之间更看重对方的内在品质,而陌生人之间因为内在品质还不了解,外在的行为特征就会成为评价对方的主要依据。俗话说"远重衣冠近重人",讲的就是这个道理。

(三) 情景因素

一个人的言行举止与其所在场合中的身份和角色是否匹配,会直接影响我们对其形成积极印象还是消极印象。想一想,足球守门员如果西装革履总是彬彬有礼地站在球门边恭候足球入网,所有人都不能原谅他的怪诞,而如果他出现在婚宴上恭迎嘉宾入席,我们一定会喜欢他的周到礼貌。

同样的,一个人经常出入的场合,也影响我们对他的印象。天天上图书馆的人我们肯定说他是勤奋的好学生,天天去泡网吧的人就未必能给我们这样的印象了。

四、印象的形成和常见的社会认知效应

通过前面的讲述,我们已经知道了,对人形成一个客观的认识是会受到方方面面的因素影响的,这种认识的复杂性对社会知觉的结果的影响体现在印象形成中的常见社会认知效应上。

(一) 什么是印象

依据社会知觉信息对他人形成一个概括化的认知结果,就是印象。

与我们打过交道的人总会给我们留下或深或浅的印象。回忆小时候的同学们,胆小怕事的张三、聪明伶俐的李四、憨厚耿直的王五、漂亮高傲的沈六,我们马上就能想起他们当时留给我们的不同印象。每个人的印象中都包含着他的语言风格、典型行为、外貌体格、个性品质等特征,这是我们对他们的总体认识结果。

(二) 印象形成中的社会认知效应

印象形成中的某些信息会产生特别重要的影响。这种由特殊信息导致的有规律的社会认知活动和结果,叫做社会认知效应。

常见的社会认知效应有首因效应、近因效应、晕轮效应、社会刻板印象、投射效应、宽大效应和负性效应等。

1. 首因效应

首因效应又称第一印象，指的是人们会重视最先得到的信息的作用，并据此对他人做出判断。虽然第一印象并不总是最准确的，但是它确实能够给人留下深刻的印象。许多关系亲密的朋友或夫妻都能够清晰地回忆起他们第一次见面时发生的一切，包括细节和当时的感受都清晰鲜活、回味无穷、历久弥新，可见首因效应在实际生活中的影响是很普遍的。

陆钦斯（A. Luchins，1957）用实验证明了首因效应的存在。他让被试者阅读两篇关于“男孩儿吉姆”的生活片段的文字。其中一段文字是写吉姆和同学们一起走在上学的路上。吉姆在路上一会儿晒晒太阳，一会儿和商店里遇到的熟人说说话，一会儿向一个新结识的姑娘问好。文章显然把吉姆描写成了典型的活泼外向的男孩儿。另一段文字中则写着吉姆独自走在放学回家的路上，他先是在马路背阴的一边走着，然后默默地到商店里排队买东西，接着遇到刚认识的姑娘也不去向她问好。这段文字把吉姆描述成一个内向沉默的人。不同的被试者阅读到这两篇文章的顺序是不一样的。有一组被试者先阅读“外向吉姆”的文字，再阅读“内向吉姆”的文字。另一组被试者则先读“内向吉姆”的文字，再阅读“外向吉姆”的文字。阅读完两段文字之后，所有的被试者都要对自己印象中的吉姆做出评价。结果发现，尽管阅读顺序不同，但被试者们对吉姆的印象基本与他们先读到的文字中的吉姆保持一致，也就是说：先读“外向吉姆”文字的人读完“内向吉姆”之后依然认为吉姆是个外向的男孩儿，而先读“内向吉姆”文字的人读完“外向吉姆”之后依然认为吉姆是个内向的男孩儿。可见，在社会印象的形成中，我们哪怕也可以获得关于某个人的很多次接触之后的信息，第一印象依然对他的总体印象起着决定性的作用，其余的信息除非是事先得到提示或者特别突出，否则很容易被第一印象淹没。

第一印象只有一次，不可能抹去重来。既然第一印象如此重要，我们一般应力争给重要他人留下一个相对美好的第一印象，为以后的顺利交往和建立良好人际关系开个好头。当然，首因效应的存在也使得我们容易犯“先入为主”的错误，这是我们需要提醒自己注意防范的。

2. 近因效应

近因效应是指我们获得的他人的最新信息对于我们形成对他的印象产生重要的影响。

新近发生的交往最容易被我们记住，成为形成印象的重要依据。比如，老师来问我们张同学是否适合做三好学生，如果他昨天刚骗了我们，我们很有可能会给老师一个坚决反对的态度。近因效应给我们扭转自己留给别人的不良印象提供了可能性。

既然首因效应和近因效应都对印象形成有显著影响，那么到底哪种效应更重要呢？研究表明：当首因和近因这两种信息连续出现、间隔的时间短、交往的次数少的时候，首因效应更为显著；当它们之间间隔的时间长、交往的次数多的时候，近因效应更为显著。也有研究表明：对于陌生人形成印象的时候，首因更起作用；而对于熟悉的人而言，近因更起作用。

3. 晕轮效应

晕轮效应也称光环作用，是指我们一旦发现或认为某人身上具有某一种突出的特质，就会认为他一定拥有其他方面的关联特质。

戴恩（K. Dion，1972）等人给被试者看3个男人或3个女人的照片。其中一个相貌美丽，一个相貌一般，一个相貌较差。然后先让他们预测3个人可能具备的一些特征、幸福程度和成功可能性。不难发现：长相漂亮的人在各个方面都被赋予了更多良好的想象和预测。

所谓"情人眼里出西施"、"一白遮百丑"等正是晕轮效应的典型写照。晕轮效应其实是一种"一好百好、一坏百坏、以偏概全"的认知现象，说明我们在对他人形成印象时会发生丰富的联想。

4. 社会刻板印象

社会刻板印象是指人们对具有某种共同特征的一群人形成一种固定的概括化印象的现象，是一种"只见森林，不见树木"的认知效应。比如，"无奸不商"、"中国人勤劳、美国人开放"、"山东人能喝酒，广东人爱喝汤"等都是典型的社会刻板印象。常见的社会刻板印象有地域刻板印象、职业刻板印象、种族刻板印象、民族刻板印象、年龄刻板印象、性别刻板印象等。

社会刻板印象的形成既有一定的根据，又很难准确可靠。它们是一种快速识别他人的模式，但它未必适合每个特定的人。当形形色色的刻板印象大量渗透我们的日常生活中时，我们习以为常地认为这些刻板印象总是有道理的，很少去分辨它们是否真的正确。

5. 投射效应

投射效应又称相似假定作用，是指人们在社会认知中存在一种假定对方与自己有相同之处的倾向。

投射效应也就是我们通常说的"以己之心，度人之腹"、"推己及人"或"人同此心、心同此理"。初次接触的人们之间最容易出现这种投射效应。如果没有进一步的接触来检验和矫正，这种"同心同德"、"惺惺相惜"会让我们对别人形成一相情愿的"好"印象。

6. 宽大效应

宽大效应又称正性偏差、积极偏见、仁慈效应等，指的是当我们评价别人的品质时候，所给出的积极评价往往多于消极评价。我们喜欢用更积极的方式给别人一个偏高的评价。

想一想我们在平时的生活中也难得听见同学们、朋友们说我们什么地方不好,除非是闹意见了或者正在吵架！这正是宽大效应在起作用。下一次当我们听到别人在罗列我们的一大堆优点的时候,高兴之余要提醒自己保留一点自知之明哦！

如果被评价的不是具有人格的对象而是客观事物,则不会出现宽大效应。

7. 负性效应

负性效应是指在同等情况下,负性因素比正性因素更能够影响人们的社会印象。

我们常说“一朝行窃、终生是贼”,我们一旦发现了某人身上有某些明显的缺点、过失、劣迹,对他形成的印象会非常糟糕,难以修改,这都是负性效应导致的。尤其涉及评价人的道德品质的时候,负性效应的影响超过宽大效应——所谓“一失足成千古恨”,这很能体现负性效应在对人进行道德评价中的杀伤力。

总之,认知效应既能够让我们快速地用少量的信息获得近似印象和评价,也能导致我们对他人的认知评价严重失真。

建立良好的社会印象主要靠的还是我们稳定的品质和表现,希望用一时一事的粉饰、通过投机取巧来获得别人的好感是不可取的,也是靠不住的。

五、归因理论和归因偏差

我们会怎样解释自己和别人的行为动机和原因呢？社会心理学家们提出了3种主要的归因理论。

(一) 海德的内外归因理论

海德(F. Heider)认为,多数人会按照环境的要求来决定自己的行为;人们的非有意的行为下次可能不再发生;人们的有意的行为是其人格特征的反映。因此,一般人在解释行为的原因的时候,要么将之归为外因,即情景因素,这样的归因称为情景归因或外归因,这样的归因不会用于对其行为的预测;要么将之归为内因,即个人特质,这种归因方式称为特质归因或内归因,这种归因结果常常用来预测其未来的行为。

(二) 维纳的成败归因理论

维纳(B. Weiner)专门研究了人们怎样对行为进行解释。他认为导致行为成功和失败的原因主要有能力、努力、任务难度、运气、身心状态和外界环境6种。这6种因素可以从内因—外因、可控—不可控、稳定—不稳定3个维度来衡量(表6-2)。一个人对自己的成功和失败归因到何种原因,会影响他的自我评价和自我预期。比如,一个学生如果将自己考试成功归因为能力强这种内在的、稳定的、不可控的因素,会感到自豪和骄傲;如果归因为运气这种外在的、不稳定和不可控的因素,则只会产生侥幸心理。

表6-2 维纳的成败归因理论

	内在—外在	稳定—不稳定	可控—不可控
能力	内在	稳定	不可控
努力	内在	不稳定	可控
任务难度	外在	稳定	不可控
运气	外在	不稳定	不可控
身心状态	内在	不稳定	不可控
外界环境	外在	不稳定	不可控

(三)凯利的三度归因理论

凯利(H. Kelly)认为人们在为行为寻找原因的时候,应该将关于行为者、行为对象和行为情景的特殊性的信息全面加以收集和整理,综合这3种信息的组合方式来做出准确的判断。

(1) 行为者的特殊性,又称一致性信息,是指其他人是否也做出了该行为。如果大家都这样做了,则一致性高,反之则一致性低。

(2) 行为对象(刺激物)的特殊性,又称区别性信息,是指行为者是否只对该行为对象(刺激物)做出此行为。如是则区别性高,反之则区别性低。

(3) 行为情景的特殊性,又称一贯性信息,是指行为者是否经常对该对象做出此行为,如果是经常如此,则一贯性高,如果只是该情景下做出该行为,则一贯性低。

凯利经过研究发现,一种行为的上述3种信息的某一个组合方式决定了我们应该对它做怎样的归因(表6-3)。

表6-3 用凯利的三度归因理论解释"小明数学期中考试不及格"

一致性	一贯性	差异性	归因
高:全班数学都不及格	高:小明数学一向不及格	高:小明其他科目期中考试分数都很高	行为对象(刺激物):数学对该班学生而言是难学的科目
低:全班其他同学数学分数都高	高:小明数学一向不及格	低:小明其他科目期中考试分数都低	行为者:小明是个不善学习的学生
低:全班其他同学数学分数都高	低:小明数学一向分数很高	高:小明其他科目期中考试分数都很高	情景:小明这次数学不及格是情景因素导致的偶然失手

（四）常见的归因偏差

社会心理学家研究发现，人们在归因时并不总是能够客观公正地找到行为的全面且真实的原因，而是经常会出现一些典型的归因偏差。

（1）基本归因错误：人们往往高估内在特质的重要性而忽视情景因素。我们在解释别人的行为及其结果的时候常常习惯性地先从他本人身上找原因。

（2）观察者—行为者偏差：行为者常常容易看见自己行为的外在原因，而观察者常常更容易看到行为者自身的原因。

（3）时间因素：随着时间的推移，外在的情景因素会越来越受到重视。

（4）自利偏差：人们倾向于对自己和别人的行为做出有利于维护自己的尊严和利益的归因。这具体表现为对自己的成功做内归因，失败做外归因；而对别人的成功做外归因，失败做内归因。

六、社会认知的智慧与策略

对于每一个人而言，与别人的相处都面临着两个问题。一是让别人对自己留下何种印象；二是自己对别人留下了何种印象。对这两个问题的解决离不开我们常说的“知人之智”和“自知之明”，这正是我们每个人在社会生活中都应该学习的有关社会认知的智慧和策略。

社会认知策略中最重要的是印象整饰、印象整饰的识别、应对不一致信息和消除偏见。

（一）印象整饰

印象整饰又称印象管理，是指被认知者通过主动调整自己的外部行为表达，实施操纵和控制认知者对其形成印象的过程，使对方对自己形成的印象符合自己的印象目标的行为。

我们几乎都有这样的经验：求职面试的时候穿戴比平时更正式，对长辈比对晚辈更礼貌一些，之所以要表现得“不同寻常”，是因为希望给其他人留下一个更好的印象，这就是在进行印象整饰。

理论上，我们在印象整饰的时候可以考虑下面的原则。

（1）顾及对方：了解和适当顺从对方的喜好是不可缺少的。

（2）符合身份：我们在顾及对方感受时，也需要遵从自己的身份和角色对行为的要求，而不是一味地迎合对方。殷勤过头也会令双方难堪。

（3）忠于自我：保持自己的本色，坚持自己的基本原则和底线，也能为我们赢得好印象，与他人保持正常健康的人际关系。

（二）印象整饰的识别

对于认知者而言，我们一方面要理解被认知者印象整饰的合理性；另一方面，在必要的时候，也要能够识别对方出于不正当目的而进行的印象整饰。

识别印象整饰的方式常常有下面两种。

1. 捕捉冲突信息

埃克曼和弗里森（P. Ekman & W. V. Friesen，1974）让一群护士看一部糟糕的影片，然后请她们表达自己对影片的意见，要求其中一组被试者真实地表达她们的不满，而另一组被试者则必须表达积极的意见。将这两组被试者表达意见的表现录制下来，播放给另一群被试者看，让他们判断这些护士讲的是真话还是谎话。其中一组被试者看的录像只出现护士的脸部，另一组被试者看的录像只出现护士颈部以下的身体部分。结果发现，只看到身体的被试者能够准确地发现护士说的是真话还是假话，但是能看到脸部的被试者判断更容易出错。这个实验说明，身体的动作等非言语的方式比语言和面部表情更能够提供准确识别印象整饰的信息。

可见，印象整饰容易出现在能够有意控制的信息表达途径中，比如，言语信息、面部表情等，而非言语的信息途径，如身体动作和姿势、声调语气等，由于不能轻易地被意识左右，也就更能够表达出行为者的真实感受或态度。因此，我们可以通过觉察和判断这两种途径中同时表达出来的信息是否一致来达到识别印象整饰的目的。

2. 判断高自我监控者

自我监控是指一个人是不是很善于为了适应环境或迎合他人期望而进行有意识的自我行为调整。高自我监控者善于体察对方的心理，其内在态度与外在行为表达可以比较容易做到不一致；而低自我监控者则不善于做印象整饰。很显然我们需要识别的主要是高自我监控者。

我们在生活中可以通过观察某人在不同的人面前、不同的场合下对同一件事情是否能够保持基本一致的态度和行为，来辨认高自我监控者。

（三）应对不一致信息

那些与预期或过去印象不一致的信息，更可能帮助我们改正原来错误或片面的印象或解释，需要给予更多的关注。

面对不一致信息的时候，我们可以给予的特殊加工主要是以下几种。

（1）花更多时间去思考出乎意料的信息。

（2）试图重新解释出乎意料的信息。

(3) 更多地回忆相关的不一致信息。

经过额外的分析,最后我们可能修正原有印象中不够真实的一面。比如,如果一个一贯温和的人突然和谁吵起架来,我们一定会认为发生了非常令人忍无可忍的事情,假如真的只是为了一点小事,我们就去寻找那些给我们留下温和印象的事件是否有别的原因。这样思考的结果是,我们将"一贯温和"的原有印象修正为"一般温和"的新的更为客观的印象。

(四) 消除偏见

偏见是指人们不以客观事实为根据建立的对人、对事的刻板的、不正确的态度倾向。

偏见可以是偏爱,也可以是偏恶。我们在生活中最关注的往往是偏恶。偏恶又称成见,它是一种先于或者脱离客观事实而先入为主地形成的一种错误态度,而且非常牢固、难以扭转、有很强的泛化的倾向,极容易伤害双方的人际关系。

消除偏见可以从如下3个方面着手。

1. 对抗刻板印象

充分意识到刻板印象的有限合理性和片面性,有利于防止刻板印象加深偏见的牢固程度。通过提醒自己关注对方即时表现出来的客观的行为方式和个性品质,而不是简单地根据刻板印象进行自动归类,能防止偏见的产生和形成。如果我们收集到的不一致的信息足够充分、足够真实,偏见可能会发生松动和改变。

2. 平等接触

我们对某人抱有偏见时,会尽量回避与他接触的痛苦与厌恶,使得偏见得以消除的机会变得更小。只有尽可能创造机会让双方平等接触、真实面对,才有可能获得新的信息来消除偏见。

仅仅是简单地强迫双方必须在一起不仅会导致鸿沟公开化、冲突升级,还有可能酿成更广泛的对立和偏见。

3. 改造环境

创造消除偏见的环境,减少传播和学习偏见的机会,是消除偏见的有力措施。比如,歌颂少数民族英雄人物能够消除民族偏见。

思考活动

1. 你体验过下列哪些社会认知效应?结合自己的经验谈谈这些认知效应的利与弊。

首因效应
近因效应
晕轮效应
社会刻板印象
投射效应
宽大效应
负性效应

2. 回忆自己某一次成功或失败的经历,并分别依照3种归因理论对其进行归因,比较结果的异同,体验3种不同的归因理论的差异何在。

扩展阅读

预言的自动实现——把你看成谁,你就会成为谁!

图式不仅影响我们的社会认知,还有可能以潜在的方式影响我们的社会期望和言行举止,并以此对周围的人和事产生相应的影响，导致相关的人和事向着符合我们的图式预期的方向发展，最终“证明”我们当初的图式“果然是正确的”。这种现象叫做“自我实现的预言”。

Snyder，Tanke 和 Berscheid 在 1977 年做了一个经典的实验：他们给每一个男大学生被试者发了一个文件夹，里面有一个女同学的资料以及一张旧照片。照片有两类，一类是很漂亮的，一类是很不漂亮的。照片并不是资料中所讲的那个女同学本人的，只是随机分发的。然后让这些男被试者按照资料中留下的女同学的电话号码给这个女生打电话，要求他们交谈 10 分钟，每一个电话都做了录音。对电话的分析发现，那些被男生误认为很漂亮的女生比被误认为不漂亮的女生在电话里表现得更加温柔一些。而且，让另外一些大学生被试者来听这些录音，他们认为那些被误认为漂亮的女生表现得更可爱和友好。

由于自我实现的预言，我们对他人的信念会使他人按照我们的他人图式所期待的那样去做，从而影响到我们对他人的认识、与他人之间的交往过程和人际关系。在我们日常生活中，自我实现的预言大量存在并在不知不觉中影响我们和周围的人。著名的罗森塔尔效应说明了教师对学生的积极期待对学生的学习行为会产生积极的影响，被老师们认为是有学习潜力的学生经过一段时间之后“果然”在学习上有了明显的进步！认为女孩子就应该文文静静、爱做家务的父母“果然”发现他们的女儿行动斯文、天生就对家务活和照顾布娃娃特别在行！

自我实现的预言的现象也对自我图式中个体对自己的预期同样起作用。当我们答应别人我们会做某事后，我们真的更容易去做这件事；当我们认为自己是个热心肠的人的时候，我们也会更多地关心别人；当我们认为自己能够成为三好学生时，我们真的会更愿意时时刻刻以一个三好学生的标准要求自己。因此，对自己和别人常常抱着积极的期望，建立积极的社会图式，将会给我们的生活、学习和人际关系带来更为积极的影响。

资料来源：[美]S. E. Tayler L. A. Peplau D. O. Sears. 社会心理学[M]. 谢晓非等译. 北京：北京大学出版社，2006.

专题小结

社会认知是人们对他人的认识，包括社会知觉、社会判断和社会评价、行为归因 3 个环节。社会认知受到认知者、被认知者、认知情景的影响，在社会认知中存在一些特殊的认知效应如首因效应、近因效应、晕轮效应、社会刻板印象等。人们在对行为归因时可以遵循一定的理论指导，也会出现一些归因偏差。在日常的社会认知中可以使用一些认知策略如印象整饰及其识别策略、应对不一致信息的策略和防止偏见的策略等。

专题导读

如何与别人顺利交往？在人际交往中需要遵循哪些原则？怎样选择合适的沟通工具以达到最佳的沟通效果？怎样避免人际沟通中的障碍？如何应对争吵？本专题将为你解答这些问题。

一、人际交往的内涵

（一）人际交往的定义

人际交往是指人与人之间的交往，既有非物质性的信息交流，也有物质交换以及相对稳定的关系的建立。

人际交往具有如下的意义。

(1) 人际关系需要在人际交往中建立和发展，积极健康的人际交往对于健康愉悦的人际关系是非常重要的。

(2) 人际交往和沟通的策略需要在交往中得到锻炼和培养。

(3) 乐于交往可以获得必要的社会支持，有利于保持良好的心境，增进自己的心理健康和幸福水平。

（二）人际交往的功能

1. 人际交往与个性发展

健康积极的人际交往是个性发展的必要前提。婴儿时期的母婴依恋是个体的个性发展的有力保障，为孩子的成长提供了一个受益终生的安全感、信任感和亲密感的基石，对于孩子长大之后形成积极、勇敢、自信、乐观、独立、好奇和创新等积极人格，有着深远而广泛的影响。

缺乏与父母等的正常交往和正常依恋关系的孩子，不仅性格发展可能受到影响，连智力成长也会受到阻碍。有研究表明，在孤儿院里长大的孩子常常因为难以受到足够的关注、缺乏稳定亲密的依恋关系，其性情与智力的发展常常会比正常家庭长大的孩子要差。一旦他们被正常家庭领养，其心智水平和个性、社会性的发展往往有一个快速的提高。

2. 人际交往与心理健康

健康积极的人际交往能够增进心理健康。心理健康的标准之一是人际关系良好、善于与人交往。一个长期不愿意与人交往的人，往往本身就是因为个性孤僻、情绪不良、心理冲突难以解决、面临各种适应压力或心理问题，而这种自我封闭又会加重这些问题，容易导致更严重的心理问题。对于已经出现某些心理问题的人而言，积极寻求社会支持、维持正常的生活秩序，有益于减轻心理压力并获得社会支持，促进心理问题好转。可见，正常的人际交往不仅是一种健康心理的标准或正常反映，它本身也有很好的促进心理问题好转的作用，是一种有利于解决心理问题的积极应对方式。

3. 人际交往与幸福

健康积极的人际交往有利于提升幸福感。愉悦地与人相处、互惠和彼此尊重喜爱，可以让人从中获得归属需要、爱的需要、尊重和自尊的需要的基本满足。积极心理学的研究表明：积极健康的人际关系本身就是幸福感的重要源泉，也有利于在需要的时候获得必要的心理和物质支持。

4. 人际交往与自我肯定

健康积极的人际交往有利于自我肯定。亲朋好友的评价和鼓励是人们得到肯定与赞赏、维持自我价值的最有效的途径。

有哲学家说过这样一句话：过多的交往使人浅薄。交往需要不是无限的，我们还有独处的需要。正常的社会生活是在交往需要的满足与独处需要的满足之间达到一种和谐的平衡。

二、人际交往的原则

交往是双方的共同参与和合作，彼此的言行举止对于对方的反应和彼此的关系会发生即时的影响。在交往的过程中，双方都需要遵循一定的原则，才能保证人际交往和人际关系向着积极的方向发展。人际交往的原则主要有：交互原则、功利原则、自我价值保护原则、情境控制原则等。

（一）交互原则

人际交往的交互原则表现为：一方的积极态度和行为引发对方的积极回应态度和行为，一方的消极态度和行为引发对方的消极回应态度和行为。

阿伦森和兰迪（Elliot. Aronson & D. Landy，1965）让自己的助手扮演一个被试者与真被试者进行一系列简单交往，每次交往之后，都让真被试者“碰巧”听到助手对另一个人的谈话,有些被试者听到助手说喜欢自己,而另一些被试者则听到助手说不喜欢自己。然后让被试者选择他们下一阶段是否还愿意和助手搭档。结果发现,那些“无意中”听到助手说喜欢自己的被试者都愿意继续和助手搭档,而那些听到助手说不喜欢自己的被试者则拒绝和这个助手再合作。可见,我们对对方的态度和喜爱是受制于对方是否喜欢我们的。你喜欢我,我也就喜欢你;你不喜欢我,我也就不喜欢你!

交互原则要求我们在人际交往的过程中正确理解和选择双方的交往态度和行为的交互回应方式。一般而言,双方都主动选择积极的交互回应方式更有利于交往的维持和发展。“爱人者,人恒爱之;敬人者,人恒敬之”讲的就是积极的相互回应。如果希望交往对象对我们喜爱、关心、温和,那么我们首先要要求自己按照这些方式对待别人。

(二)功利原则

人际交往的过程离不开双方在物质、情感、精神、社会资源等方面的交换。功利原则是指我们在交往的过程中,应该更多地实施“增值交换”和“对等交换”,避免进行“减值交换”。

“来而不往非礼也”,既然是交换,就有公平和收益的问题。一般来说,如果交换的结果是一方的收益(得)比付出(失)要多,那么对他而言就是进行了增值交换。同理,如果得小于失,就是减值交换;得失相当,就是对等交换。为了维护交往双方交往的可能性,最好是双方都做增值交换或对等交换。

长久的增值交换和对等交换更容易出现在重视情谊和精神交流的人之间。因为将情谊和精神共鸣赋予更高的心理价值,无论这种情谊和精神交流是否借助一定的物质形式,只要是交往就是增值交往。“千里送鹅毛,礼轻情谊重”讲的就是这个道理。

(三)自我价值保护原则

自我价值保护原则是指在人际交往中双方都会自发地保护自己的自我价值,也应该自觉地维护和尊重对方的自我价值。

我们之所以在人际交往中喜欢那些和我们意见一致的、喜欢我们的人,与我们的自我价值得到对方的肯定不无关系。而人格侮辱、人身攻击、揭别人的伤疤、贬低和诋毁对方的亲友、爱好和事业等做法则因为严重贬损了对方的自我价值,容易对双方以及双方的交往和关系带来创伤。

(四)情境控制原则

情境控制原则要求我们在与人交往的时候致力于让双方都能够平

等地拥有一定的决策自由、控制双方关系的自由和选择交往方式等权利与自由。自由交往和平等交往是实现情境控制原则的两个基本要求。

想一想我们被老师或长辈叫去检查功课时候的心情！当我们基本上处于被决定的角色上时，会很希望这次的交往尽快结束。交往既然是双方共同参与的活动，一定要在双方都自觉自愿的前提下进行，勉强交往很难长久坚持下去。所谓“强扭的瓜不甜”就是这个道理。无论是亲子之间、夫妻之间、朋友之间还是同事、同学、邻居之间，也都应本着情境控制的原则，给予双方足够的自由和平等尊重。

三、人际沟通的概述与功能

（一）人际沟通的定义

人际沟通是指人与人之间传递信息、交流思想和情感的过程。

孩子的哭声提示母亲来照顾他，老师用手势制止学生讲话，我们在互联网上聊天，都是在进行人际沟通。人际沟通是人们认识自己和他人的必要途径，是人际交往中最主要的活动之一，也是一个人社会化过程的基础。同时，人际沟通是协调人际关系、加强加深情感的重要方式，是人与人之间发生联系的主要方式。

（二）人际沟通的功能

人际沟通的功能很多，从心理学的角度看，人际沟通具有以下主要功能。

1. 人际沟通是建立和维持、调整人际关系的工具

人际关系的建立、维持和调整都离不开人际沟通。我们通过人际沟通交换各自的人生智慧、经验、需求和愿望，寻找与我们志同道合的朋友。当人际关系出现冲突和误解的时候，需要用合适的沟通方式去解释和澄清以修复关系。

良好的沟通带来良好的关系：真诚的赞美、及时的解释、准确的表达、得体的谈吐，总是能帮助我们顺利获得他人的好感、完成彼此的合作、增进彼此的理解、激发积极的情感、维持良好的人缘、推进亲密的关系。

人际沟通是人际关系中的重要工具，善用它会为人际关系扫除障碍；不能善用它，那么它本身也可能会成为人际关系中的障碍。

2. 人际沟通提供了个体身心发展所必需的信息资源

个体的身心成长离不开与他人沟通所获得的各种各样的信息。无论是从智慧活动中学习知识和技能，或者从人际交往活动中获得社会规范和经验，还是在实践活动中与人合作和协商，都离不开人际沟通这种工具的有效使用。

有研究发现：缺少人际沟通的孩子、退休后人际沟通骤减的老人、离群索居的成年人、长期单独驻守边防的战士，都不同程度地出现认知和社会技能方面的退缩和迟滞。独身者寿命偏短的主要原因是比正常人缺乏配偶之间的沟通和由此而形成的感情依恋，继而对整个身心健康系统都构成了长期潜在的影响。

3. 人际沟通是自我概念形成的重要途径

我们了解和认识自己的各种特点、角色规范和能力水平、学会自我评价和建立自尊，都是在与人交往、沟通和比较中完成的。“没有沟通，就没有自我的形成；没有沟通，就没有自我同一性的建立；没有沟通，就没有自我概念和自我价值感的维持。”

（三）人际沟通的过程及其组成要素

根据巴克尔（L. L. Barker，1987）的总结，从信息传播的角度来看，人际沟通的过程主要由 7 个要素组成：信息源、信息、通道、信息接受者、反馈、背景和障碍。其相互关系和流程如图 6－3 所示。

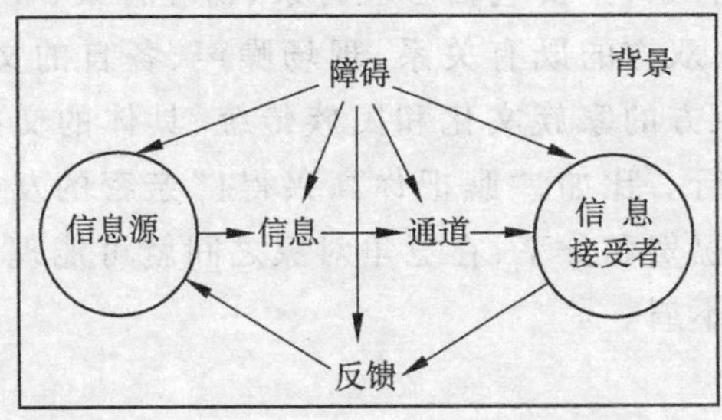

图 6－3 沟通的过程与结构要素

1. 信息源

信息源是掌握信息并试图发起和进行沟通的人。他在沟通过程中占据主导地位，主动选择沟通的对象和场合，试图控制沟通的进程、节奏和方向。

2. 信息

信息是指沟通中传递的具体内容，也就是沟通者试图传递给他的信息或情感。当然，沟通者心中想要表达的意思是否能够被对方按照原来预设的方式来理解，就要受到沟通过程中其他因素的影响了。

信息传递到沟通对象那里的时候，往往不是根据发出方的意愿来处理，而是根据接受方的喜好、习惯、理解方式来处理。

3. 通道

通道是指信息在沟通双方之间传递的方式。常用的信息通道主要是各种感官通道。其中视觉通道和听觉通道是最主要的两种。除了面对面的传递之外，还有借助各种媒体工具进行的信息传递，如电话、互联网等。

4. 信息接受者

信息接受者是信息源希望信息到达的对象。信息接受者虽然在刚刚开始沟通信息的时候相对被动，但是在其后的沟通中也可以成为主动的一方。

5. 反馈

信息反馈是指信息接受者将自己获得信息之后的回应信息采取一定的通道回传给信息发出者的过程。有效的接受者都会积极回应沟通发起人的沟通请求，并根据所接受到的信息内容做出答复。

6. 背景

背景包括的内容比较多，所有在沟通过程中对沟通发生影响的环境因素都是背景，主要包括心理背景、物理背景、社会背景和文化背景等。比如，双方的既有关系、现场噪声、各自的文化程度、社会身份和角色、双方的家族文化和民族传统、具体的交往场合等都会影响沟通的进行。比如，“瞧把你高兴得！”亲密的友人之间会把它理解为由衷的祝贺和分享，在竞争对象之间就可能理解成不好公开发作的醋意和不屑。

7. 障碍

障碍是指在沟通中增加了沟通困难或使双方不能顺利进行有效沟通的因素。

沟通中的障碍无处不在。任何一个沟通环节都可能发生障碍。因为信息发出者表达错误、独特的语言习惯、声音信号模糊、电话故障、接受者误会、地位悬殊引起抗拒、性格差异导致互不适应、显著的文化差异和传统禁忌、方言、情绪状态等不一而足。

（四）人际沟通的工具

人际沟通的工具可以分为两个大的类别：语言符号系统和非语言符号系统。

语言符号系统包括口头语言和书面语言两种形式。非语言符号系统包括目光、面部表情、身体动作和手势、身体姿势和装饰、空间距离、辅助语言和类语言等，其中目光、面部表情、身体动作和手势属于无声非语言符号系统中的无声动态，身体姿势、空间距离、服饰属于无声非语言符号系统中的无声静态,辅助语言和类语言属于有声的非语言符号系统。

一般而言,语言符号系统对信息表达的准确性比非语言符号系统要高,我们对语言符号系统进行有意识地控制使用的自觉性也更好。非语言符号系统表达的模糊性较高、自发性较高,其真实性要高于语言符号系统。

每一种沟通工具都有它的特点和功能,在人际沟通中,应根据沟通的需要灵活选择、配合使用,使沟通顺利进行。

1. 语言符号系统

(1) 口头语言

口头语言的特点是方便快捷、易于回应。在面对面的沟通中,经常使用口头语言,如聊天、会谈、讨论、演讲等。口头语言沟通简便,可以连续反馈,省时省力。但是如果省略不当或指代不清,也容易出现歧义和误解。

(2) 书面语言

书面语言的特点是丰富周详、便于留底。书面语言最适合用来说明复杂的信息、表达深厚的感情、记录具有约束力可供查阅的决议、合约、借据、论文等。虽然它比口头语言更耗时耗物,但是书面语言能够提供规范、准确、远距离的沟通。

2. 非语言符号系统

非语言符号系统在人际沟通中的作用常常容易被忽视。但是每一种非语言符号都有它的使用规律,了解这些规律,有意识地提高自己的非语言沟通的策略和水平,让其和语言沟通的配合能够天衣无缝、相得益彰,是十分必要的。

非语言符号系统主要包括以下内容。

(1) 目光

眼睛是心灵的窗户。正常情况下,面对面沟通的两个人总是伴随着彼此的目光接触行为的:对视一下,迅速离开,再回来对视。

目光确实比语言更容易泄露我们内心的喜好和偏恶。研究表明:我们的眼睛对感兴趣的人或话题给予更多的目光关注。这一点在人际沟通中非常普遍,亲密的伴侣之间相互注视的时间比一般熟人要长,老师讲课十分有趣的时候学生更愿意抬头看着老师。

目光的功能主要有如下几点。

① 支撑和解释全局。如果完全没有或者让人感觉不到目光接触,沟通会变得十分无趣甚至非常困难。对方的目光关注是鼓励我们继续说下去的指挥棒。

② 解释其他非语言信息的重要依据：对于一个抱着胳膊仰靠在椅背上的人，如果他的眼睛闭着，我们可能把他理解为在休息或者希望一个短时的停顿；如果他眼睛睁着往上看，我们会把他理解为在思考、遐想或者努力地回忆什么；如果他眼睛半垂目光斜下来看着我们，我们容易感受到他对我们的轻视和不满。

③ 参与到面部表情中，共同表达复杂的情感：怒目圆睁、秋波流转、含羞带怨、顾盼生辉、含情脉脉等，都是对以眼神和目光为主的情感表达方式的生动描绘。

④ 调节和控制对话方向，传递肯定和否定的态度，监督、鼓励和提醒对方的行为。教师的目光警告能够让全班同学保持良好的纪律、停止无关的小动作和说话。这种课堂管理中的无声动态有时比大喊大叫、批评责骂效果还要好。

(2) 面部表情

我们的面部表情是对语言信息配合得最为密切的一种非语言的沟通工具。我们脸部的不同部位擅长表达的情绪是不一样的。有研究发现：嘴巴是最擅长表达高兴和不快的，眼睛最擅长流露哀伤，额头最能够表达惊奇。

(3) 身体动作和手势

身体的动作和手势是非常古老的沟通方式之一，远在语言还没有形成之前就在人际交往和沟通中起着重要的作用。想一想足球赛场观众席上那些激动得手舞足蹈又蹦又跳跑前跑后的超级球迷，就知道有时候动作比语言好用一百倍！

有些身体动作和手势有相对固定的含义，还有一些约定俗成的使用规则和文化禁忌，不能随意使用。比如，一般而言，在多数国家和民族，摆手表示不同意，点头表示同意，两手外摊表示无奈，搓手表示紧张等。

有些动作是要和沟通对象有身体上的直接接触的，如握手、牵手、抚摸、扶胳膊、亲吻、拥抱、拍肩、拍拍脸蛋、刮鼻子等，叫做触摸行为。这些动作的使用场合一般有两类：一是亲密关系，二是在正式的社交场合用作传统的社交礼仪，这时候需要遵循社交礼仪的规定来使用。

(4) 身体姿势与装饰

身体的姿势也是重要的辅助沟通工具。我们常说“坐要有坐相、站要有站相”，就是指要注意保持良好的身体姿势，我们能够做出许多种不同的姿势，常见的身体姿势如图 6-4 所示①。

---

① 金盛华．社会心理学．北京：高等教育出版社，2005，209.

图 6－4 各种身体姿势及其意义

装饰包括发式、服饰、化妆以及所携带的物品如手袋、香烟、文件包等。这些外带的信息也传递着丰富的个人信息，在人际沟通和交往中发挥着作用。

(5) 空间距离

空间距离是指沟通双方的身体距离。我们每个人对自已与别人之间的空间距离的远近是有要求的，这是一种人际空间需要——只有当某人在我们认为合适他的空间距离范围内和我们交往和沟通的时候，我们才会感到满意。距离太远或太近都令我们感到别扭。

显然我们对不同关系的人所要求的空间距离是不一样的。人类学家爱德华·霍尔(E. T. Hall, 1959)将别人与我们相处时的适宜空间距离分为 4 类：亲密区、个人区、社交区、公共区。

亲密区的范围是离我们 0～0.45 米，适合非常亲密的亲人、情侣等的交往。

个人区的范围是离我们0.45~1.22米,适合朋友之间的沟通。

社交区的范围是离我们1.22~3.65米,适合正式的社交场合如商业谈判。

公共区的范围是离我们3.65米以上,适合公开演说中演讲者与听众之间,或公共场合里陌生人之间应该保持的距离。在拥挤的公共汽车或地铁上,我们只好都去看窗外,尽量避免与紧邻的陌生人进行目光接触。

(6) 辅助语言和类语言

辅助语言是指说话时使用的语调、语速、停顿、转折、重音等的特征和变化。

辅助语言是配合口头语言自然发生的现象,可以表达出仅靠语言信息无法完全表达出来的丰富的情感和态度。同一句话配合不同的辅助语言,说出来的效果可以相差很大。比如“我没听见你向他问数学问题”这句话,大家不妨分别把重音放在不同的词上说一说,体会每种说法表达的是怎样的弦外之音,感受一下辅助语言的魅力。

类语言是指像语言而不是语言的一些发音,如哭泣、呻吟、叫喊、咳嗽等。它们没有固定的含义,要根据具体的背景信息来判断表达的是什么意思。比如,在考场上,监考老师的咳嗽可能只是为了提醒想作弊的学生停止作弊。

形形色色的沟通工具的灵活使用,需要我们在生活中多锻炼、多总结,才能有效地提高我们的沟通技巧。

四、人际沟通的策略

(一) 积极回应

沟通需要双方的共同参与和协作。要想通过双方的沟通建立良好的人际关系,就需要双方在沟通中尽量使用积极的回应方式。

积极的回应要求我们要及时地回应对方。没有对方的及时回应,沟通就无法进行下去。同时,及时回应也表达了一种礼貌、积极的沟通态度,有利于消除对方的各种顾虑和猜忌。

积极回应也要求我们使用积极的方式促进双方的人际交往和沟通向着积极互动的方向发展。

积极回应还有分寸和方式上的适宜性问题。积极回应的原则是先听后说、适可而止,否则就变成纠缠和骚扰了。

(二) 准确表达

准确的表达要求我们在与人沟通的过程中用最贴切的词语、最得体的非语言工具对信息进行正确而且充分的表达。这是沟通的最基本的要求。

我们能够准确地表达信息才有可能使对方正确理解我们的意图。在沟通过程中的其他条件都最佳的状态下,仅仅是信息源表达信息出错,就几乎一定会导致对方理解出错。表达不准确的常见问题是表达有误、表达不足和表达冗长。

(三)举止得体

举止得体要求我们注意正确使用各种非语言符号系统进行沟通。梅尔贝因(A. Mehrabian,1971)研究发现:当人们收集到的各种信息不一致的时候,其总体的沟通效果中,语言信息的影响只占7%,而辅助语言占到38%;面部表情占到55%。

举止得体是人际交往和沟通中普遍使用的策略。良好的身体语言所传递出来的是一个人长期的素养和社交经验,因此我们在平时与人交往的时候要重视自己良好社交习惯的养成。

(四)兼顾情境

良好的沟通是"看菜吃饭"的,这个"菜"就是沟通的情境,包括场合、身份关系、角色规范、旁观者和环境条件等。"兼顾情境"指的是在沟通中双方都要考虑到情境对自己提出的要求和情境对沟通发生的各种影响,以此来决定自己应该与对方的沟通方式,包括预期和理解对方所受到的情境影响。

(五)避免争吵

争吵是一种带有极端消极情绪的紧张性沟通。在沟通中,应该尽量避免争吵。一般而言,争吵对于大多数人来讲是会带来人际关系的严重损坏的,正如我们常说的"破镜难圆"、"覆水难收",争吵之后双方必须付出真诚、及时、有效的加倍努力才能启动重新修复关系的进程,最后还常常无法修复到原有的亲密程度。

思考活动

1. 你使用过下列哪些人际沟通策略?结合自己的经验谈谈其效果如何?可以怎样改进?

积极回应
准确表达
举止得体
兼顾情境
避免争吵

2. 分析自己的人际交往方式,下列交往原则哪些你遵守得比较好,哪些还没有做到?

交互原则
功利原则
情境控制原则
自我保护原则

扩展阅读

如何争吵才能双赢?

争吵是我们在人际关系冲突中最容易遇到的极端应对方式之一。如果能够协商解决问题,我们当然都不想吵架。"杀敌三千,自损八百",争吵肯定不是什么好办法。但是,争吵也并不是完全没有价值,它可以集中地暴露很多在平时没有及时暴露出的冲突、矛盾、愿望和观点。争吵虽然是个糟糕的紧张性沟通,可它毕竟也还是一种沟通方式，如果处理得当，也同样能够起到增进了解、促进问题解决的效果。让我们来看看社会心理学家哥特里和卡比(I. H. Gotlib & C. A. Colby, 1988)有什么好的建议，如表6-4所示。

表6-4 哥特里和卡比关于建设性争吵的建议

不要	要
× 草率道歉	✓ 单独争吵，远离孩子
× 逃避争论，使用冷处理，或者退出争吵	✓ 准确地定义问题，以你自己地语言来复述对方的论点
× 使用你了解的对方的隐私来不择手段地伤害或侮辱对方	✓ 让你的积极或消极的感受暴露出来
× 引入无关话题	✓ 愉快地接受关于你行为的反馈
× 假装达成一致，实则心存愤恨	✓ 澄清什么是你所赞成和反对的，什么是对对方来说最关键的
× 将自己的感受告诉对方	✓ 提问，以帮助对方找到词语来表达他/她的关注点
× 通过批评对方所重视的事物来间接地攻击对方	✓ 冲动的情感爆发时，等待它平息，而不要以牙还牙
× 通过增强对方的不安全感或者以灾难性的后果为威胁伤害对方	✓ 就双方的共同改进提出积极的建议

资料来源：金盛华．社会心理学[M]．北京：高等教育出版社，2005.

专题小结

人际交往对个人的发展和幸福有着重要的意义，一般而言，人际交往应遵循交互原则、功利原则、自我价值保护原则和情景控制原则。人际沟通是人际交往中的主要活动，其沟通的质量与沟通工具的合理使用关系密切，有效的沟通离不开积极回应、准确表达、举止得体、兼顾情境和避免争吵等策略的使用。

思考与练习

一、填空题

1. 常见的社会认知效应有__________、__________、__________和__________等。

2. 社会认知的3个环节是__________、__________和__________。

3. 人际关系的3种成分是________、________和________。

4. 人际交往的原则有________、________、________和________等。

二、选择题

1. 人际交往的主要工具是(   )。

A. 语言符号　　B. 非语言符号
C. 面部表情　　D. 身体姿态

2. "物以类聚,人以群分"说的是什么因素对人际吸引的影响?(   )

A. 相互性　　B. 相似性　　C. 互补性　　D. 接近性

3. "错误效应"是指微小的错误能(   )能力突出者的吸引力。

A. 降低　　B. 增强　　C. 维持　　D. 抵消

4. (   )把人际交往的空间距离分为亲密区、个人区、社交区和公众区。

A. 阿伦森　　B. 阿希　　C. 霍尔　　D. 洛钦斯

5. 喊叫声、哭声、笑声属于(   )。

A. 辅助语言　　B. 类语言
C. 语言符号　　D. 口头语言

6. 独立性较强的人喜欢和依赖性较强的人成为朋友,这反映了人际吸引中的(   )。

A. 相互性　　B. 相似性　　C. 互补性　　D. 接近性

三、名词解释

1. 人际关系
2. 人际需要
3. 人际沟通
4. 人际吸引

四、简答题

1. 简述人际关系的发展阶段。
2. 简述人际沟通的工具。

五、论述题

1. 举例说明如何维护良好的人际关系。
2. 举例说明如何增进自己的人际吸引力。

推荐书目与文章列表

[1] 金盛华. 社会心理学[M]. 北京:高等教育出版社,2005.
[2] 乐国安. 社会心理学[M]. 广州:广东高等教育出版社,2006.

[3] 郑雪．社会心理学[M]．广州：暨南大学出版社，2004.

[4] 岑乾明．网络人际交往及其心理探析[J]．社会心理科学，2002(4)：44-48.

[5] 胡金生，华元杰等．人际互动中的被洞悉错觉[J]．社会心理科学，2010(2)：18-22.

第七章

心理健康

现代人越来越关注自身的健康问题,而心理健康是健康的重要组成部分。一个人只有心理健康,才能接纳自我、接纳他人、乐于学习、适应环境、正常生活,也才能体验到人生的幸福感。那究竟什么是心理健康?什么是心理障碍呢?本章将帮助你掌握心理健康的基本知识,认识青少年常见的心理障碍及其表现,并了解学校心理健康教育工作的基本内容和途径。

学完本章,你将能够:

(1)理解心理健康的含义和标准。

(2)了解影响心理健康的因素。

(3)认识青少年常见的心理障碍及其表现。

(4)掌握学校心理健康教育工作的含义、内容与原则。

(5)了解心理健康教育课程设计、团体心理辅导、个体心理咨询的基本方法。

专题导读

本专题将帮助我们把握心理健康的含义，理清心理健康的标准，并了解影响心理健康的生物因素、心理因素和社会因素有哪些。这些知识将为我们通往心理健康之路奠定良好的基础。

专题一 心理健康概述

一、心理健康的含义

心理健康是健康的重要组成部分。世界卫生组织早在1948年6月成立之时，就给健康下了这样的定义：健康不仅是没有疾病和虚弱，而且是生理上、心理上和社会适应上都趋于完满的状态。1989年该组织又进一步指出，健康的定义包括躯体健康、心理健康、社会适应良好和道德健康。这几类健康的关系十分密切，互相影响。一般来说，躯体健康是心理健康、社会适应良好和道德健康的前提条件，但是也并不总是如此，躯体有些缺陷的人也是同样能够在后几个方面达到健康的。当然，心理健康、社会适应状况和道德健康也反过来影响躯体健康的水平。心理健康是联系躯体健康和社会适应、道德健康的内在纽带，将个人的生物特征与社会特征协调起来，一方面保持个体的心境和心智的良好状态；另一方面保持与社会、与他人的协调状态。

那么究竟什么是心理健康呢？第三届国际心理卫生大会(1946)认为："心理健康是指在身体、智能以及情感上与他人的心理健康不相矛盾的范围内，将个人心境发展成最佳的状态。"

如果从更具体一点的角度来看，我们认为，心理健康是指个体具备正常的心理特质，既能调控心理以维持内部协调，又能合乎常规地应付外部环境，是一种个体内部协调与对外适应良好相统一的状态。

对心理健康的理解可以有不同的层面。心理健康的第一层含义是：无心理疾病；第二层含义是：能积极调节自己的心态，顺应环境并有效地、富有建设性地发展和完善个人生活。从较低水平的层面来讲，一个心理健康的人至少是没有心理疾病的人；从较高水平的层面来讲，我们并不仅仅满足于无病的状态，而是要积极调节，将心境和心智发展到一个尽可能最佳的状态。

二、心理健康的标准

（一）心理健康的判别依据

如何判别一个人是否心理健康？目前常用的判别依据有以下几种。

1. 统计常模

假设人的各项心理特质的测量值在人群中是呈正态分布的，一个人的某项心理特质的测量值如果偏离常模，他在这一方面就有可能是不健康的。例如，一个人在接受心理测试后被告知焦虑得分远远高于平均值，那意味着他比大多数人更焦虑。

2. 社会规范

一个人的行为如果符合社会规范、道德准则就被判断为健康的、正常的；偏离社会规范、道德准则的行为就被判断为不健康的、异常的。

3. 生活适应

生活适应良好者就是健康的；适应困难，给社会与个人造成危害的就是不健康的。

4. 主观感受

个体的主观感受如何，是消极的还是积极的，消极程度如何，这是我们判断一个人心理是否健康的重要依据。心理不健康的人，具有焦虑、忧郁、伤心、恐惧、烦躁等很多消极的主观感受，其主观体验是痛苦的。

5. 心理成熟度

一个人身心两方面成熟程度相当者就是心理健康的；心理成熟度远低于同龄人就是异常的。

需要强调的是，上面的每一项依据都不是万能的，都不能作为唯一的依据来对心理是否健康下结论。并非所有符合统计常模的行为都是正常的，并非所有不符合社会规范的行为都是异常的，并非所有主观体验积极愉快的都是健康的。例如，一些重度的精神病患者，虽然其心理出了严重问题，但他本人丝毫没有痛苦的感受，情绪愉快，精神饱满。但他的行为完全不符合社会规范，也无法适应社会环境。因此，我们在判断一个人心理是否健康时，不能只凭借一个依据来判断，要有综合的依据和慎重的态度。

（二）心理健康的具体标准

综合上述心理健康的几种判别依据，我们认为心理健康的个体应具备以下几个方面的特征。

1. 了解自我,悦纳自我

心理健康的人能体验到自己的存在价值,对自己的能力、个性和优缺点能做出客观的评价;能接受自己,在接受自己的基础上,产生满意感和自爱,从而有较高的自信心和自尊心。一个心理不健康的人缺乏自知之明,总是对自己不满意,不接受自己或者希望自己变成另外一个人;他们往往对自己提出过高的要求,因为总是达不到目标而自卑、自责。

2. 乐于交往,善与人处

心理健康的人不仅能接受自我,而且能接受他人,他们乐于与领导、老师、同学、同事和其他人交往,在人际交往中能与他人心理相容,互相接纳、互相尊重,能与他人建立良好的人际关系,有较多的亲密感和较少的孤独感。而心理不健康的人有较多的人际交往障碍,孤僻离群,无法与他人建立亲密的关系。

3. 情绪积极,意志健全

心理健康的人情绪反应是适度的;情绪活动的主流是愉快的、稳定的。他们经常体验到高兴、乐观、满意等积极情绪,能适度、适时地表达和控制自己的情绪。心理不健康的人经常体验到忧郁、烦恼、愤怒、焦虑、不安等消极情绪,并且对自己情绪的调控能力较弱;对情境的情绪反应不当,如无缘无故地大笑。同时,心理健康的人具备健全的意志品质,在学习与生活过程中,能够克服困难、排除干扰、坚持不懈;能正视挫折,对挫折有较高的承受力,具有正常的自我防御机制。

4. 热爱生活,乐于学习和工作

心理健康的人对生活充满热爱,希望投身于丰富多彩的生活中并尽情享受生活的乐趣,能经常体验到生命的充实感和意义感;他们勤于学习、乐于工作,对待学习和工作积极主动、认真负责,能在工作和学习中体验到快乐与满足。心理不健康的人往往把生活、工作和学习都视为沉重的负担,对生活缺乏热情,对工作和学习缺乏兴趣。

5. 正视现实,适应环境

心理健康的人能面对现实,接受现实,适应环境,理想和现实的差距适当;他们能与现实保持良好的接触,对现实社会有清醒的、客观的认识,既有高于现实的理想,又不沉湎于空洞的幻想;能以积极的态度面对现实生活中的各种问题、困难与挑战,既不逃避现实,也不怨天尤人。心理不健康的人则逃避现实,沉溺于幻想或怨天尤人,因此无法适应现实环境。

6. 人格完整,智力正常

心理健康的人,人格的各个方面能完整、和谐地表现出来,即个人的所想、所说、所做是协调一致的,行为表现出一贯性与统一性;心理不健康的人,人格内部有较明显的冲突。同时,心理健康的人具有正常的智力。一般来说,智商在90以上为正常,70~89之间为偏低,智商在70以下为落后。一个弱智患者可能整天心情愉快,却不是一个心理健康的人。智力不正常的人很难完成学习和工作任务、适应社会生活。

7. 心理行为符合年龄特征和社会角色

心理健康的人应具有与同年龄多数人相符合的心理行为特征,如果一个人的心理行为严重偏离自己的年龄特征,一般都是心理不健康的表现。例如,欲望得不到满足时,一个3岁的小孩躺在地上哭闹是正常行为,但如果一个30岁的人躺在地上哭闹,就会被认为是不正常的了。同时,社会对各种角色有相应的要求或规范,个体的行为要与其充当的角色的规范基本一致。例如,作为学生这一角色,要遵守学校和老师的要求,努力学习并在学习中发挥自己的能力。如果行为严重偏离了学生这一角色,例如,经常逃学、旷课,就是心理不健康的表现。

(三)理解心理健康标准的注意事项

我们在理解和把握心理健康标准的时候,应该注意以下几点。

(1)心理健康标准应兼顾个体内部协调与对外适应良好两个方面。从内部来说,心理健康的人各项心理机能健全,人格结构完整;从外部来说,心理健康的人能适应环境。

(2)心理健康的概念具有连续性和层次性,并不是绝对的、唯一的。人的心理健康可以分为不同的层次,低层次的心理健康主要是指没有心理疾病,高层次的心理健康指能充分发展其身心潜能的丰富状态。

(3)心理健康既是一种状态,也是一个过程。正如没有人能随时保持健康的身体一样,也没有人能够永远处于健康的心理状态中。因此,心理健康不是指没有失败、没有烦恼、没有痛苦,而是指能在这些情境中有效调整自己。

(4)心理健康是较长一段时间内持续的心理状态,因此,判断一个人的心理健康状况,要有一段时间的观察,不能简单地根据一时一事下结论。

总之,在判断个体是否心理健康时,不要把上述标准理解得过于简单、狭隘、死板、教条化,而是时刻记得用动态的、发展的、辩证的眼光去看待这些标准。特别是面对身心迅速发展的青少年时,更要注意这一点,避免把青少年身上出现的一些暂时的、属于特定年龄的心理现象和简单问题复杂化、严重化。

思考活动

1. 一个情绪愉快的人,心理一定健康吗?

2. 对照心理健康的标准,你觉得自己的心理健康程度如何?在哪些方面存在问题?

三、影响心理健康的因素

生物—心理—社会健康模式认为,在心理的发展和变化过程中,生物学、心理学和社会环境的因素会错综复杂地交织在一起影响人的心理状况,心理是否健康是这些因素交互作用的结果,而不是某一因素单独作用的结果。因此,我们在分析心理健康的影响因素时,应有一种整体观,要考察生物遗传因素、心理因素、社会环境因素的综合作用。

(一)生物遗传因素

1. 遗传

影响心理健康的生物学因素包括遗传、体质、解剖结构、生理生化改变和病毒、细菌感染等多种因素,其中,尤以遗传因素的影响最为突出。研究表明,在心理障碍中,尤其是严重的精神分裂症的发病因素中,遗传占有十分重要的地位。研究发现,随着血缘关系由远到近,精神疾病的发病率也由低到高,这是遗传因素起作用的明显证据。当然,遗传只是提供了一种可能性,个体是否表现出心理障碍或心理异常,关键还要看后天的环境作用。

2. 其他生物学因素

除了遗传之外,病菌、病毒干扰,大脑外伤,化学中毒,严重的躯体疾病等都可能会导致心理障碍甚至精神失常。例如,脑梅毒、流行性脑炎等中枢神经系统传染病会导致器质性心理障碍;脑震荡、脑挫伤等可能引起意识障碍、遗忘症、言语障碍和人格改变等;甲状腺机能亢进可出现敏感、易怒、暴躁、情绪不稳和自制力减弱等心理异常表现,甲状腺机能不足可引起整个心理活动的迟钝。

(二)心理因素

1. 早期经验

童年的经验对个体心理发展起着非常重要的作用。按照精神分析学派的观点,许多心理障碍和心理异常可以追溯到个体早期的经历,都源自于早期的矛盾和冲突。如弗洛伊德认为,婴幼儿期是性心理发展的最重要的时期,如果发展不顺利,停滞在某一发展阶段,就有可能导致神经症或精神病。

个体的早期经验和家庭环境密不可分。研究表明,那些在单调、贫乏的环境中长大的孩子,其心理发展将受到阻碍,并且会抑制他们潜能的发挥;而那些在良好的、刺激丰富的环境中长大的孩子,智力发展较好,心理发展比较顺利。

另外,个体的心理健康还受到儿童早期与父母的关系以及父母对儿童的态度的影响。儿童如果能在早期和父母建立良好的关系,能从父母那里得到爱、支持和鼓励,就能获得基本的安全感和信任感,这对其今后的心理发展有着良好的促进作用。如果儿童不能与父母建立亲密而和谐的关系,如父母对孩子过分冷漠、过分保护或过分严厉,都可能导致孩子今后的人际交往障碍和人格发展障碍,对孩子的心理健康产生不良影响。

2. 人格特征

每个人都有自己独特的人格特征,它对人的心理健康具有非常明显的影响。这是因为人们总是依其人格特征来体验各种致病性因素,并建立对紧张性刺激的反应形式。因此,同样性质和强度的刺激作用在不同人格特征的个体身上,其结果可能是不一样的:有的产生明显的心理障碍,有的则没有明显异常反应;有的症状较轻,有的较重;有的持续时间很长,有的很快康复。

研究表明,各种精神疾病,特别是神经官能症往往都有相应的特殊人格为其发病基础。例如,与强迫症相联系的人格为谨小慎微、求全求美、自我克制、优柔寡断、拘谨呆板、敏感多疑、责任心过重和苛求自己等;与癔病相联系的人格表现为富于暗示性、情绪多变、容易激动、沉于幻想、自我中心和爱自我表现等。

一些心身疾病也有相应的人格特征,如心脏病、高血压、偏头痛等。关于人格特征与心身疾病的关系,有一种非常有影响的理论——“A 型人格说”。这是弗里德曼和罗斯曼两位医生提出来的。他们根据自己的临床观察和长期的跟踪研究,发现了基本的人格特征与心脏病发病率之间的关系,从而提出了 A 型人格的理论,把人格分为 A、B 两种类型。其中 A 型人格的冠心病发病率是 B 型的两倍以上,并且易患强迫症、焦虑症、高血压等其他的心身障碍。所谓 A 型人格的典型表现是:好胜心强,事业心强,雄心勃勃,有强烈的时间紧迫感,凡事求成;B 型人格则表现为:心地坦荡,不争强好胜,从容不迫地做事,较宽容,易合作等。从心理健康的角度来说,B 型人格更有利于身心健康。

扩展阅读

A 型人格自测

下面列出的 25 个问题是专门用来诊断 A 型性格的问卷,请你根据自己的实际情况,对每个问题回答“是”或“否”。如果有 13 题以上的回答为“是”的话,你就有必要改变自己的生活习惯,适当放慢自己的生活节奏。

1. 你说话时会刻意加重关键字的语气吗?

2. 你吃饭和走路时都很急促吗?
3. 你认为孩子自幼就该养成与人竞争的习惯吗?
4. 当别人慢条斯理地做事时你会感到不耐烦吗?
5. 当别人向你解说事情时你会催他赶快说完吗?
6. 在路上挤车或餐馆排队时,你会感到着急或生气吗?
7. 聆听别人谈话时你会一直想你自己的问题吗?
8. 你会一边吃饭一边写笔记,或一边开车一边刮胡子吗?
9. 你会在休假之前先赶完预定的一切工作吗?
10. 与别人闲谈时你总是提到自己关心的事吗?
11. 让你停下工作休息一会儿时你会觉得浪费了时间吗?
12. 你是否觉得因全身心投入工作而无暇欣赏周围的美景?
13. 你是否觉得宁可务实而不愿从事创新或改革的事?
14. 你是否尝试在时间限制内做出更多的事?
15. 与别人有约时你是否绝对遵守时间?
16. 表达意见时你是否绝对握紧拳头以加强语气?
17. 你是否有信心再提高你的工作效率和工作成绩?
18. 你是否觉得有些事等着你立刻去完成?
19. 你是否对自己的工作效率一直不满意?
20. 你是否觉得与人竞争非赢不可?
21. 你是否经常打断别人的话?
22. 看见别人迟到时你是否会生气?
23. 用餐时你是否一吃完就立刻离席?
24. 你是否经常有匆匆忙忙的感觉?
25. 你是否对自己近来的表现不满意?

问卷来源:Rathus & Nevid(1989),引自:张春兴. 现代心理学[M]. 上海:上海人民出版社,2005.

3. 心理冲突

心理冲突往往发生在难于作出选择的情境,这种冲突情境在很多情况下都会对个体的学习、生活和工作造成不良影响,使个体感到困惑和忧虑。如果冲突情境长期得不到解决,不仅会出现焦虑、爱幻想等防御性反应,严重时还会导致神经症。因为不管什么样的冲突,如果得不到解决,它会一直对个体的学习和生活产生消极影响。这就使个体一直生活在过分的紧张和焦虑之中,心理压力无法消除,久而久之,就很容易产生神经症性的反应。在青少年中,常见的冲突包括专业学习方面的冲突、理想与现实的冲突、价值观的冲突、职业选择方面的冲突等。

(三)生活事件与环境变迁

生活事件指的是人们在日常生活中遇到的各种各样的社会生活的

变动，如结婚、升学、亲人死亡、与同学争吵等。生活事件会引起个体产生应激反应，出现各种生理和心理变化，因此它是预测身体和心理健康的重要指标。个体每经历一次生活事件，他都要努力适应由于这一事件的发生所带来的生活变化。如果生活事件增加，那么个体的生活变化也会增加，个体为了适应变化而付出的努力也需要相应增加。当个体遇到很多生活事件的时候，生活事件对个体的作用就会累加，他所遭遇到的心理应激也相应增加，心理应激的增加则会影响到个体的生理反应和心理平衡。因此，如果一段时间内发生了太多的生活事件，个体就会感受到较大的心理压力，从而影响到躯体和心理健康状况。

个体所处环境的巨大变迁也会使个体产生心理应激。虽然环境变迁属于生活事件的一部分，但这种变化对个体适应的影响将更加突出。例如，很多大学新生，特别是来自边远农村的新生，因为环境的巨大变化而容易出现适应障碍，表现出强烈的思乡想家、情绪低落、抑郁孤独、焦虑紧张、过分自卑等，同时伴随着失眠、消化功能紊乱、疲倦乏力等躯体障碍。

（四）家庭环境与学校环境

1. 家庭环境

如前所述，个体的早期经验直接来源于家庭环境，家庭在儿童性格形成及心理成长中有着重要作用，这种作用主要通过父母的教养态度和教养方式、家庭气氛、家庭成员的榜样等来实现，其中教养方式起着决定性的作用。

从教养方式来看，父母消极的教养方式直接危害儿童的心理健康。这主要有以下几种。

(1) 过高期望型：由于中国的独生子女政策，使中国父母对子女抱着过高期望，望子成龙，望女成凤，盲目给孩子加压，严重危害孩子的心理健康。

(2) 过分保护型：这表现为溺爱、娇宠孩子，不让孩子受一点委屈，给予孩子“窒息性”的爱。由于父母不让孩子自己去解决问题，所以，这样的孩子往往缺乏自信心和独立性，同时，也很容易形成任性、自我中心、娇气、放肆等性格特征。

(3) 专制型：这表现为不尊重孩子，把自己的意志强加于孩子身上，粗暴干涉孩子的生活。这种父母往往不考虑孩子的兴趣和意见，把孩子当成自己的私有财产，不准孩子有自己的思想和意志。专制型父母往往造成了孩子的顺从、胆怯或追求完美的性格，而这种追求完美的过分欲望常常成为自责、自罪和无休止的自我反省的根源，其结果常常诱发各种神经症。

(4) 冷漠型：这种父母对孩子冷淡无情或放任自流，采取不管不问的态度。父母都只想着干自己的事情，忙于工作，忙于玩乐，和孩子之间缺乏最基本的情感沟通和思想交流。因此，当孩子遇到困难和挫折时，无法得到父母的理解和支持，体验不到来自父母的关心和爱护。冷漠型父母损害了孩子的自尊和自信，使他们在人际交往中发生障碍。

因此，为了维护孩子的心理健康，需要父母采取民主的教养方式，营造宁静愉快的家庭气氛，和孩子形成亲密关系，并注意自身的心理素质以给孩子树立良好的榜样。

2. 学校环境

学校环境对于学生的心理健康有着重要影响。一方面，教育体制、学校的办学思想、管理制度等都会对学生的心理健康产生影响，如在应试教育体制下，学生在巨大的升学压力下而导致心理障碍的事情屡屡发生；另一方面，教师的教育态度和教育方法、同伴关系等也会影响学生的心理健康水平。许多研究表明，学生的心理压力主要来源于学校情境，如学习、与同学的关系等方面。例如，很多因睡眠障碍接受心理咨询的同学，在分析了他们入睡困难的原因之后，往往发现他们真正的问题是由学习上的压力产生的。

（五）社会文化

我们的心理和行为常常受到各种社会文化因素的影响和制约。比如，我们的文化规范、社会制度以及社会价值观念等，都会对我们的心理和行为产生实际的影响。从心理健康的角度来说，不同的文化背景可能导致心理健康的评判标准有差异，心理障碍的表现形式也有不同。例如，同性恋在有些文化背景下是正常的现象，而在另外的文化背景下则可能被看成是心理障碍，甚至是变态行为。又如，在美国，妇女穿着比较暴露的衣服袒胸露背地走在大街上，人们觉得很正常，在穆斯林阿拉伯国家则会被认为是异常行为；相反，如果一个美国妇女总是戴着面纱，也会被认为是不太正常的。

社会文化的迅速变迁对心理健康也有重要影响。现代人之所以面临越来越多的心理问题，与社会文化变迁的速度越来越快是密不可分的。短短几十年中，人与人的关系、人与自然的关系都发生了翻天覆地、不可逆转的变化。社会文化的巨大变化对人类的心理生活产生了强烈影响。社会学家和文化人类社会学家将这种由于内在的文化积累或外在的文化移入引起的急剧变迁对人的心理生活的冲击与震动称作“文化震荡”。托夫勒在《未来的震荡》中说：文化震荡是“人们在一个极短的时间里承受过多的变化之后感到压力重重，晕头转向，不知所措的现象”①。

---

① 托夫勒.《未来的震荡》. 成都：四川人民出版社，1985，1。

改革开放之后的中国,在最短的时间内以压缩的方式体验现代社会的急速变迁,其变迁的速度超过西方国家。人们不断面临着新与旧的冲突、现代与传统的冲突。强烈的反差带给所有的中国人从未有过的压力体验,而许多人还没有做好迎接压力的准备。这不可避免地导致心理失衡和心理疾病的日益增多。

(六)生态环境因素

恩格斯早在100多年前就曾经警告我们,不要过分陶醉于我们对自然界的胜利,要警惕大自然对我们的"报复"。可惜,人们似乎没有记住这种警告或者根本就没有理会这种警告。今天世界上无论哪一个国家或地区,都遇到了环境问题的严重挑战,这迫使人们不得不高度关注自身的生态环境,而这种关注也为心理健康的研究开辟了一个新的领域。目前对于生态环境因素对心理健康的影响的研究,主要集中在拥挤与噪声等方面。

1. 拥挤

拥挤严重危害着人们的心理健康。每个人都需要一定的空间,有学者把人所需要的一定空间领域称为"人体缓冲区",如果经常有人入侵自己的这一区域,人就会紧张、焦虑、烦躁,情绪失调,甚至失去自制,产生攻击行为和暴力事件。有这样一个动物实验:在一个可以舒适地容纳48只老鼠的笼子里,让这些老鼠自然地繁殖到80只。笼子里虽然有足够的食物,但是老鼠生活的地方却是拥挤不堪的。结果发现,老鼠的退缩行为和攻击行为都大大增加,幼鼠和母鼠的死亡率也明显上升了。拥挤除了导致攻击行为之外,还会影响人的学习能力,人们在拥挤状态下的学习能力会降低。同时,拥挤带来不安全感,因此会抑制人的亲社会行为。心理学家通过实验证明,住在不拥挤的低层建筑中的学生比住在拥挤的高层建筑中的学生表现出更多的亲社会行为,更乐于助人。

2. 噪声

噪声同样危害着人的心理健康。这主要表现在以下几个方面:第一,噪声对人的认知过程有明显损害。长期生活在噪声环境下,容易使人的听觉感受性下降,注意力不集中,思维不连贯,并有可能导致儿童的阅读困难;第二,噪声对人的情绪状态有严重干扰。研究发现,噪声会使人烦躁不安、疲劳、迟钝,甚至导致严重的焦虑反应;第三,噪声对人的个性和社会行为也有不利影响。长期的噪声可使人的性格特点发生改变,有可能使人增加攻击行为。

专题小结

心理健康是指个体具备正常的心理特质,既能调控心理以维持内部协调，又能合乎常规地应付外部环境，是一种个体内部协调与对外适应良好相统一的状态。心理健康的标准包括：了解自我，悦纳自我；乐于交往，善于人处；情绪积极，意志健全；热爱生活，乐于学习和工作；正视现实，适应环境；人格完整，智力正常；心理行为符合年龄特征和社会角色。影响心理健康的因素包括：生物遗传因素、心理因素、生活事件与环境变迁、家庭环境与学校环境、社会文化、生态环境因素。

专题导读

没有任何一个人是心理永远健康的，在人生之路上，每个人都会碰到各种心理困扰。心理困扰如果不及时调适，就有可能发展成为严重的心理障碍。心理障碍是指人类心理活动和行为的异常表现。根据症状的严重程度不同，心理障碍可分为适应障碍、人格障碍、神经症、性心理障碍、精神分裂症等几种类型。本专题带你了解这些心理障碍的具体表现。但大家在学习时不要盲目"对号入座"，例如，觉得自己今天不开心就认为自己是"抑郁症"了。心理障碍的最终诊断要请专业人士进行。

专题二 青少年常见的心理障碍

一、适应障碍

由于外在环境和内在身心的变化，或者由于人格特征的某些缺陷，有些青少年会出现不同程度的暂时性心理适应不良问题，这就是适应障碍。适应障碍如果不及时调适，就有可能发展成为严重的心理疾病。适应障碍主要包括环境适应不良、学习适应不良、社交适应不良、性心理适应不良等。

（一）环境适应不良

当环境发生变化时，个体会产生一系列生理和心理的反应去适应环境。如果环境变化非常强烈，而个体又缺乏必要的心理调适能力，就会出现环境适应不良，表现为情绪紊乱、行为退缩、学习和工作效率明显下降、躯体不适等。

青少年的环境适应不良主要发生在刚入学的一年级新生身上。从小学到中学或从中学到大学、从家庭生活进入到集体生活，青少年的客观环境、人际环境和心理环境都会发生某种程度的变化。有些青少年不能很好地适应这种变化，就会出现各种情绪和行为问题。常见的情绪和行为问题包括：情绪低落、抑郁；孤独和失落感；自尊和自卑的矛盾冲突；回避和退缩行为；轻度神经衰弱的症状等。

青少年的环境适应不良主要来自各种环境的变化包括文化环境的变化、生活环境的变化和人际关系的变化。第一，文化环境的变化。不同的区域有不同的文化、语言、风俗习惯和行为方式，假如中学生或大学生离开家乡到异地求学，就需要一段时间去适应。第二，生活环境的改变。从住在家里到住集体宿舍,从“饭来张口,衣来伸手”到生活自理,从依赖父母到独立生活,生活环境的改变使有的青少年无所适从。第三,人际关系的变化。刚到一个新环境,与原来的朋友分开,新的朋友圈子尚未建立,青少年常常会体验到孤独感、寂寞感和失落感。如果与新同学发生人际冲突的话,则会加剧环境适应不良。

(二)学习适应不良

从小学到中学,从中学到大学,学习目标、学习内容和学习方法都会发生巨大的变化,如果不能适应,就容易导致升学后学习目标的迷惘和学习成绩的滑坡。例如,大学和中学相比,在学习上会有很多变化。如果大学生不能及时调整自己以适应这些变化,就会出现各种学习问题。在中学时,学习目标非常明确,就是为了考上大学而奋斗;进入大学后,原有目标实现,相当一部分人未能及时确立新的目标,使他们陷入“无目标、无方向”的苦恼之中。在学习内容上,大学的内容多、范围广、层次深,有些内容还具有探索性和创造性,这也使一些学生无所适从。在学习方法上,中学以老师课堂讲授为主,各个教学环节老师安排得很具体,督促检查严格,学生较为被动,对老师的依赖性强;而大学强调自主学习和创造性学习,老师对学生的指导没有中学那么具体,许多内容需要学生课后自学,如果再沿用中学的学习方法,就会感到不适应。

(三)社交适应不良

青少年社交适应不良主要表现在不敢与人交往、不愿与人交往和不会与人交往等几个方面。有的青少年虽然渴望友谊,但由于性格内向、胆小、害羞、敏感而不敢主动与人交往,害怕别人的评价,害怕在交往中受伤,从而导致独来独往、心事重重。有的青少年由于性格孤僻或曾体验过严重的社交挫折,不愿与人交往,很少参加集体活动,把自我封闭起来。有的青少年虽有交往的意愿和行为,但缺乏与人交往的能力与技巧,容易引发人际矛盾和人际冲突。

(四)性心理适应不良

青少年由于性生理、性心理的剧烈变化,加之缺乏科学系统的性教育,往往会出现暂时性的性心理困扰。如果不及时调整,有可能导致性心理障碍。

青少年性心理适应不良主要表现在:①对性知识的好奇与缺乏性知识教育的矛盾,产生焦躁不安、怀疑自我甚至否定自我的心理;②对异性的爱慕、吸引与对异性的疏远、回避之间的心理冲突,产生自责、焦虑、紧张、矛盾、困惑等种种情绪;③性冲动、性需要与学校制度、社会道德的约束之间的矛盾,产生心理冲突、苦闷困惑等体验;④一方面进行性幻想、性梦和手淫等自慰行为;另一方面又为此惶恐不安,感到羞耻、自卑、自责甚至产生罪恶感。

二、人格障碍

人格障碍即人格异常,是指人格发展偏离正常或畸形发展,其特征是当事人缺乏应付日常生活压力的动机或技巧而不能做出社会适宜的行为。人格障碍并非精神病,亦非神经症,但会给本人带来痛苦或给社会造成危害。当事人一般于早年有不同于大多数儿童的迹象,至青春期前后,畸形开始明显。在青少年中,真正的人格障碍并不太多,但有些人存在不良的人格倾向,他们是人格障碍的易感人群,需要引起重视。

人格障碍的形成有复杂的原因,一般与早期的生活经历和心理发展有很大关系,因此,矫治起来比较困难。当然,在一定的范围之内,综合运用心理治疗和药物治疗,还是能收到积极的效果的。下面我们介绍几种常见的人格障碍及其表现。

(一)强迫型人格障碍

强迫型人格障碍的主要特征是强烈的自制心和自我束缚。其主要症状表现是:做任何事情都要求完美无缺、按部就班、有条不紊;不合理地坚持别人也要严格按照他的方式做事,对别人做事很不放心;犹豫不决,常推迟或避免做出决定;常有不安全感,穷思竭虑,反复考虑计划是否得当,反复核对检查,唯恐疏忽和差错;拘泥细节,甚至生活小节也要"程序化",不遵照一定的规矩就感到不安或要重做;完成一件工作之后常缺乏愉快和满足的体验,相反容易悔恨和内疚;对自己要求严格,过分沉溺于职责义务与道德规范,无业余爱好,拘谨吝啬,缺少友谊往来。

(二)偏执型人格障碍

偏执型人格障碍的主要特点是极度的感觉过敏和毫无根据的猜疑。其主要症状表现有:广泛猜疑,常将他人无意的、非恶意的甚至是友好的行为误解为敌意或歧视,或无足够根据怀疑会被人利用或伤害,因此过分警惕与防卫;将周围事物解释为不符合实际情况的"阴谋";易产生病态嫉妒;过分自负,若有挫折或失败则归咎于人,总认为自己正确;对他人的过错不能宽容;脱离实际地好争辩与敌对,固执地追求个人不够合理的"权利"或利益;很难以说理或用事实来改变患者的想法。

（三）分裂型人格障碍

分裂型人格行为怪僻而偏执，为人孤独而隐退，缺乏温情，无法与别人建立亲密关系。其主要症状表现有：有离奇的信念或与文化背景不相称的信念，如相信透视力、心灵感应、特异功能等；奇怪的、反常的或特殊的行为或外貌，如服饰奇特、不修边幅、行为不合时宜；言语怪异，如离题、用词不妥、繁简失当、表达意见不清，并非文化程度或智能障碍等因素引起；不寻常的知觉体验，如有过性的错觉、幻觉、看见不存在的人；对人冷淡，对亲属也不例外，缺少温暖体贴；表情淡漠，缺乏深刻或生动的情感体验；多单独活动，主动与人交往仅限于生活或工作中必需的接触，除一级亲属外无亲密友人。

（四）戏剧型人格障碍（癔病型人格障碍）

戏剧型人格的典型特征是心理发育不成熟，特别是情感过程不成熟，多见于女性，尤其是青年女性。其主要症状表现有：表情夸张像演戏一样，装腔作势，情感体验肤浅；暗示性高，易受他人的影响；自我中心，强求别人符合他的需要或意志，不如意就给别人难堪或强烈不满；经常渴望表扬或同情，感情易波动；寻求刺激，过多地参加各种社交活动；需要别人经常注意，为了引起注意，不惜哗众取宠、危言耸听，或在外貌和行为方面表现得过分以吸引他人；说话夸大其词，掺杂幻想情节，缺乏具体的真实细节，难以核对。

（五）回避型人格障碍

回避型人格障碍的主要特征是行为退缩、心理自卑，面对挑战多采取回避态度或无能应付。与分裂型人格障碍不同，他们并不安于或欣赏自己的孤独，不与人来往并非出于自己的心愿，而是被迫的心理防御。例如，有一位父亲，将他的两个孩子自出生之日起就锁在房中，不让孩子接触外面的世界，原因是外面坏人太多，结果毁掉了两个孩子。这位父亲就有可能是回避型人格障碍。回避型人格障碍的主要症状表现有：很容易因他人的批评或不赞同而受到伤害；除了至亲之外，没有好朋友或知心人；对需要人际交往的社会活动或工作总是尽量逃避；在社交场合总是缄默不语，怕惹人笑话，怕回答不出问题；害怕在别人面前露出窘态；在做那些普通的但不在自己常规之中的事时，总是夸大潜在的困难和危险。

（六）自恋型人格障碍

自恋型人格障碍的主要特征是过分地关心自我、自我中心和自夸自尊。其主要症状表现是：对批评的反应是愤怒、羞愧或感到耻辱；喜欢指使他人，要他人为自己服务；过分自高自大，对自己的才能夸大其词，希望受人特别关注；坚信他关注的问题是世上独有的，仅能被某些特殊的人物了解；对无限的成功、权力、光荣、美丽或理想爱情有非分的幻想；认为自己应享有他人没有的特权；渴望持久的关注与赞美；缺乏同情心；有很强的嫉妒心。

（七）依赖型人格障碍

依赖型人格障碍的主要特征是在自立、自主和自信方面发展不成熟，极度依赖他人。其主要症状表现是：在没有从他人那儿得到大量的建议和保证之前，对日常事务不能做出决定；让别人为自己做大多数的重要决定，如在何处生活，该选择什么职业；明知他人错了，也随声附和，因为害怕遭人遗弃；很难单独开展计划或做事；为讨好他人甘愿做低下的或自己不愿做的事；独处时有不适和无助感，或竭尽全力以逃避孤独；当亲密的关系终止时感到无助或崩溃；经常被遭人遗弃的念头所折磨；很容易因未得到赞许或遭到批评而受到伤害。

（八）反社会型人格障碍

反社会型人格障碍的主要特征是时常做出不符合社会要求的行为。其主要症状表现是：妨碍公众，不负责任，经常违法乱纪，行为冲动；缺乏羞耻心和罪责感，触犯法纪后没有后悔之意，也不能从中吸取经验教训；常把一切责任归罪于他人。

三、神经症

神经症是一组非器质性的大脑神经功能轻度失调的心理疾病。当事人对自己所患疾病有相当的自知力，无持久的精神病性症状，通常不会把自己的病态体验与客观现实相混淆，其行为一般保持在社会规范所能容许的范围内，其人格没有瓦解，本人常积极要求治疗。神经症的治疗应以心理调适和心理治疗为主，配合必要的药物治疗。下面我们介绍几种主要的神经症。

（一）焦虑症

焦虑症是以突如其来的和反复出现的莫名恐惧和焦虑不安为特点的一种神经症，多发于 20 ~ 40 岁之间，女性多于男性。焦虑症和一般性焦虑不同：①一般性焦虑有明确的原因，而且随焦虑情景的离开，焦虑体验也随之消失。但焦虑症的焦虑体验是弥漫性的、持久的，没有明确目标和对象，常称为漂浮焦虑或无名焦虑；②一般性焦虑的程度和持续时间与焦虑情景或事件的性质和强度是相符合的，而焦虑症的焦虑程度与诱发焦虑的事件极不相称，患者可以为了一点小事就焦虑万分；③一般性焦虑较少伴有精神运动性不安和精神神经功能障碍，而焦虑症患者常有坐立不安甚至奔跑喊叫、不自主的震颤等精神运动性不安症状，也常伴有心悸、气促、面色潮红、口干、尿频等植物神经功能紊乱症状。

焦虑症临床表现分为广泛性焦虑及惊恐发作两种。

广泛性焦虑又名慢性焦虑症，特征为：①经常或持续存在无明显对象或无固定内容的恐惧、紧张不安；②存在植物神经功能紊乱症状，常见有心悸、气促、胸痛、面色潮红、口干、尿频等；③运动性不安，如手指震颤、坐立不安等。

惊恐发作又名急性焦虑症，特征为：①起病突然，病人突感不明原因的强烈的惊慌恐怖，伴有濒死感、窒息感、失控感，惊叫、奔走；②有明显的植物神经功能紊乱症状，比广泛性焦虑更为强烈，如剧烈的心慌、呼吸困难、四肢发抖等；③发作时明显影响日常活动，发作 10 分钟内达到高峰，一般总共不超过 1 小时，发作时意识清晰，事后能回忆发作的经过。

（二）强迫症

强迫症是一种以强迫观念和强迫动作为特征的神经症，发病年龄多在 16 ~ 30 岁之间，男女性别无显著差异，脑力劳动者居多。强迫症是人格因素与心理社会因素相互作用而致病的。强迫症患者常有胆小怕事、优柔寡断、追求完美、一丝不苟等人格特征。有这些人格特征的人在生活中遭受刺激或压力，就容易引起强迫症状。在青少年中，强迫症是比较多见的神经症。

强迫症的突出特点是患者能意识到自己的观念、行为是不必要、不合理、无意义的，力图摆脱但却难以摆脱。结果患者总是对自己要做强迫动作、要出现强迫观念而提心吊胆，弄得更敏感，反而加重了强迫症状的出现，因此非常焦虑和痛苦，常迫切要求治疗。

强迫症的主要临床表现有以下几种。

(1) 强迫观念：①强迫疑虑，即对自己已完成的行为不放心，如担心门是否上锁，以致反复检查；②强迫回忆，即对自己经历过的事物进行反复回忆；③强迫性联想，当看到、想到某一事物时会产生不能控制的联想，这些联想常指向不好的方面，例如，看到十字形态的东西便想到死人；④强迫性穷思竭虑，经常强迫性考虑一些毫无意义的事情，例如“一天为什么有 24 小时”；⑤强迫性对立思维，即头脑中出现一个概念时，会不由自主地出现另一对立的概念，如谈到“长寿”时，立即想到“短命”。

(2) 强迫表象：脑内强迫性的、反复想象某些生动的形象，大多数的表象是令患者难堪或厌恶的。

(3) 强迫意向:患者有强烈内心冲动,想做某种违背自己意愿的行为,例如,有的患者每经过河边时便有投河的冲动。虽然这种意向很少会付诸行动,但伴随焦虑和恐惧心理,驱使他们回避此种场合或采取其他对策。

(4) 强迫动作和行为:①强迫计数,不由自主地反复计数;②强迫洗涤,因为怕脏而反复洗手、洗涤全身,甚至把皮肤洗烂;③强迫性仪式动作,这些相互联系的动作顺序常与病人的吉兆信念有联系,如一患者入屋前一定要点头敬礼,他认为只有执行这个"仪式"才能讨个好运。

扩展阅读

森田疗法

森田疗法是日本精神病医生森田正马(1874—1938)创立的一种具有浓厚东方色彩的心理治疗体系,主要适应症是焦虑症、强迫症、疑病症、恐惧症、神经衰弱等神经症。

1. 治疗原则——顺其自然,忍受痛苦,为所当为

森田治疗的原则是"顺其自然,忍受痛苦,为所当为",要求患者顺其自然地接受自己的思想和情绪,接受自身的各种症状和烦恼,不要把症状看做是自己身心的病态或异常而加以抵抗和排斥,要带着症状做在现实生活中应做的事。一旦接受了这种症状,症状也就会逐渐消失。例如,社交恐惧症患者见人脸红,越怕脸红就越注意自己的表情,越注意就越紧张,反而使自己脸红的感觉持续下去了。相反,接受脸红的症状,带着"脸红就脸红吧,反正我没做亏心事"的态度与人交往,该干什么干什么,反而使自己不去注意这种感觉,破除了精神交互作用,从而使脸红的症状慢慢消退。

2. 治疗形式——门诊治疗和住院治疗

(1)门诊治疗:通过门诊向患者传授森田疗法的有关理论,让患者阅读森田疗法的自助读物,指导患者顺其自然地生活;可让患者记日记,每周由大夫进行批改;患者应坚持现有的工作和学习。

(2)住院治疗:对于症状较重的病人,可进行住院治疗,住院治疗的主要目的是创造一个特殊的环境,让病人体验和领悟顺应自然的生活态度。治疗共分为4期。

第一期,绝对卧床期(4~7天)。把患者隔离起来,禁止讲话、读书、看书报、吸烟、听音乐等活动,除吃饭、洗漱、上厕所外不得起床;对患者不进行任何解释和安慰。

第二期,轻微工作期(3~7天)。卧床时间限制在7~8小时,仍禁止交际、谈话、看书报、吸烟、听音乐。白天可到室外散步或做

少量轻松的活动,晚上开始写日记。

第三期,普通工作期(3~7天)。患者可以阅读一般性读物,并进行各种较重的体力劳动,如挖地、木工等,同时参加丰富的体育活动。要求患者每晚记日记并交医生批阅。

第四期,生活训练期(7~14天)。进行各种生活训练,允许患者离开医院进行较为复杂的实际生活,如上街购物等。医生每周和患者进行1~2次的交谈,并批阅患者日记。

(三)恐惧症

这是对某一特定的物体、活动或处境产生持续的和不必要的恐惧,而不得不采取回避行为的一种神经症。本症发病年龄多在20岁左右,女性多于男性。本病的发生常与某些恐惧事件的经历有关,也与遗传素质有一定联系。

恐惧症的临床表现是:①对某些事物或处境有强烈恐惧,根据恐惧的对象可分为:简单恐惧症,即对某种物体的恐惧,如害怕蛇、尖状物等;空间恐惧症,又名广场恐惧症,是指对环境的恐惧,主要是公开场所,如商场、剧院、广场、学校、黑暗处、高空及封闭的居室等;社交恐惧症,即对人的恐惧,怕与人接触,怕自己面红耳赤、受人注目、紧张不安;②发作时伴有心跳、呼吸急促、出汗、四肢发抖等植物神经症状;③对恐惧的物体、人物及处境有回避行为;④患者知道恐惧是过分或不必要的,但无法控制。

(四)抑郁症

这是以持久的心境低落为特征的一种神经症,人们形容本症的患者犹如"戴着一副墨镜看世界"。本症多起病于青少年期,患者女性多于男性。本病常由心理社会因素所诱发,如学习困难、工作挫折、人际关系紧张以及严重的躯体疾病等都有可能诱发抑郁症。

抑郁症的临床特征主要有:①情绪症状,自感情绪低落,缺乏活力,兴趣减退,缺乏自信,对鼓励不感到高兴,对前途悲观失望、精神不振、观念消极、常有想死念头,内心矛盾重重;②躯体症状,有头痛、头昏、周身不适、疼痛、心悸、胸闷、肢体冷热感、睡眠不良等;③社交活动减少,不愿主动与人交往。

(五)神经衰弱

神经衰弱是由于长期的情绪紧张和心理压力而导致的神经活动功能失调,以容易兴奋和容易疲乏为主要特征,常伴有心情紧张、烦恼和易激惹等情绪症状,还伴有许多躯体症状和睡眠障碍。本症病程较长,症状时轻时重,病情波动常与心理社会因素有关。多数病例发病于

16～40岁之间，从事脑力劳动者居多。

心理社会因素是神经衰弱的重要原因，例如，学习负担过重，经常为完成任务牺牲睡眠时间；工作困难、超过实际工作能力；工作杂乱无序、方法不当，致使任务不能完成而自责；因为家庭不和、事业受挫等原因而长期感到压抑或委屈等。

神经衰弱的临床表现为：①与精神易兴奋相联系的精神易疲劳，易兴奋和易疲劳是神经衰弱的主要特征。兴奋症状主要表现为回忆和联想增多而杂乱，注意力不集中，感觉过敏，对强光、噪声等刺激厌烦等。疲劳症状主要表现为感到没有精力和反应迟钝，效率显著下降，注意力不能持久，记忆力差，用脑稍久就头痛；②情绪症状，主要表现为烦恼、心情紧张和易激惹；③躯体症状，主要有紧张性疼痛，如紧张性头痛或肢体肌肉酸痛；睡眠障碍，如入睡困难、多梦、缺乏真实的睡眠感（睡了仍感未睡）、睡眠醒觉节律紊乱（夜间不眠、白天没精打采）；内脏功能障碍，如没有食欲、腹胀腹泻、胸闷心慌、月经失调等；④疑病倾向，患者会因过分关注自己的躯体不适而疑病，如因心悸而怀疑得心脏病。疑病可能加重患者的不安以致形成恶性循环。

思考活动

1. 神经症是不是就是“发疯”了？

2. 焦虑症和一般性焦虑的区别在哪里？

四、性心理障碍

性心理障碍是一个人对性的观念、情感反应、态度和行为违反了其所处的社会文化环境所容纳的标准，导致性心理和性行为的反常。它的主要特点是性欲唤起、性发泄对象和性欲满足的方式异于常态。性行为变态者对于正常的性生活通常没有要求甚至心怀恐惧，其行为常带有强迫性、反复性，受惩罚后也会感到悔恨，但又难以自控而往往重犯。性变态行为常常容易与流氓活动、偷窃行为相混淆，应注意区别，以采取正确的处理方式。下面我们介绍几种常见的性变态行为。

（一）露阴癖

将自己的生殖器暴露给非自愿的异性看，以获得性唤起，患者几乎都是男性。露阴者的这种行为既可在僻静的地方发生，也可在拥挤的场合发生。露阴癖者选择的异性大多是比自己年轻的、不熟悉的女性，患者绝不会对自己家中的女性或恋人采取这种行为。露阴癖者在通常情况下并不对异性构成直接的暴力侵害，只要其露阴成功便立即离去。露阴癖者往往性格腼腆、怀疑自己的性功能有问题，希望以一种没有威胁的方式重振自己的能力，难以适应异性性交。

（二）恋物癖

以某种异性用品如女性贴身用品作为性欲对象，刺激和满足自己的性欲，患者以成年男性居多。患者大多性格内向，抑郁，平时缺少异性伙伴、性启蒙较早。恋物癖的特点如下：首先，患者性行为的对象不是女性的性器官，而是女性使用的物品，多数是女性用过或正在使用的贴身穿戴物，商店出售的女性用品对他没有吸引力；其次，恋物癖几乎从不想通过性器官的接触达到性快感，也不想与异性或同性伙伴有任何形式的性爱活动；最后，恋物癖是以非法手段取得女性用品，大多是偷别人晾晒在外面的女性内衣裤、丝袜等，在夜深人静时拿出来玩赏。

（三）窥淫癖

寻找机会窥视异性裸体及他人的性行为来获得异常的性满足和性快感，并以此来代替正常的情欲和性交，患者多为男性。窥淫癖者常在夜晚潜伏在他人住房的窗外、厕所或浴室，偷看年轻夫妇的性生活及正在厕所或洗澡的女性裸体。他们有时借助于望远镜或利用镜子反射，为了达到窥视的目的常常不择手段，甚至不惜冒很大的风险。窥淫癖对公开的异性暴露，如脱衣舞表演等无明显兴趣。他们于窥视时即产生性兴奋，常常伴有手淫达到高潮。窥淫癖都是单独行事，有些人婚姻生活也很正常，但婚姻生活并不能改变这种癖好。

（四）易性癖

易性癖又称异性转换症、异性认同症。患者声称自己是异性，深信自己内在是真正的异性；躯体发育完全正常，亦非两性畸形；要求改变性别的信念十分坚定，终生改变不了，为企图改变性别会出现自残自虐，性伤害行为甚至自杀行为；他们希望周围人能按其体验到的性别接受自己。

五、精神分裂症

精神分裂症是以个体思维、情感、行为的分裂，精神活动与环境不协调为主要特征的一类精神病。它是精神病中患病率最高的一种，以16～35岁发病率最高。此病病程迁延，病因复杂，与遗传、生化、心理、社会等诸多因素有关。精神分裂症的治疗目前主要以药物治疗为主，以减少精神不良刺激、支持性心理治疗和改善家庭社会环境为辅。

精神分裂症常见的类型有以下几种：①单纯型，一般在青少年时缓慢起病，孤僻、活动减少，情感淡漠、寡言独处，生活懒散、学习兴趣减低、成绩下降，对周围任何事物不关心、行为退缩日益加重；②青春型，多在青春期急性发病，常表现为情感喜怒无常、表情做作、言语增多、内容荒诞离奇，行为幼稚、奇特，本能活动亢进，常有裸体行为，幻觉生动、妄想零乱；③偏执型，起病缓慢、妄想突出，尤以关系妄想、被害妄想多见。幻想中以言语性幻听最常见，行为孤僻离群。由于病人并不暴露自己的病态体验，故不易为人发现。

专题小结

根据症状的严重程度不同，心理障碍可分为适应障碍、人格障碍、神经症、性心理障碍、精神分裂症等几种类型。适应障碍包括环境适应不良、学习适应不良、社交适应不良、性心理适应不良等。人格障碍即人格异常，是指人格发展偏离正常或畸形发展，包括强迫型人格障碍、偏执型人格障碍、分裂型人格障碍、戏剧型人格障碍、回避型人格障碍等。神经症是一组非器质性的大脑神经功能轻度失调引起的心理疾病，主要包括焦虑症、强迫症、恐惧症、抑郁症、神经衰弱等。

专题导读

在社会飞速发展、竞争日趋激烈的今天，学生的心理问题有增多的趋势，问题也更趋纷繁复杂，开展心理健康教育不仅非常重要，而且非常迫切。本专题对学校心理健康教育的含义、内容、原则和途径进行了全面阐述，并重点介绍了心理健康教育课程、团体心理辅导和个别心理咨询的基本原理和方法。

专题三 学校心理健康教育

一、学校心理健康教育的含义

学校心理健康教育是指根据学生的身心发展特点，运用有关心理健康教育的方法和手段，帮助学生解决成长过程中的心理问题，培养学生良好的心理素质，促进学生身心和谐发展和素质全面提高的教育活动。

从内容上看，心理健康教育包括心理素质培养和心理健康维护两个方面。这两项内容层次不同。心理素质培养是培养学生形成各种良好的心理素质，优化学生的心理品质，促进学生学业成功、事业成功、人生幸福。心理健康维护主要是使学生形成并维持正常的心理状态，能适应学校和社会，进行正常的学习和生活，具体包括以下任务[①]：①帮助学生形成自我调控能力，使之能维持正常的心理状态；②帮助进入了不利心理状态的学生及时摆脱这种状态，恢复正常状态；③帮助心理不健康的学生康复，使之恢复健康状态。这两个方面在学生的心理健康教育中都非常重要。

① 莫雷．青少年心理健康教育．上海：华东师范大学出版社，2003.

从性质来看,心理健康教育包括发展性教育和补救性教育。所谓发展性教育是有目的、有计划地对学生的心理素质和心理健康进行培养促进,使学生的心理品质不断优化;补救性教育是对心理出现问题的学生进行专门的辅导与帮助,使之恢复到正常状态。学生的心理健康教育应以发展性教育为主,以补救性教育为辅,工作重点要放在如何促进学生心理素质的提高和心理品质的优化上。不能把学校心理健康教育等同于面向个别学生的心理治疗,更不能把学校心理健康教育工作等同于开设一个心理咨询室。

二、学校心理健康教育的内容

(一)学习心理的辅导

学习心理辅导是指教师运用心理学的有关原理,对学生在学习活动中发生的各种问题,包括认知、动机、情绪、行为等方面的问题进行辅导,其目的在于培养学生良好的学习心理品质,帮助学生克服学习障碍,提高学习效率,完成学习任务。由于学习是学生的主要任务,学习心理活动是学生的主导心理活动,所以学习心理辅导也必然成为学生心理健康教育不可缺少的内容。

学生学习心理辅导的具体内容包括学习目标的制定、学习动机的激发、学习兴趣的发展、学习策略的掌握、学习时间的安排、学习习惯的养成、应考技能的掌握、应考心态的调整、学习疲劳的预防等。其中,学习动机的培养与学习策略的训练是最关键的内容。学习动机解决的是“愿不愿学习”的问题,学习策略解决的是“会不会学习”的问题,这两大因素是影响学习是否有效的关键因素。

(二)健全人格的培养

人格的健康发展是学生顺利学习和生活的前提和保障,健全人格的培养是学生心理健康教育最重要的内容之一,其目的是帮助学生认识和了解自己的人格特点,引导学生养成健全的人格品质并帮助学生矫正不良的人格特征。健全人格的培养主要包括以下几个方面。

1. 自我意识教育

青少年阶段是自我意识迅速发展的时期,也是自我意识教育的关键时期。自我意识是指个体对自己所作所为的看法和态度,包括对自己的存在以及自己周围的人或物的关系的意识,包括自我认识、自我体验和自我控制3种心理成分。自我意识教育的目标是使学生认识和接受自我,形成良好的自我概念和积极的自我意象,提高自尊和自信水平,能有效进行自我协调、自我激励和自我管理。

2. 情绪情感的培养

情绪情感培养的目标是要使学生做到情绪有常、有度,培养乐观的生活态度和良好的情感品质,并能对不良情绪和消极情感进行调节和控制。情绪情感培养的主要内容有:正视和理解自己的情绪;学会恰当地表达自己的情绪;养成乐观的生活态度,增强对快乐的情绪体验;学会控制自己的情绪,处理自己的情绪困扰;培养良好的情感品质和高尚的道德情操。

3. 意志品质的培养

意志品质培养的目标是使学生增强行为的自觉性、果断性、坚韧性和自制性,能勇于面对困难,正确对待挫折。

(三) 人际交往的辅导

人际交往辅导是对学生的人际交往过程和人际交往活动进行辅导,促进学生认识交往的意义,提高交往的主动性,掌握交往的技巧,消除交往的心理障碍,进而建立一种和谐融洽的人际关系,促进学生的人格发展和心理健康。随着自我意识的发展,青少年学生产生了强烈的交往需求,交往水平也在不断提高。但由于心理不成熟,社会经验缺乏,他们在交往过程中容易产生各种问题。通过人际交往的辅导,可以帮助他们解决交往中的问题,提高交往的能力。人际交往辅导的具体内容包括同伴交往的辅导、师生交往的辅导、亲子交往的辅导和异性交往的辅导。

(四) 职业心理的辅导

职业心理辅导的目的是帮助学生进行升学准备、专业选择、职业选择、就业准备以及职业适应;帮助学生了解自己的职业能力和职业兴趣,树立正确的职业观和择业观;使学生能根据自己的身心特点和社会要求,选择最适合自己的职业或专业,提高升学和就业的决策能力;帮助学生掌握填报升学志愿和求职择业的技巧。对于学生而言,升学指导和就业指导是职业心理辅导的两大内容。

(五) 生活与社会适应方面的教育

生活与社会适应辅导的目的是促使学生掌握基本的生活技能,建立合理的生活规范,了解社会的有关信息,培养学生适应社会生活的能力。生活适应包括生活环境的熟悉、生活技能的掌握、生活习惯的养成、休闲生活的安排、生活压力的应付等;社会适应包括社会环境的熟悉、社会规范的掌握、社会角色的认知、社会责任感的形成等。

其具体内容包括:①日常生活技能的教育,指导学生养成良好的生活与卫生习惯，培养学生的生活自理能力；②自我保护的教育，培养学生的安全意识与自我保护意识，引导他们正确认识纷繁复杂的社会现象，掌握与坏人坏事做斗争的适当方式；③学校适应方面的辅导，帮助学生认识新的学校环境，把握新的学习生活特点，调整自己的心理与行为方式，尽快适应新的学校和学习环境；④性问题方面的教育，帮助学生认识性别差异，认同并接纳自己的性别，学会同异性进行正常的交往，并能正确地认识和处理青春期的性生理问题和性心理困惑，例如，初恋、青春期对异性的好感等；⑤休闲教育，帮助学生确立正确的休闲观念和态度，获得必备的休闲知识和技能，学会选择安排有益的休闲活动方式，从而使自己获得充实而丰富的休闲生活；⑥消费指导，帮助学生了解消费的一般常识，养成健康合理的消费行为方式。

三、学校心理健康教育的基本原则

（一）整体性原则

整体性原则是指在进行心理健康教育的过程中，要运用系统论的观点指导工作，既要全面考察和分析学生心理问题的形成原因，又要立足于促进学生心理素质的全面发展，同时也要整合学校、家庭、社会各方面的教育力量。

从学生内部来看，学生的心理是一个有机整体，知、情、意、行是密切联系在一起的，心理过程和个性心理是交互影响的，学生的心理状况与他的人生观、世界观、价值观也有密切的联系。从内外关系来看，学生的内在心理与外部环境之间也存在着相互影响、相互制约的复杂联系。这就要求我们在教育工作中，时刻树立整体的观念。

为了贯彻整体性原则，学生的心理健康教育工作要面向全体、全员参与、全面渗透、全程进行。我们要有这样的理念：心理健康教育不仅仅是一个或几个心理老师的事情，而是需要所有教育者共同参与的活动；不仅仅是面向少数心理有问题的学生，而是面向全体学生；不仅仅是着眼于某个心理品质，而是着眼于整体心理素质的提高；不仅仅是上几堂心理辅导课或做几次心理咨询，而是需要全面渗透到学校的教育教学过程之中……只有真正理解并贯彻了整体性原则，心理健康教育才能落到实处，取得效果。

（二）主体性原则

主体性原则是指在学校心理健康教育过程中要把学生作为认识与发展的主体，承认和尊重学生的主体地位，注意调动学生的主动性、积极性，启发学生进行自我教育。青少年时期是自我意识快速发展的时期,学生的独立性和“成人感”非常强烈,渴望通过自己的独立思考和主动探索来解决各种问题。因此,在心理教育工作中,教师既要尊重学生的主体地位,从学生的需要出发来开展教育活动,又要注意发挥学生的主动性,在各种活动中发展学生的主体意识和独立意识。

(三)活动性原则

活动性原则是指要以活动作为心理健康教育的载体,通过心理训练、问题辨析、讨论交流、角色扮演、团体辅导等形式,帮助学生掌握心理保健知识,培养良好的心理素质。心理健康教育和其他学科的教育不同,其主要目的不是让学生系统掌握心理学科的知识,而是强调让学生在活动中体验和调适。正因为如此,“心理健康课”通常也被称为“心理健康活动课”。因此,学校要有计划地组织学生开展各种心理健康教育活动,活动要体现学生的主体作用,老师要对学生的活动给予及时引导。

(四)差异性原则

差异性原则是指学校心理健康教育工作要承认和重视学生的个别差异,根据不同学生的不同需要,开展形式多样、针对性的教育,以提高学生的心理健康水平。青少年学生的差异表现在许多方面,例如,他们具有自己的兴趣和性格特点,拥有不同的社会背景、家庭环境、生活经验和价值观念。在工作中,我们应该承认差异,重视差异,有的放矢,使每个学生的心理都得到相应的发展,最终促进全体学生心理素质的提高。

(五)保密性原则

保密性原则是指在心理健康教育过程中,要最大限度地尊重学生的人格及隐私权,对学生的个人资料以及心理测验、心理咨询的内容予以保密。保密性原则是学校心理健康教育的重要基础,是鼓励学生畅所欲言和建立相互信任的前提条件。保密性原则要求学生的个人信息和心理档案的资料不能随便供人查阅,拒绝任何关于求助学生的调查;不要随意向学校领导、老师、其他学生以及公众、媒体等透露求助学生的姓名、案例等;个体辅导和团体辅导中不得录音、录像,如果确是研究需要,要注意保密,研究之后要予以销毁;要设立安全的储存系统来确保学生的资料不被泄露。

在某些特殊情况下,为了求助学生和他人的利益免受伤害,可以不受保密性原则的限制:一是有明显的自杀或自伤意图者,要与有关人员联系,尽可能加以挽救;二是如果求助学生有伤害他人或危害社会的意图,为避免恶性事件发生,也应该通知相关人员,做好预防工作。

四、学校心理健康教育的途径与方法

学生心理健康教育的途径有专门途径和非专门途径，专门途径包括心理健康教育课程、团体心理辅导和个体心理咨询等；非专门途径包括班主任工作渗透、学科渗透、学校环境渗透、各种团队活动和课外活动的开展等。我们着重介绍几种专门途径和方法。

（一）心理健康教育课程

1. 心理健康教育课程的含义

心理健康教育课程是以培养学生良好的心理素质、发展健康的人格、增进其心理健康水平为目的的专门教育活动。学校情境中的所有教育活动都有培养学生心理素质和健全人格的目标，但心理健康教育课程是以此为专门目标的教育活动。要理解这一含义，须注意以下几点。

（1）心理健康教育课程以学生活动为主，它不同于以普及知识为主的心理学课程。在理解心理健康教育课程的特点时，应紧扣“活动”二字。心理健康教育课程主要是通过教师引导下的学生的各种活动，展开对心理健康问题的各种体验、讨论、感受、交流、实践与学习。这是一种既类似于集体活动，又有别于集体的课堂讲授、课堂练习、班会活动的活动课程。它不是纯粹的心理学知识的传授，不需要以学生掌握系统的心理学知识或记住心理学概念为最终目标，更不需要对这些心理学知识进行考试。

（2）它专门为心理健康教育而设置，其目的不同于一般的班级和团队活动。心理健康教育课程是让学生在课程的学习中，通过了解带普遍性和共性的困惑或问题，掌握解决问题的方式、方法、技巧，从而在学习、工作、生活等实践活动中提高心理调适、更好地适应环境的能力，从而有利于其心理健康水平及生活质量、学习与工作效率的提高。一般的班级和团队活动有心理健康教育的功能，但不是以心理健康为专门目的的。

（3）有教师指导，不同于学生自发性的游戏。心理健康教育课程需要教师系统地设计、用心地组织和全程指导，尽管以学生活动为主，但这些活动都是教师为了实现教学目标而精心设计的，不是学生自发性的游戏。

2. 心理健康教育课程的教学方法

（1）认知法

认知法是指教师引导学生通过感知、观察、思考、想象等方式改变和提高认识水平，从而实现教学目的的方法。认知法具体包括：①讲授法，教师通过生动有趣、内涵丰富的讲授来启迪和教育学生，影响学生的思想和行为；②阅读和听故事，教师可向学生推荐有针对性的读物，编印读书卡片，以供学生阅读。课堂上还可以安排读书讨论，交换读书心得等活动；③多媒体教学，教学中运用图片、动画、视频等多种多媒体手段，激发学生的学习兴趣，影响学生的思想和行为；④艺术欣赏，通过欣赏音乐、美术和舞蹈等艺术形式，激发学生的情感，陶冶学生的情操，净化学生的心灵。例如，围绕“自我”这个主题，我们可以选择《真心英雄》、《我真的很不错》等歌曲；围绕“感恩”这个主题，我们可以选择《感恩的心》、《学费》等歌曲；⑤参观访问、社区调查。

(2) 操作法

操作法是通过学生的操作活动来达到心理教育目的的方法。操作法主要包括：①游戏，游戏可分为竞赛性游戏和非竞赛性游戏。竞赛性游戏可以培养学生的竞争意识和合作精神；非竞赛性的游戏可以减轻紧张，获得轻松愉快的情绪体验。教师可根据教学的需要灵活组织游戏活动；②工作，借助各种工作，如集体劳动、装饰教室、布置墙报等来提高集体的凝聚力，促进个人成长；③测验，通过性格、态度、兴趣等心理测验，帮助学生自我反省和自我分析；④讲演，这种方法可以训练口才、培养机智，增进同学间的相互了解；⑤绘画、唱歌、舞蹈等艺术活动。

(3) 集体讨论法

集体讨论法是在教师的引导和组织下，对某一主题发表看法，表述自己的意见，进行研讨的一种教学方法。集体讨论法具体包括：①小组讨论法，将全班学生分成若干小组，先由小组内部讨论，形成小组意见；然后小组之间讨论，或每小组派代表发言；最后由教师归纳总结。分组方式应多样化，如自愿组合、报数组合、生日组合、异质组合等。其中，异质组合是要求将学习水平、个性等不同类型的学生放在一个组，这有利于学生之间的互动和互补；②辩论，就有争议性的问题进行分组辩论；③脑力激荡，这种方法是由美国著名创造学家奥斯本提出来的。它利用了集体讨论的方式，使思想观念相互激荡，发生连锁反应，以引出更多的意见或想法；④配对讨论，先两个人讨论，然后与另两个人讨论的意见协商，形成 4 个人的共同意见；再与另 4 个人一起协商，获得 8 个人的结论。这种讨论法参与度比较高，讨论效果较好；⑤六六讨论法，分组讨论，每组为 6 人。小组讨论中，每人发言一分钟。在发言之前，最好共同对讨论题目静思几分钟。这是一种人人参与而且节省时间的好方法；⑥意见箱，教师可设立意见箱，要求学生平时将意见或问题投入意见箱中，在课堂上向全班宣读意见箱中的内容，大家共同讨论。

(4) 角色扮演法

角色扮演法是让学生以一种类似游戏的方式，表演出自己的心理或行为问题，进而起到增进自我认识、减轻或消除心理问题、发展心理素质的作用。具体方法如下：①哑剧表演，教师提出一个主题，要求学生不用言语而用表情和动作表演出来。这种方法可以促进学生非言语沟通能力的发展；②空椅子表演，将两张椅子面对面摆放，让学生坐在一张椅子上，假设另一张椅子坐的是与主题有关的另一个人。让该学生先表演彼此间曾经有的或可能有的对话，然后坐到对面的椅子上，以对方的立场说话；③角色互换，这种方法与空椅子表演类似，只是参与的人有两个或者更多。例如，教师可以让一名学生扮演交往中的失败者，另一个学生扮演帮助者。两人对话一段时间后，互换椅子和角色；④改变自我，教师让学生扮演自己改变后的情况。例如，学生上课时注意力常不集中，教师可以指导他扮演自己改变了的情景。这样有利于扮演者体验不同的感受，促使他向好的方向转变；⑤双重扮演，要求两个学生一起表演，一个是在某方面存在一定问题的学生，一个是助理演员。该学生表演什么，助理演员就重复表演什么。这样可以重现事实，帮助学生通过他人的表现认识问题、反省自己；⑥魔术商店，教师可扮演店主，店里贩卖各种东西，如健康、幸福、财富等。由学生扮演买主，说出自己最想要的东西及其原因。然后，教师问他愿意用什么来交换。用这种方法了解学生的需求和价值观，并帮助学生树立正确的价值观。

(5) 行为改变法

行为改变的方法以行为主义关于行为强化的学习理论为依据，根据该理论，通过奖惩等强化手段可以建立某种新的行为或者消除某种不良行为。它包括：①行为训练，教师可指定学生完成一些行为训练的任务；②示范，这是一种借助模仿来习得或掌握新行为的方法，教师应起示范作用或为学生树立学习的榜样；③奖赏，可利用分数、表扬、奖章等精神与物质的奖励，鼓励和强化学生形成某种良好的行为。

扩展阅读

心理健康教育课程案例：高中生恋爱价值面面观

(一) 教学理念

处于中学阶段从十一二岁到十七八岁的青少年正处于青春发育期这个阶段，生理上的身体外形、内脏机能和性的成熟发展变化多种多样而又十分显著，随着青春期性意识的觉醒，男女青少年都或多或少地对性问题渐感兴趣，关注异性，容易被异性吸引。但在两性关系的处理上，他们往往难以把握分寸。因此，家长和老师对学生在异性交往过程中把握不好的担心也在所难免。另一方面，他们正在竭力摆脱童年时期的幼稚状态，向成人过渡，希望老师和家长把他们当大人看待。但是，他们还不具备成年人的心智水平，在与师长的沟通过程中容易产生逆反心理，中学生需要什么样的恋爱教育？美好的爱情既是人类崇高的理想和精神追求，又是以纯洁的性爱为基础的，同时具有自然属性和社会属性。

我们赞同这样的主张：恋爱教育的基调应该是从人性出发、从生活出发，给学生以爱情为主题的符合人性、生活的引导，而不是纯粹道德的说教，其目的也不仅仅在于教学生如何寻找到完美的爱情，也不只是教给学生一些恋爱的技巧或方略，而是引导学生在自我完善的过程中了解自我，善待自我和他人的情感，形成一种更人性的、健康的恋爱观、价值观，为未来的成人生活做准备。因为对爱的真正本质的追求，是克服一切不良欲望的最根本的途径。只有基于这种出发点才能形成健康的恋爱观，无论对于学生、对于家庭还是对于社会来说都是非常必要的。

（二）教学目标

（1）知识目标：了解、交流对高中生恋爱的看法和态度，澄清自己的恋爱价值观。

（2）情感态度目标：了解对高中生恋爱的问题有不同的看法是正常的，要尽量理解和尊重不同人的不同价值观，理解和尊重父母、老师对中学生恋爱的看法。

（3）运用目标：学会谨慎、理性地对待爱情，学会正确与异性交往，学会以平等的态度与师长交流。

（三）教学重点和难点

了解、交流对中学生恋爱的看法和态度。

（四）教学形式：①角色扮演；②小组讨论。

（五）教学对象：高中二年级学生。

（六）教学准备：大张白纸、笔、白板、白板笔、空白卡片。

（七）教学过程(45 分钟)

1. 活动一：《墙上角色：价值澄清的练习》(5 分钟)

（1）活动规则

A. 教师事先要准备墙上角色：一张由男生填写“我心目中理想对象的品质特征”；一张由女生填写“我心目中理想对象的品质特征”。

B. 发给每个学生一支笔，请每人根据提示写在相应的地方，然后说出理由。

C. 学生进行讨论。

（2）教师小结

上面我们所列出的我心目中理想对象的品质特征，就是我们通常所说的对理想对象的理解和看法。换一句话说就是我们关于理想对象的价值判断。

2. 活动二:不同的人对中学生恋爱的理解和看法(25 分钟)

每个同学都会有自己的不同的观点或看法,现在来看看大家对下面的问题的看法是怎样的。

(1) 角色扮演

A. 情景

高二级男生小波和女生小雪两个人最近拍拖上了,第一次在学校隐秘处约会的时候就被年级的郭老师逮个正着……这件事情被各自的班主任和双方的家长都知道了,小波和小雪很郁闷,朋友也给他们提了不少建议……这件事情后来小雪的班主任还告诉了学校的心理教师……

B. 请小组中就抽到的角色进行讨论

这个角色会是一种什么样的反应?可能会说什么话?然后请各组推荐一名同学扮演其中的一个角色。

(2) 教师小结

对同样的问题不同的人会有不同的看法,这是正常的。人们对问题的不同看法与个人的年龄、生活环境、经历等都有关系,并没有“对”与“错”之分。

价值判断也不是一成不变的。同一个人在不同的时期对同样的问题也会有不同的看法。人们的看法会随着年龄、生活环境及经历的变化而变化。(如人们年轻时,或许不会把健康看得特别重要,但随着年龄的增长,会把健康视为最重要的。)

虽然一个人的价值观在很大程度上是从家庭中学来的,但在许多情况下子女与父母的价值观却不完全一样。

3. 活动三:对与中学生恋爱有关的问题的看法与决定(10 分钟)

(1) 小组讨论

表演之后,教师感谢大家的参与,并请大家回到座位上。接下来组织大家讨论。

A. 怎样和与你不同价值观的人相处?

B. 高中的恋爱对象能够一起走进婚姻殿堂的可能性有几成?有何理由?

C. 10年后你选择配偶的标准改变的可能性有几成?有何理由?

(2) 教师小结

每个人的生活环境和背景是不同的,我们能否要求我们的父母和我们有一样的价值观?我们不应把自己的价值(对问题的理解和看法)强加给他人,并且要尽量理解和尊重与我们价值不同的人，每个人都有不同的选择，面对爱情时应更慎重、更理性。

资料来源：刘学兰．中学生心理健康教育[M]．广州：暨南大学出版社，2012，P365－368.

（二）团体心理辅导

1. 团体心理辅导的含义

团体心理辅导是指在团体领导者的带领下，团体成员围绕某一共同关心的问题，通过一定的活动形式与人际互动，相互启发、诱导，形成团体的共识与目标，进而改变成员的观念、态度和行为。

2. 团体的分类

根据团体成员的背景、问题性质的相似性划分，可分为同质型团体和异质型团体。

（1）同质型团体：它是指团体成员的年龄、性别、学历、生活经历、心理问题具有一定的相似性。例如，老人团体、大学生团体、妇女团体、减肥团体、学习困难儿童团体、亲子沟通团体、考试焦虑辅导团体、情绪调控训练团体、婚姻危机调适工作坊等。

（2）异质型团体：它是指团体成员的自身背景条件、个人特质或所遇到的问题的差异性很大，情况比较复杂。这类团体的成员常常因为志不同、道不合、话不投机而难以沟通和建立信任关系，进而阻碍团体的正常发展。而团体动力一旦形成，成员互动沟通的机会增加，互相激励，将有助于成员学习行为的建立，比如，创造力训练团体、两性关系成长团体、社会人士的生涯辅导团体。

3. 团体心理辅导的过程

（1）定向阶段

由于初入团体的成员对团体不熟悉，彼此之间不了解，此阶段成员一般有以下反应：①焦虑担心，不知团体中有些什么人，会怎么待我，在团体中该做些什么，不该做些什么……团体成员会产生很多疑虑；②气氛沉默，由于成员彼此不熟悉，都怕说错话、做错事，因此相互观望，故团体气氛沉默，进展缓慢，活动缺乏自发性；③防卫心理，团体成员的防卫性比较强，常常找一些较安全的、公开的话题，尽量避免个人的想法与问题。即便谈到个人，也是一些表面的事，例如自己的姓名、爱好等；④依赖领导者，这一时期团体成员的主动性不强，比较依赖领导者，视其为权威，等待指导。

此阶段团体的工作重点是建立“安全感”和“信任感”，否则成员间的接触将仅限于表面，而无法深入到自我探索和行为改变的层次。团体的任务是通过相互自我介绍，谈论一些轻松的有趣的话题，活跃气氛，缩短彼此之间的心理距离；协助成员彼此认识；创造安全信任的气氛;澄清团体目标,建立团体规范,让成员形成团体归属感。

(2) 冲突阶段

冲突阶段团体成员的主要特征有:①焦虑与挣扎,这个阶段的焦虑来自对表露真正自我的担心。诸如,万一我不能控制自己而说得太多怎么办?如果我表露后,别人讥笑我怎么办?……这些担忧使个体在浅层表露还是深层表露之间挣扎、矛盾,也使个体焦虑不安;②抗拒与防卫,由于焦虑担忧,个体会本能地产生防御倾向,尽可能避免触及自己内心深处。例如,沉默、转变话题或者不带感情色彩地与人互动;③冲突,经过第一阶段的交往与熟悉,大家渐渐希望更真实地表达自己,这必然会有不同的意见展现在团体成员面前,于是便产生了冲突;④挑战领导者,随着团体成员自主性的增强,对领导者不再依赖了,团体成员会产生挑战领导者的行为。领导者在被挑战时,不要回避或防御,而要真诚地面对。

冲突阶段团体的任务是:理解、接纳成员的负向情绪,形成互相接纳的团体气氛;鼓励成员认识自己的焦虑与矛盾,教会并协助他们表达内心的感受,以促进团体成员的自我开放、提高团体互动的质量;如果成员有抗拒与防御的行为,应在适当的时机协助其妥善解决,将其防御性行为转化为建设性行为。

(3) 凝聚整合阶段

此阶段的团体特征:经过第二阶段的冲突、真我的袒露,成员增进了了解,密切了相互间的关系,尖锐、真实的意见受到鼓励,大家对团体产生了信任与接纳,有了安全感、归属感和认同感。

团体在这一阶段的任务是:协助成员更深刻地认识自己;领导者可以借此机会帮助成员了解其自身问题形成的原因,作为自我突破和发展的基础;鼓励成员相互关心与帮助;成员之间在做较深层次的交流与沟通时,对别人表露出来的伤痛,应予以关心与支持,使其有勇气继续展开,并帮助其找到解决问题的策略。

(4) 成效阶段

团体经过凝聚阶段,成员感受到真正的安全感,不但敢于更深入地探索自我,表达更真实的感受和想法,更希望尝试行为改变和解决问题,追求个人和团体目标的达到。

在成效阶段,团体成员表现出如下特征:①对团体充满信心与希望;②深层的自我表露,在团体中做深层的自我表露对个人是具挑战性的。深层的自我表露才能引发真实反馈,得到最恰当的帮助;③面质,面质不是敌意的攻击,而是出自关心、理解与真诚的建设性挑战,目的是帮助成员洞察阻碍自己成长的矛盾和防御倾向,揭露自己的阴暗面,并提出对自己最合适、最有效的行动策略。另外,成员能从面质他人或被面质的过程中学习自我面质,达到自助的目的;④认知重建,在宣泄后，必须针对自己的困扰、失败进行分析、反思，对认知予以重建。

成效阶段的任务是：领导者以身示范或引导成员塑造被期望的行为；协助成员认知重建；协助成员把领悟和学习到的经验付之于行动，学会自我调适，克服心理障碍，发展健康人格。

(5) 巩固阶段

这一阶段团体成员的特征是：①依依惜别，目标完成，建立了友谊，要离开会感到失落、惋惜；②对外面世界的担心，有时成员就是因在外面世界适应状况不良而进入团体，几经周折，现被团体接纳、肯定，又要回到原来的世界，不免担心能否适应；③团体有时显现松散现象，因意识到团体快结束了，影响力减弱。

这一阶段的任务是：处理好成员离别的情绪；协助成员整理学习成果并运用于实际生活中；反馈与祝福；提醒保密；提供继续学习或进一步服务的信息资源；评估团体效能，检查目标是否达到、动力状况如何，以调整今后的团体计划。

（三）个体心理咨询

1. 个体心理咨询的含义

个体心理咨询是指受过专业训练的咨询员依据有关的心理学理论，针对来访者的心理问题，采用一对一的方式，运用一定的方法、技术，协助其维护、增进身心健康，促进人格发展和潜能开发的过程。

要正确理解心理咨询的含义，需要注意以下几点：①心理咨询是一个过程，有一系列的步骤，并且需要多次进行，往往不是一次咨询就能解决问题；②心理咨询是一种关系，是咨询员和来访者之间关系的建立，这是一种特殊的人际关系，需要以同感、尊重和真诚为基础，同时又保持中立；③心理咨询是一种专业性活动，需要在心理学理论的指导下进行，它决不是一般的聊天和谈话，而是一项严肃认真的工作，咨询员必须受过专业训练；④心理咨询的最终目的在于促进来访者的成长和发展，而不是简单的同情、安慰、劝导和批评，也不是单纯的帮助他人解决问题，更主要的是培养来访者独立决策行动的自助能力。因此，助人自助才是心理咨询的最终目标。

2. 个体心理咨询的过程

(1) 信息收集阶段

此阶段的主要任务是咨询员广泛和深入地收集与来访者问题有关的资料，并与当事人建立初步的信任关系。资料的收集主要通过来访者的诉说及咨询员的提问获得。必要的资料包括：来访者的基本情况、来访者咨询的主要问题及身心状况、来访者的既往史及社会生活背景等。

(2) 分析诊断阶段

此阶段的主要任务是咨询员根据收集的信息，结合心理学有关知识，对来访者的问题进行分析和诊断，确定来访者是否适合做心理咨询，辨明来访者问题的类型、性质和严重程度，例如，注意区分来访者是适应不良还是人格障碍，是精神病还是神经症。同时，要分析产生心理问题的原因及深层心理机制。

(3) 确立咨询目标

此阶段要确立咨询要解决什么问题，解决到什么程度。咨询目标应满足以下特征：①目标具体，具有可操作性；②目标是现实可行的，是来访者经过努力可以达到的；③目标应具有层次性，既有远期目标，也有近期目标；④目标可通过信息反馈等方式加以调整、改进和评估。

(4) 帮助和改变阶段

这是咨询过程中的关键阶段，咨询员根据诊断结果和咨询目标，以一种或多种咨询理论为指导，通过领悟、支持、解释和行为指导等方式帮助来访者。首先，咨询员和来访者共同探讨制定咨询方案。所谓咨询方案就是咨询员根据已做出的分析判断采取具体咨询措施的行动计划。然后，方案确定后就要予以实施。

(5) 结束咨询阶段

此阶段的主要任务是对咨询情况做一个小结，帮助来访者重新回顾咨询的要点，检查目标的实现情况，进一步巩固咨询所取得的成绩并布置有关作业。心理咨询一般需多次进行，在结束阶段还要约定下次面谈的时间。

3. 个体心理咨询中的会谈技术

会谈是心理咨询的基本形式和手段。会谈是指两个或两个以上的人之间的信息交流。在会谈中，信息交流主要有语言的和非语言的两种传递方式。语言传递借助语言活动进行，非语言传递则主要借助面部表情、身段表情以及语气、声调、动作等进行。基本的会谈技术如下。

(1) 专注与倾听技术

专注与倾听技术是指在咨询过程中，咨询员不仅要全神贯注地聆听当事人的陈述，关注当事人的身体动作，而且要用心去体会当事人的内心感受，理解当事人所持的观念。专注与倾听可分为两个层面，第一个层面是指咨询员身体的专注与倾听；另一个层面是指咨询员心理的专注与倾听[①]。身体的专注与倾听是指在咨询过程中，咨询员的全身姿势传达出对当事人的关切，愿意聆听与陪伴。它主要包括5个基本要素，简称SOLER，即面对当事人(Squarely)、身体姿势开放(Open)、身体稍微倾向当事人(Lean)良好的目光接触(Eye)、身体放松(Relaxed)。心理的专注与倾听是指咨询员不只倾听当事人的语言内容，而且也关注当事人语言叙述中的语音语调、面部表情等非言语信息。

---

① 陈金定.《咨商技术》. 台湾：心理出版社，2001，22。

(2) 情感反映技术

情感反映是指咨询员把体察到的当事人的各种情感以语言的或非语言的方式表达出来。这些情感是当事人虽感受到却不曾清楚意识到或未曾留意的。情感反映的目的是协助当事人觉察自己的情感、促进对自我的了解,同时也有助于咨询员对当事人的了解,进而达到同感。例如,"父母过分的要求让你感到很生气","你努力了,却考得不好,你感到好无奈"等。这种情感反映的重点应放在当事人此时此刻的情感上。

要做到准确地反映当事人的情感并不是件容易的事,因为人的情感本身是很复杂的,而且当事人内心充满了矛盾,他很难说清他的感受,如既爱又恨,既愤怒又同情等。富有技巧的咨询员善于找到令当事人困扰的矛盾情绪,进而予以突破。要想进行有效的情感反映,首先要求咨询员对人类的各种复杂而丰富的情感有较好的理解;其次,在整个谈话过程中要保持专注与倾听,认真倾听当事人的叙述,特别注意叙述中的情感部分,仔细捕捉当事人的非语言信息;另外,咨询员必须有丰富的词汇,特别是情感形容词词汇。所用的语言尽量不要重复当事人所说的语词,也不要一再运用相同的语词。

(3) 简述语意技术、复述技术和摘要技术

简述语意是指咨询员用自己的语言简明扼要地把当事人所表达的内容回应给当事人。复述是指咨询员将当事人的叙述中的重要部分复述,促使当事人就这一部分做进一步的说明和探讨。而摘要则是指在咨询进行了一段时间后,咨询员将两人谈话的要点整理与归纳,然后回应给当事人。这3种技术主要是对当事人所谈的事实内容进行回应,而前面的情感反映技术主要是对当事人体验到的情感进行回应。内容回应和情感回应有时是密不可分的。

简述语意、复述和摘要通常采用的句型是:"你说……是这样吗?""你的主要意思是……是吗?""让我归纳一下你前面的意思……我的理解对吗?"例如下面的对话。

当事人:我觉得我的生活一团糟。当了学生会主席之后,以前的好朋友也渐渐疏远了,我担心自己今后没有一个朋友了。工作一忙,学习又顾不上了,就要考试了,我害怕自己考得不好被人笑话。老师又给我布置了很多工作,要我组织活动,做不好要挨老师批评。我心里真烦,一到学校头就大了……

咨询员A:你的意思是说,你目前的生活很烦乱,想把学习和工作都搞好有一定困难。你很担心朋友疏远感到孤独、学习失败被人笑话、工作不好被老师批评,是这样吗?

咨询员B:当了学生会主席之后,你以前的好朋友也渐渐疏远了,你担心自己今后没有一个朋友了,是吗?

咨询员C:老师给你布置了很多工作,要你组织活动,你害怕做不

思考活动

请看下面两段对话,哪段对话较好地运用了情感反映技术?为什么?

对话一:

当事人:我女朋友和我分手了,我很难过……

咨询员:女朋友和你分手给你带来很大的痛苦,是吗?

当事人:嗯,我每天不想吃饭,不想看书,心里空洞洞的……

咨询员:我很理解你此时的心情,你觉得很难受,很空虚,很无助,每天不想干任何事情。

当事人:唉,是啊。有时候真想不通……(沉默)

咨询员:(专注地望着他,示意他讲下去)能告诉我是什么想不通吗?

当事人:我不明白她为什么抛弃我,我一向觉得自己挺优秀的,她为什么和我分手呢?

好要挨老师批评,是这样吗?

咨询员A是简述语意,B和C都是复述。复述促使当事人就这一部分内容做进一步的说明和探讨,因此,不同的复述实际上决定了接下来会谈的内容和方向。因此,咨询员应抓住当事人叙述中的重要部分给予复述。如何确定哪部分是重要部分?这需要咨询员根据经验及当时的情景灵活判断。一般来说,当事人叙述的最后一个主题往往比较重要。同时,当事人情绪反应最强烈的主题也应优先考虑。

(4) 询问技术

询问是指在咨询过程中,为了获得资料或鼓励当事人有更多的表达,向当事人提出一些相关的问题。询问的方式有两种:开放式的问题和封闭式的问题。开放式问题没有限制,当事人自由地回答和发挥,常以"什么"、"怎样"、"能不能"等形式发问。例如:"你在学校里和同学的关系怎样"、"能不能告诉我,什么事情令你这么烦恼"、"为什么你觉得老师不公平"。封闭式问题有固定的、明确的答案,可以用"是"、"否"等一两个字简短做答,常用"是不是"、"要不要"、"会不会"等形式发问。例如:"你在学校里有要好的朋友吗"、"是学习不好让你烦恼吗"、"你觉得老师不公平,是吗"。封闭式问题主要用以了解当事人的基本情况和资料。在询问中,要多用开放式问题,少用封闭式问题;要避免一连串的一问一答形式。否则,当事人往往会变得沉默和被动。

(5) 自我表露技术

自我表露是指在适当的时机,咨询员将自己的情绪、情感、思想、类似经历与当事人分享。在咨询中,自我表露不是目的,而是一种促进当事人自我探讨、自我认识、自我改善的手段。因此,自我表露必须掌握适当的时机,而且表露的内容、长度和深度须适当。

自我表露有两种形式:一种形式是咨询员把自己对当事人的体验感受告诉对方,例如:"你把这么隐秘的事告诉我,我很感激你这么信任我。"另一种形式是咨询员暴露与当事人所谈内容有关的个人经历,与当事人分享。这种经历可能是积极的,也可能是消极的。例如:"当我读书时,没有人愿意和我玩。我觉得很伤心,很自卑,花了很长一段时间才克服这种困扰。你现在好像和我当时的感觉一样,或许我们可以一起来谈谈。"

(6) 沉默技术

沉默技术是指在会谈过程中,当事人由于某种原因沉默下来,使谈话暂时中断时,咨询员应认真分析和判断当事人沉默的类型,并给予恰当的反应。当事人的沉默可能有多种原因,卡瓦纳(Cavanagh,1982)曾把会谈中的沉默分为创造性的沉默、自发性沉默和冲突性的沉默[①]。

咨询员:你一向感觉很好,从来没有想到她会提出分手,因此你现在感到特别伤心和难过,并且,对自己也产生了一些怀疑。

当事人:确实是这样……

对话二:

当事人:我女朋友和我分手了,我很难过……

咨询员:被人抛弃当然都会让人难过。

当事人:我每天不想吃饭,不想看书,心里空洞洞的……

咨询员:千万别这样,想开些,一切都会好起来的。除了爱情,生活还有很多其他的意义。

当事人:我觉得自己没有办法好起来。

咨询员:天涯何处无芳草,你还这么年轻,还怕找不到好女孩吗?

当事人:你不明白我此时的心情……

---

① 钱铭怡.《心理咨询与心理治疗》. 北京:北京大学出版社,1994,92。

创造性沉默往往发生于当事人突然有所领悟但一时还不明了的时候，在这种沉默中，某些新的观念和情绪体验正在孕育。"凝视空间的某一点"往往被认为是这种沉默的标志性行为。对于这种沉默，咨询员最好也在沉默中等待，同时以微笑、注视表示自己的理解和鼓励。如果沉默时间过长，咨询员可关切地询问。

自发性沉默往往来自不知下面该说什么好的情境，例如，突然失去谈话线索、一个话题已经说完、不知咨询员还想了解什么等。处于这种沉默的当事人，目光往往游移不定，或者用征询的目光打量咨询员。对于这种沉默，咨询员应迅速做出反应，可以直接询问当事人："你可以告诉我现在正在想什么吗？"

冲突性沉默可能由于害怕、担心、愤怒引起，也可能由于内心正在进行某种斗争。对于这种沉默，咨询员应给予重视，因为它可能涉及当事人比较重要的经验。处于这种沉默的当事人，目光往往会回避咨询员。咨询员要设法判断当事人冲突的根源，以真诚的态度鼓励、保证或试探性询问。例如，咨询员可以这样说："你不必害怕，放心讲好了，我会给你保密的。"或"有什么事让你为难吗？我们可以一起来讨论一下。"

(7) 会谈中的非言语交流技术

和言语符号相比，非言语符号往往能表达更细微的情感，传达更真实的信息。因此，作为咨询员，要有意识地提高自己观察、理解和运用非言语信息的能力。

第一，面部表情。在会谈中，咨询员必须体察当事人面部表情的变化，并随时调整咨询的内容和方向。咨询员要特别重视目光所传达的信息，并善于运用目光接触的技巧。一般来说，目光接触表达了关注、兴趣和鼓励，目光回避表达了紧张、困扰、冲突或隐瞒，目光散漫表达了混乱、缺乏兴趣等。咨询员注视当事人时，注意目光柔和、亲切、自然，如果发现当事人对目光很敏感，表现出不安，可以减少注视的次数或调整注视的部位。咨询员要避免以下行为：脸色阴沉、面无表情，死死盯住当事人的眼睛或根本不看当事人，倾听时闭着眼睛等。

第二，身体动作。在会谈中，咨询员要重视当事人的每一个身体动作，这些动作不仅表达了情绪，也反映了当事人无意识的内心活动。例如，有的当事人在谈话过程中，不自觉地移动身体，把脚和整个身体对着门口，这可能是当事人想结束谈话；有的当事人双手交叉，反复扭动，坐立不安，表明他情绪非常紧张；有的当事人很慢地摘下眼镜，很细心地擦拭镜片，通常表明他想拖延时间以便多做思考。

咨询员在会谈中要自然放松，身体微微前倾，保持开放姿势，表达乐于倾听的态度。在倾听时，多运用面部表情以及点头、摇头等适当的头部动作，不要有太多的手势或其他运动，以免干扰当事人的叙述；当自己说话的时候，可以配合必要的手势。咨询员应避免以下动作：身体大幅度地运动，不停晃动双腿，手指玩弄笔或其他物体；正襟危坐，身体始终仰靠在椅背上；对当事人指指点点等。

第三，声音特征。声音特征主要包括音质、音量、音调和节奏的变化。人们借助声音的各种变化来表达复杂的思想和感情，咨询员应该对当事人声音特征的改变保持高度的敏感。例如，音调提高表明对所谈内容的强调和重视，也表明某种激动和兴奋的情绪；音调降低可以表达强调，以引起听者注意，还可以表达一种怀疑、回避，或者涉及了令自己痛苦的内容。节奏加快表明情绪紧张或兴奋；节奏放慢则表明冷漠、沮丧，也可能说明说话者正在进行思考或内心犹豫。

咨询员自身要善于运用声音特征来达到咨询目的。做解释、指导、概述时，要尽量保持平和的语气、中等语速，让对方觉得可靠。做情感反应和情感表达时，声音应与内容和当事人的心情相吻合。咨询员的语调和语速应该丰富而有变化，同时善于运用这种变化来加强咨询效果。

专题小结

从内容来看，心理健康教育包括心理素质培养和心理健康维护两个方面；从性质来看，心理健康教育包括发展性教育和补救性教育。学校心理健康教育的内容包括学习心理的辅导、健全人格的培养、人际交往的辅导、职业心理的辅导、生活与社会适应方面的教育。心理健康教育的途径有专门途径和非专门途径，专门途径包括心理健康教育课程、团体心理辅导和个体心理咨询等；非专门途径包括班主任工作渗透、学科渗透等。

思考与练习

一、选择题

1. 1989 年世界卫生组织指出，健康的定义应包括：躯体健康、心理健康、(　　)和道德健康。

A. 智力正常　　B. 社会适应良好
C. 情绪健康　　D. 人格健康

2. 下面哪种疾病不属于神经症？(　　)

A. 强迫症　　B. 社交恐惧症
C. 神经衰弱　　D. 强迫型人格障碍

3. 下列关于心理健康教育课程的特点正确的是(　　)。

A. 以教师讲授为主　　B. 以学生活动为主

C. 以普及心理学知识为目的　　D. 以补救性教育为主

4. 下面关于心理咨询的观点正确的是(　　)。

A. 心理咨询的主要目的是帮助人解决问题

B. 心理咨询的主要目的是给人安慰和同情

C. 心理咨询的主要目的是协助当事人成长

D. 心理咨询面对的主要是精神病患者

5. 团体成员的认知重建一般出现在团体发展的哪个阶段?(　　)

A. 定向阶段　　B. 冲突阶段

C. 凝聚整合阶段　　D. 成效阶段

二、判断题

1. 心理健康的人就是永远没有痛苦的人。(　　)

2. 从性质来看,心理健康教育包括发展性教育和补救性教育。(　　)

3. 抑郁症是以持久的心境低落为特征的一种神经症。(　　)

4. 由于当事人突然有所领悟或产生新的想法而引起的沉默是冲突性沉默。(　　)

5. A 型人格是一种有利于身心健康的人格。(　　)

三、简答题

1. 心理健康的判别依据有哪几种?

2. 心理健康的具体标准是什么?

3. 团体心理辅导包括哪几个阶段?

四、论述题

1. 影响心理健康的因素有哪些?

2. 举例说明心理健康教育课程的教学方法。

推荐书目与文章列表

[1] 刘学兰. 中学生心理健康教育[M]. 广州:暨南大学出版社,2012.

[2] 王玲,刘学兰. 心理咨询[M]. 广州:暨南大学出版社,2005.

[3] 莫雷. 青少年心理健康教育[M]. 上海:华东师范大学出版社,2003.

[4] 刘勇. 团体心理辅导与训练[M]. 广州:中山大学出版社,2007.

[5] 钱铭怡. 变态心理学[M]. 北京:北京大学出版社,2006.

[6] 毕淑敏. 毕淑敏心理咨询手记[M]. 北京:中国青年出版社,2008.

[7] [美]Phillip L. Rice 著,胡佩诚等译. 健康心理学[M]. 北京:中国轻工业出版社,2000.

第八章

教学心理

学校中的教学是指教师引导学生学习的教与学相统一的活动。教师在教学活动中充当组织引导者和启发诱导者的角色。教学不仅仅指“教”,也不仅仅指“学”,而是教与学的统一,是师生的双边活动。学习心理主要是从学生“学”的角度揭示有关学习活动中的心理现象和规律,而教学心理则主要是从教师“教”的角度揭示有关教学活动中的心理现象和规律,并为有效教学提供操作上的指导,以优化教学效果。本章将围绕教学策略、课堂管理和教师心理三大方面,帮助你了解和掌握促进教学的有关原理和方法。

学完本章,你将能够:

(1) 掌握先行组织者策略和结构化策略的含义及方法。
(2) 了解概念教学和规则教学的基本策略。
(3) 理解认知策略的教学策略。
(4) 掌握建立良好课堂气氛的方法。
(5) 学会有效管理课堂纪律和处理课堂中的问题行为。
(6) 正确认识教师的职业角色。
(7) 了解教师的重要心理品质。
(8) 学会树立教师的威信。
(9) 掌握维护教师心理健康的基本方法。

专题导读

教学策略是指教师教学时为了优化教学效果、实现教学目标而采取的一系列教学操作指南。它是在某种操作思想的指导之下，综合考虑教学顺序、教学方法、教学组织形式、教学媒体等各个方面形成的。随着认知心理学的发展，教学策略成为现代教学心理研究的热门课题，而认知策略成为教学策略研究的核心。本专题着重探讨教材处理策略；概念、规则的教学策略；认知策略的教学策略。

专题一 教学策略

一、教材处理策略

（一）先行组织者策略

美国心理学家奥苏伯尔(Ausubel)在学习理论上提出了一个著名的观点，叫认知同化论。奥苏伯尔将学习分为有意义学习和机械学习。机械学习的心理机制是联想，有意义学习的心理机制是同化。有意义学习过程是学习者将认知结构中的原有知识吸收和融合新知识的过程，这种旧知识对新知识的作用，就是同化。同化使学习者的原有认知结构发生变化。

为了促进有意义学习，奥苏伯尔提出了先行组织者策略，即一种改进教材的组织与呈现方式的策略。所谓先行组织者就是在教新的学习材料之前，先给学生呈现一种引导性材料，以促进新知识与旧知识发生联系，使新知识易于被同化，帮助学生把新知识纳入已有的认知结构之中，从而促进学生认知结构的发展。先行组织者可以分为两类：一类是说明性组织者，它是一种高于新知识的概括程度的概念，为新知识的学习提供适当的类属者；另一类是比较性组织者，它是对新旧概念的异同点进行比较。先行组织者可以是一个概念、一条定律，也可以是一段概括性说明文字、一个具体形象化的模型。有些教材在章节前有一段概括性的提示引言，对困难的内容采用某些类比模型来加以阐述，这些技术实际上起到了组织者的作用。

先行组织者的有效性受下列因素影响：①学生的知识准备程度，研究发现，当学生学习基础知识准备不足的新知识时，先行组织者最有效；反之，当学生对学习新材料有一定的准备知识时，先行组织者的作用就会减弱。因此，对于学生完全陌生的教学内容，运用先行组织者策略是非常有效的；②先行组织者的抽象程度，奥苏伯尔主张运用抽象水平与包容水平较高的先行组织者，但也有研究表明，用具体模型作为先行组织者更有助于发挥其积极作用。这可能由于具体模型直观、形象，通过类比方式能促进学生对新材料的理解。例如,学生在学习关于热在金属中传递的抽象课文时,教师先呈现形象的组织者,把热在导线中的传导比喻成一长列骨牌连续倾倒,结果明显促进了学生对课文的理解。总之,先行组织者的设计必须根据材料的特点和学生的实际情况灵活运用。

(二)结构化策略

结构化策略是指通过构建新知识内部的联系,帮助学生更好地形成新的认知结构。最常用的方法是归类法、提纲法和图示法。

归类法是对教材内容进行归类整理,便于学生形成完整的结构。归类有各种不同的维度,例如,相似归类、对比归类、从属归类、递进归类等。

提纲法是呈现教材内容的纲目要点,运用简要的语词或符号来把握新知识的内在层次结构,并常辅之以数码标记,以显现内隐的结构组织,促进理解和记忆。呈现提纲的形式很多,例如,列出小标题;使用不同字体,突出关键词语;使用1、2、3…序列数字。对于复杂而量大的信息,纲要法非常有用,起到"纲举目张"的效果。

图示法是运用作图方式来说明新知识的内在联系并辅之以连线或箭头标记,以形象显现内隐的结构组织,促进整体把握与记忆。它可分为两种:一是关系图示,用图解方式来说明各信息之间的相互关系,用于描述性教材内容的结构化处理;二是流程图示,用图解方式来说明某个过程或程序,用于程序性教材内容的结构化处理。

扩展阅读

奥苏伯尔"先行组织者"教学课例

教学内容:平行四边形的概念

教学程序:

1. 提出先行组织者

教师:同学们,我们准备学习"平行四边形"的概念。我们过去已经学过了"多边形"的概念,当多边形的边数是4的时候,则是四边形。今天所学的"平行四边形"与四边形什么关系?

2. 呈现新知识结论

板书平行四边形定义"两组对边平行的四边形"并作图。

3. 找出同化新知识的原有观念

教师请一位学生作出一个一般的四边形。

4. 分析新知识与起固定作用的原有观念的联系与区别(精确分化,融会贯通)

(1) 教师要求学生分析平行四边形与四边形相同之处:都是4

条边组成的闭合图形；重点要求找出两者的不同点：平行四边形两组对边相互平行。

(2) 教师提出：当四边形具有两组对边平行的性质时，它才是平行四边形，因此，四边形与平行四边形是上下位关系，平行四边形是四边形的一种。当不符合平行四边形特定规定的四边形，暂称为其他的四边形。

5. 将平行四边形知识放进知识系统

二、概念、规则的教学策略

概念和规则不仅是人类思维的基本形式，也是构成人类知识的基本成分。概念、规则的学习是获得智慧技能的主要途径。因此，促进学生习得和应用概念、规则，是学校教学的最重要目标之一。

（一）概念教学的策略

1. 提供必要的感性材料

概念是人对同类事物的共同本质特征的反映。只有在感性材料的基础上学生才能很好地理解事物的本质规律、掌握科学概念。因此，教师在教学中可以灵活运用实物直观、形象直观和言语直观，让学生获取感性认识。另外，在呈现感性材料时要注意同时运用正例和反例。正例有助于学生概括出概念的共同特征，反例的适当运用有助于学生排除概念学习中无关特征的干扰。例如，教“液体”这一概念，可以由易到难举出正例，先举水、饮料等熟悉的例子，再举炼乳、香波等较不熟悉的例子。这些例子在无关特征上各不相同，有的透明，有的不透明；有的可以吃，有的不能吃，以防止概念外延的缩小。然后还应举几个反例，如沙子，虽然它们也能倾泻，但不是液体，以防外延扩大。

2. 充分利用变式、比较和定义

变式是指改变非本质属性而保持本质属性。利用变式的目的是使事物的本质属性完全显露出来。像前面所举的各种“液体”的例子，就是变式的运用。

比较是指辨析正例之间、正反例之间的异同，以便更好地发现事物的共同本质特征（正例比较）以及本质特征与非本质特征的区别（正反例比较）。例如，在讲授“鸟”这一概念时，可以将麻雀与鸡、鸭作为正例进行比较，说明“前肢为翼，无齿有喙”是鸟的本质特征；将麻雀与蝙蝠作为反例进行比较，说明“会飞”是鸟的非本质特征。

下定义是对概念的内涵做出确切的说明和解释。通过定义，可以使学生对概念的认识从原有的感性水平上升到理性水平,明确区分概念的本质属性和非本质属性。教师除了自己给概念下定义外,还要引导学生在获得感性材料的基础上,尝试给概念下定义。定义应简练、清晰、准确,不能采用循环、否定或比喻的形式,如"儿童是祖国的花朵"就不是一个正确的定义。

3. 建立概念体系

教师要促进学生掌握概念间的联系和区别,了解概念间的逻辑联系,从而建立概念体系。学生一旦形成了这样的体系,不仅有利于概念的储存和提取,而且有利于理解和吸收新概念。概念体系有多种形式,主要有以下4种:①相邻概念,如根、茎、叶、花;②相反概念,如上下、左右、黑白;③并列概念,如工、农、兵、学、商;④从属概念,如生物、动物、脊椎动物、爬行动物。

4. 运用概念

让学生在实践中运用概念的过程,就是概念具体化的过程,而概念的具体化有助于学生对概念全面深刻地进行理解。例如,在学完平行四边形的概念后,教师可以出示各种图形,让学生找出其中的平行四边形。

(二) 规则教学的策略

规则是对概念之间关系的描述,包括公式、定律、规律、法则、原理、定理、原则等,是概念基础上的高一级的智慧技能。规则根据发展水平可以分为两类,即简单规则和高级规则。简单规则是在概念的基础上形成的,是以命题形式表达的几个概念间的关系,高级规则是综合运用几个简单规则,创造出一个新规则的能力。规则教学有两条最基本策略。

1. 例—规教学法

所谓例—规教学,就是让学生会从若干例证中归纳、概括出规则的教学方法。在这种教学方法引导下,学生进行发现学习。例如,按照例—规法教授数学运算规则"几个连续奇数之和等于个数 n 的平方",教师可以先让学生计算

$1 = ?$

$1 + 3 = ?$

$1 + 3 + 5 = ?$

$1 + 3 + 5 + 7 = ?$

然后让学生将计算的答案(1、4、9、16)用平方的形式表示出来;再让学生比较等式两边的结构,引导学生概括出运算规则"几个连续奇数之和等于个数 n 的平方"。可见,这种教学侧重于运用归纳思维。

2. 规—例教学法

规—例教学是先向学生呈现规则,然后用例证加以具体说明的方

法。在这种教学方法引导下，学生进行接受学习。还以上述教学为例，教师可以先呈现规则“几个连续奇数之和等于个数 n 的平方”，然后进行分析，举例加以说明。这种教学侧重于运用演绎思维。

和概念教学一样，无论是例—规教学还是规—例教学，教师都要给予丰富的例证，让学生获得感性认识；要展示正反例证，以使规则明确清晰；多创造条件让学生运用规则，如讲授完规则后让学生做练习题。

三、认知策略的教学策略

认知策略是优化信息加工效果、提高加工效率的一种认知技能。在个体认知信息加工活动的各个方面，都能发展出一些相应的认知策略。从心理成分上划分，可以分为注意策略、观察策略、思维策略、记忆策略等；从认知信息加工的学科领域来分，可以分为阅读策略、写作策略、数学解题策略等。记忆策略、阅读策略、问题解决策略都是近几年来教育心理学中非常热门的研究课题。

认知策略的教学和概念、规则的教学有一个很重要的区别：概念、规则的教学有现成的教学内容，有相对稳定的教学材料，教师的任务是如何以最佳的方式来传授这些知识；而认知策略的教学尚处于发展之中，没有现成的教学内容和相对稳定的教学材料，还需要教师不断开拓和积累这方面的知识。在认知策略的教学上，还存在很大的探索空间。因此，下面所提供的教学策略不是具体方法，而是一种指导思想或者说一种方向。

（一）认知策略教学与学科教学相结合

研究表明，脱离学科教学、单独向学生传授认知策略虽然可以提高智力测验和创造力测验的分数，但对学科学习没有直接的促进作用。因此，认知策略的教学必须与学科教学相结合，才能取得较显著的教学效果。教师在进行本学科内容的教学时，要明确提出有关认知策略的教学要求，并结合学科内容的学习进行训练，这样既有利于提高学科内容的学习效率，又有助于学生在学习实践中掌握认知策略。

（二）认知策略教学与元认知策略教学相结合

在认知策略的教学中，教师不仅要使学生知道认知策略是什么，还要让他们知道如何去操作，运用的条件是什么，怎样加以监控、调整等，也就是说，要使学生掌握元认知策略。元认知是“对认知的认知”，是认知主体对自身心理状态、能力、任务目标、认知策略等方面的认识及对这些方面的计划、监视和调节。元认知策略是有效运用认知策略必不可少的组成部分。有些学生虽有认知策略，却不知如何使用。只有把认知策略和元认知策略结合起来,才能达到最优效果。和认知策略的教学一样,元认知教学也应结合学科教学来进行,让学生在学科教学的过程中,通过教师有计划、有系统地培养,积极发展元认知能力。

(三)认知策略教学与认知动机培养相结合

奥苏伯尔提出有意义学习理论时,强调了意义学习的两个先决的内在条件:一是学习者具有同化学习材料的适当认知结构;二是学习者必须具有意义学习的心向。如果说第一个先决条件涉及的是认知因素的话,那么第二个条件涉及的是动机因素。认知策略的学习是认知学习中的高层次学习,它更需要学习者有强大的动力,因此动机在认知策略的学习和运用中,具有特殊的重要性。因此,教师在教授认知策略的同时,要注意充分培养和激发学生学习和运用策略的动机,并把这一动机的培养和激发也放在认知策略的教学之中,使学生形成“策略—动机”的整体结构。

> **思考活动**
>
> 1.“先行组织者”具有什么作用?
>
> 2. 举例说明什么是变式。
>
> 3. 什么是认知策略和元认知策略?

专题小结

本专题探讨了教材处理策略,概念、规则的教学策略和认知策略的教学策略。教材处理策略包括先行组织者策略和结构化策略。概念教学的策略包括提供必要的感性材料;充分利用变式、比较和定义;建立概念体系;运用概念。规则的教学策略包括例—规教学法和规—例教学法。认知策略的教学则要注意与学科教学相结合、与元认知策略教学相结合、与认知动机培养相结合。

专题二 课堂管理

> **专题导读**
>
> 班级授课制是一种集体教学形式,它把一定数量的学生按年龄和知识程度编成固定的班级,根据周课表和作息时间表,安排教师有计划地向全班学生集体授课,即课堂教学。课堂教学是教学的基本组织形式。课堂学习管理是课堂教学过程的重要组成部分,是开展教学活动、完成教学任务、实现教学目标的保证,它贯彻于教学过程的始终。本专题将探讨影响课堂气氛的因素,如何建立良好的课堂气氛,如何有效管理课堂纪律以及如何处理课堂中的问题行为。

一、课堂气氛

(一)课堂气氛的含义

课堂气氛是指课堂里某种占优势的态度与情感的综合表现,是在师生为完成教学目标而进行的互动过程中所产生和发展起来的。它是课堂教学得以进行的心理背景。健康积极的课堂气氛能保证学生在课堂中积极主动地学习,达到预定的教学目标,并有利于师生的心理健康;相反,不良的课堂气氛则会降低学习效果,危害师生的心理健康。课堂气氛一旦形成后,具有相对的稳定性,往往要维持一段比较长的时间。

课堂气氛具有独特性,有的积极而活跃,有的拘谨而刻板,有的协调而融洽,有的则冷淡而紧张。研究表明,不仅不同班级或课堂存在不同的心理气氛,而且同一班级也存在着不同教师的“心理气氛区”。面对同一班级,有的教师上课,课堂气氛非常活跃,而另一位教师上课,课堂气氛却沉闷压抑。

在积极的气氛中,师生双方都有饱满的热情,课堂纪律良好,学生注意力高度集中、思维活跃、课堂发言踊跃;在消极的气氛中,学生紧张拘谨、心不在焉、反应迟钝,小动作多;在对抗的气氛中,师生双方都很厌烦,学生不动脑筋、故意捣乱,教师失去了对课堂的控制能力,这是一种失控的课堂气氛。

(二)良好课堂气氛的建立

课堂气氛受很多因素的影响,如教师的课程运作能力、课堂的教学结构、教师的领导方式、校风和班风、师生人际关系、教师的情绪、教师的期望等。只有充分考虑这些因素的影响,采取积极有效的措施,才能建立良好的课堂气氛。以下几个方面在建立良好的课堂气氛中是特别重要的。

1. 采取民主型的课堂领导方式

教师的领导方式是影响课堂气氛形成的关键因素。一般我们把教师的领导方式分为 3 类:权威型、放任型和民主型(Lippit & White, 1952)。

权威型领导方式主要以命令、威胁、惩罚对待学生,课堂中的一切由教师决定,教师完全控制学生的行为。学生在多数情况下会表现出顺从,但反应被动,教师在场时,学习积极性高,课堂秩序好;教师一旦离开课堂,学习效率就明显下降。同时,在这种领导方式下,学生容易产生挫折感,焦虑程度高,师生关系紧张,可能产生对抗行为。当班集体涣散、课堂秩序混乱时,权威型领导方式能有效控制局面,但在一般情况下,这是不利于建立良好的课堂气氛的。

放任型领导方式走向了另一个极端,教师在很大程度上放弃了管理职责,采取一种不介入的被动姿态,不提供任何计划和建议,不对学生进行指导。学生在课堂上各行其是、随意散漫、情绪不稳、纪律性差,会出现较多的问题行为。在这种课堂气氛下,学生学习效率极低,往往不能掌握所学的内容,不能完成教学任务。

民主型领导方式最有利于形成良好的课堂气氛。这种方式表现为对学生的热爱、尊重和理解。师生共同设立学习目标、拟定学习计划。学生按计划行动,互助合作,独立性强,不管教师在场与否,都能保持秩序良好。同时,师生双方都思维活跃、心情舒畅、充满信心。

2. 建立和谐的人际关系

课堂教学是一个教师与学生、学生与学生之间的互动过程,在互动中会形成各种人际关系,主要包括师生关系和生生关系,其中师生关系对课堂气氛的形成具有更大影响。由于在师生关系中,教师是比较主动的一方,因此,教师的素质和态度在很大程度上决定着师生关系的状况。首先,教师必须加强自身修养,把权威建立在丰富的知识、全面的能力和高尚的人格基础之上,从而使学生产生崇敬和乐于接近的心理;其次,要热爱、尊重和理解学生,能设身处地为学生着想,积极参加学生的活动;最后,要采取民主型的课堂领导方式。

为了建立和谐的生生关系,教师要正确引导学生之间的竞争与合作。竞争与合作是课堂里学生之间相互作用的基本形式。其中良好的合作关系不仅能促进学生学习,更是班集体正常运作的必要条件。所以,在处理竞争与合作的关系时,应本着以合作为基础,在合作的基础上开展竞争的原则来进行,竞争应控制在一定程度和一定范围之内。过于强烈的竞争容易使学生过分焦虑,也容易造成人际关系紧张。因此,我们应该提倡在团体之间的竞争,而不是强调个人间的竞争。

3. 实现良好的课程运作

教师课程运作能力的高低直接影响着课堂气氛。教师若能对教材有深刻的理解,又充分掌握学生的程度及个别差异,讲课准确、生动,就能促进学生积极思考,吸引学生的注意力,使学生的心理状态处于最佳水平。

教师要实现良好的课程运作,必须具备以下6方面的能力:①洞悉,这是指教师在教学的同时,能注意到课堂内发生的所有情况并用言语或非言语予以适当处理的能力;②兼顾,这是教师在同一时间内能注意、处理两个以上事件的能力,也就是同一时间内,既能照顾到全班学生的学习活动,又能回答个别学生的问题;③把握分段教学环节的顺利过渡,在教学过程中,有时教学活动必须分段进行,在分段教学中,教师要具有按计划地组织学生,使他们迅速而有序地从一个阶段向另一个阶段过渡的能力;④使全班学生始终参与学习活动,例如,教师讲解时可以结合教学内容向全班学生提出问题;指定某个学生在黑板上演算一道题,同时要求全班学生在座位上也演算这道题;在要求学生朗读课文时,如果课文篇幅较长,可以由几个学生接力朗读等;⑤创设生动活泼、多样化的教学情境,激发学生的学习兴趣和动机;⑥责罚学生时避免“微波效应”。微波效应是指教师责罚某一学生后，对班级中其他学生所产生的负面影响，如有的教师责罚学生时，由于情绪激动、言辞偏激，有损学生的人格，结果，非但不能使犯错误的学生受到教育，反而会引起其他同学的同情，甚至使他们对教师产生反感，从而使课堂气氛受到影响。

4. 建立积极的教师期待

自我实现预言是指人们对某些事物的期待或真实信念，将有可能导致这些期待成为现实。教师如果能充分了解每个学生的心理特点，形成恰当的高期望，那么学生就有可能产生良好的自我实现预言效应，从而向好的方向发展，并形成和谐的课堂气氛；如果教师对学生形成低期望，那么，学生在这种低期望的影响下，就可能自暴自弃，学习成绩越来越差，并严重影响课堂气氛。

如何建立恰当的教师期待呢？首先，教师不应无区别地对待每个学生。对所有的学生都是平等的期待或高期待，忽视学生的个别差异，并不利于学生学习，因此这是不恰当的期待。其次，教师要了解每个学生的长处和短处，对每个学生建立适当的期待，在课堂中给予每个人不同的机会。最后，教师要不断监控自己的教学行为，及时调整不适当的期待。布鲁菲和古德在研究中发现，教师对差生的低期望常常通过以下的行为表达：①当差生失败时，教师经常批评；②当差生成功时，教师很少表扬；③教师对差生的回答，常常不提供反馈意见；④教学过程中，教师较少注意到差生；⑤教师把差生的座位安排在远离自己的地方或集中安排在一起。教师可以对照这一结果，问一下自己：我是否表现出这些行为，从而对差生传达了低期望呢？如果有，就要及时调整。

5. 维持适度的焦虑水平

在创造课堂气氛中，如果教师的焦虑过低，缺乏激动力量，则他对教学、对学生就容易采取无所谓的态度，师生之间很难引起情感共鸣，容易形成消极的课堂气氛；如果教师的焦虑过高，在课堂里总是忧心忡忡，唯恐学生失控，害怕自己教学失败，那么一旦学生出现问题行为时，就可能缺乏随机应变的能力，做出不适当的反应，并且，教师的高度焦虑会使学生受到“感染”，增加学生的焦虑度，从而使课堂气氛紧张。所以，过高或过低的焦虑，都不利于发挥教师的能力，只有当教师的焦虑处在中等程度时，他才会有效而灵活地处理课堂上出现的问题，创造出最佳的课堂气氛。

二、课堂纪律

（一）课堂纪律的含义

纪律是指群体成员必须遵守的行为规范。任何群体都有自身的纪律,课堂学习也有纪律,它使学生群体有统一的行为规范。为了维持正常的课堂秩序、协调学生的行为,以求课堂教学目标的实现,必然要求学生共同遵守课堂纪律。

有关课堂纪律的定义可以为两类,一类是教师的外在控制;一类是侧重学生的内在控制。前者关心课堂的当前状况;后者侧重学生的未来发展。具体而言,"外在控制观"认为,课堂纪律是对学生的课堂行为施加外部的准则和控制,是为了维护正常的学校教学秩序、促进学生适当行为方式的产生而制定的各种规则和规范。在最为狭义层面上,纪律被当作"惩罚"的同义词,是指当学生在课堂上产生不符合要求的行为时所给予的惩罚,这属于权威主义的纪律观。权威主义是一种过分专断与专制的控制方式。"内在控制观"认为,纪律不单单指向学生的行为,它更是一个与教育有关的问题,只有在学生获得自我控制、自我指导和自我命令时,才存在真正的纪律。若从外部施加准则与控制,就是外在纪律,即他律;若学生从内部向自己施加准则与控制,就是内在控制,即自律。纪律的发展是从他律向自律转化的过程。

(二)课堂纪律的有效管理

课堂纪律的有效管理可以从以下几个方面入手。

1. 合理的课堂情境结构

首先,教师要控制班级规模,一般中小学班级以 25 ~ 40 人为宜。班级规模越大,则课堂纪律越难控制。

其次,教师要建立合理的课堂常规。课堂常规是每个学生必须遵守的最基本的日常课堂行为准则,如上课前起立、发言先举手等,必要的课堂常规可以产生安定情绪的作用,使学生把注意力集中到当前的学习上来,但使用过度,会使学生厌烦。

最后,教师要合理分配学生座位。座位安排是影响师生关系和学生之间关系的重要因素。人际关系和谐了,才有助于课堂纪律的维持。当学生的座位被调到前排或中间位置时,大多能感受到教师的关注和重视,体验到教师对自己有较高的期望,容易集中注意力。而当座位被调往左右两边或后面时,学生常有被教师忽视的感觉,容易发生违纪行为。所以,学生座位的分配,一方面要考虑课堂行为的有效控制,预防违纪行为的发生;另一方面要考虑促进学生间的正常交往,形成和谐的师生关系。

2. 良好的课堂教学结构

教师精心设计课堂教学结构也是控制学生纪律行为的一种有效方法。良好的课堂教学结构能引起并维持学生的注意和兴趣,只要学生把兴趣集中在学习上,他们就不会分心或从事其他的违纪活动。同时,教师按照教学设计有条不紊地进行教学,情绪稳定、安全感强。教师良好的心理状态会感染学生，增强学生的安全感和自信心，避免课堂秩序混乱。良好的课堂教学结构要求教学内容符合学生的需要，切合学生的实际；教学方法能激发学生兴趣，维持学生持久的注意；教学时间安排合理，动静结合、张弛有度。

3. 恰当的表扬与惩罚

当学生表现出积极行为时，教师要适时表扬；当学生有不良行为或违反纪律时，教师要适当惩罚。一个有经验的教师能灵活地运用表扬和惩罚的手段，对学生施行有效的课堂控制。对于经常违反纪律的学生，教师要善于捕捉他们的闪光点，一旦发现良好行为就给予表扬，或者创造条件引发他们的良好行为，然后给予强化。例如，在课堂学习中，当某个学生出现不良行为迹象时，教师可以不加理会而向他提出一个比较容易回答的问题。当他回答正确时，就给予表扬。这样，他的正当行为受到了强化，实际上也就抑制了他的不正当行为。有些学生在课堂学习中表现出不良行为，可能是为了引起教师的注意或向教师挑衅。对待这样的学生，一般来说，教师不必去理会他，可以采取赞扬其他学生的策略，选择他邻座的同学或他最要好的同学加以赞扬。这样可使行为不良的学生感受到，教师已经知道了他的行为表现，他应控制自己的行为。在这里，表扬实际上具有批评和纠正的作用。

在不得已的时候，教师也要运用惩罚来维持课堂纪律，但惩罚的运用要十分慎重，注意适时、适量、适度。例如，在惩罚前，要让学生清楚地认识到他违纪行为的严重性，让学生觉得罚之有理；要采取恰当的惩罚形式，不允许用严厉的体罚危害学生的身体健康；因为惩罚只能减少学生不良行为发生的概率，而并不增加积极行为的发生概率，所以，在惩罚后，要给予学生积极的帮助，让学生学会以良好行为代替不良行为。

有的教师除了惩罚个别违纪者之外，还会用集体惩罚的方式，例如，集体罚站、集体批评、集体留堂等。当学生集体违规的时候，可以进行集体惩罚。但有的教师喜欢用一个学生的错误惩罚全班，希望借助群体的压力向违纪者施压，这并不是一个好的策略。因为，这种策略迫使学生在教师和同学之间做出选择，许多学生将选择同学。即使学生拥护教师而向同学施压，这种策略也会使被批评的学生或其他学生产生不健康的态度。

4. 灵活的暗示与提醒

教师要善于随时随地觉察课堂里每一个学生是否都在专心听讲，当发现某一个学生有迹象将表现不良行为时，就要立即采用各种方式进行暗示和提醒，不要等到学生的违纪行为严重干扰课堂教学时，才采取严厉的措施，那样必然会分散全班同学的注意力。在暗示和提醒时，可以多运用非言语符号。例如，递一个眼色给开始做小动作的学生，或做一个手势,或一边讲课一边走过去停留一下,这种非言语符号,既可控制不良行为的产生,又不影响课堂教学秩序。

(三)课堂上的问题行为及其处理

1. 课堂中常见的问题行为及其分类

课堂中的问题行为是指那些直接指向环境和他人的不良行为,直接妨碍课堂教学过程的行为以及某些适应不良的行为。

从学生行为表现的主要倾向来看,可以把学生的问题行为分成两大类。一类是外向性的攻击型问题行为,包括活动过度、行为粗暴、上课不专心、与同学不能和睦相处,严重的还有逃学、欺骗和偷窃行为。这类问题行为往往会直接扰乱课堂秩序。另一类是内向性的退缩型问题行为,包括过度的沉默寡言、胆怯退缩、不敢举手发言、孤僻离群或者神经过敏、注意力涣散、烦躁不安、过度焦虑等。这类行为虽然不会直接干扰课堂秩序,但会导致学生对学习消极应付,从而影响教学效果。

2. 课堂问题行为产生的原因

(1) 学生方面的原因

厌烦:有些学生对学习感到厌烦,对学习失去信心和兴趣,寻求其他刺激而违反课堂纪律。感到厌烦的原因在于教学内容不适合学生的程度和水平,太难或太容易,或者教师的教学方法过于单调,令学生觉得乏味。

挫折:有些学生在课堂教学中经常遭受挫折和失败,例如,考试不及格、挨老师批评、受同学嘲笑、回答不出问题等,从而产生紧张和焦虑情绪。紧张积累到一定程度就会导致发泄、寻衅闹事,有的学生则可能采取逃避方式回避批评、嘲笑等不利于自己的情境。

寻求注意与地位:有些学习差的学生发现自己在学习方面不可能得到教师和同学们的注意和认可,并发现在课堂教学中,教师为了维持教学秩序对问题行为比较注意,于是就故意以问题行为来引起教师和同学们的注意,以赢得自己在班级中的地位。对于这类学生,教师越表现出气愤,他心里越得意,因为他受到的注意就越多。

认知偏差或无知:有些学生把扰乱课堂纪律看成是"勇敢"、"有个性"、"有能力"的表现,为了证实自己具有这些品质,而表现出问题行为。还有些刚入学或刚换学习环境的学生,在课堂表现出问题行为是因为对规则的无知,不了解相应的课堂规则。

过度活动:产生问题行为的学生常有情绪冲突,容易对刺激产生一种过于敏感或过度反应的倾向,比一般学生更情绪化、更冲动,容易产生敌对性和破坏性的行为。有一部分学生的过度活动是由于脑功能轻微失调造成的,也称为"多动症",表现为注意力涣散、活动过度、学习困难。对于这类学生要通过热情交往帮助他们掌握控制冲动的方法,而不要轻率地滥用利他林等药物控制行为。

另外,有研究发现,问题行为与学生的性别也有关系,男生比女生表现出更多的问题行为。

(2) 教师方面的原因

课堂里发生的问题行为,看上去是学生的问题,实际上也与教师有关,一概归咎于学生是不客观的。学生对课堂教学的厌烦与挫折情绪就直接与教师有关。例如,教师所选教材的内容、难度与学生的能力不相适应;教学方法单调乏味;教师对学生限制过多或放任自流;在课堂上造成过分强烈竞争气氛,让学生经常处于过分焦虑之中;滥用惩罚特别是体罚,处理问题简单粗暴,导致学生产生怨恨或恐惧情绪;教师情绪冲动,经常愤怒或激动,拿学生当出气筒等,这些都会诱发学生产生各种问题行为。

3. 课堂问题行为的调控与处理

(1) 建立良好的教学环境

建立良好的教学环境是一种从宏观上调控问题行为的一种策略。任何活动的发生都必须具备一定的条件和背景,在特定的时间和空间内进行,教学活动也不例外。我们把教学活动赖以发生的各种主观和客观的背景,统称为教学环境。狭义的教学环境指教学活动所处的客观物理环境,如教室色彩、教室布置、教学设备等;广义的教学环境还包括教学过程中人与人、人与物理环境相互作用而产生的心理环境,如师生关系、同伴关系、课堂气氛、班风等。心理环境对教学的影响比物理环境更深刻、更稳定。不良的物理环境有可能引发问题行为,但对问题行为影响更大的是心理环境。一个学生,如果师生关系紧张,同伴关系恶劣,得不到他人的尊重和认可,就很容易出现问题行为。总之,良好的教学环境有助于形成良好的纪律,减少问题行为的发生。教师应致力于营造愉快、和谐、有序的课堂气氛,建立融洽的人际关系,对于有问题行为的学生给予尊重和理解,创造机会使他们在班集体中发挥自己的才能,提高他们在班级中的地位。

(2) 积极开展心理辅导

心理辅导是教师运用心理学、教育学等专业知识和技能,通过心理知识教育、心理训练、心理咨询等途径,对学生心理方面的问题给予启发、帮助、教育和训练的过程。它通过调整学生的认知、调节学生的情绪、塑造学生的人格来改变学生的外部行为。心理辅导工作和思想政治工作一起,已经成为现代学校的重要组成部分。

课堂问题行为的背后往往隐藏着深层的心理危机、自我认识偏差或人格障碍。如果教师只是单纯地制止或惩罚,而不去深入分析行为背后的心理原因,不进行细致的心理辅导,可能会“治标不治本”,甚至会导致更严重的问题行为。因此,我们应该面向全体学生开展积极、主动的心理辅导,从学习、人格、生活等各个方面给予学生帮助和支持,从而预防问题行为的发生,做到未雨绸缪、防微杜渐。特别是对那些社会处境不良的学生、生活发生了重大变故的学生、自我期望偏高而又屡遭挫折的学生,应重点实行早期干预。

(3) 进行必要的行为矫正

面对一些有较严重问题行为的学生,可以运用行为矫正法。如果说心理辅导是面向全体学生的,重在预防和发展,那么行为矫正则是针对有行为问题的学生,重在治疗与重建。行为矫正法是根据学习的理论,运用条件反射的原理,对有问题行为的学生进行反复训练,以达到矫正不良行为、形成良好行为的方法。这种方法的理论假设是:一切行为都是学习得来的,因此是可以改变的。常用的行为矫正法有正强化、负强化、惩罚、消退、模仿、代币制等。运用行为矫正法时,先制定行为目标,学生达到目标就予以强化。例如,可以将学生每日的行为记录下来,根据每日的表现决定是表扬还是惩罚。

运用行为矫正法时,要注意不能损害学生的身心健康,不能为了矫正一种行为而给学生的心理带来其他伤害,例如,有的教师让扰乱课堂的学生长时间地站在教室外面,虽然能维持课堂秩序,但无意之中损害了学生的心理健康,会带来新的问题。实施行为矫正需要学生和家长的密切配合,如果学生和家长不了解行为矫正的目标,便无法与教师合作;如果教师所运用的强化物不符合学生的需要,则其强化效果不佳,容易半途而废。因此,要让学生及其父母明白实施的程序和目的,认识矫正的性质。同时,要慎重选用矫正方法,选用对学生具有最大效果和最小伤害的方法,如多用奖励等正强化法,少用惩罚等方法。

行为矫正法并不是万用灵丹,不可能矫正所有的问题行为。对于复杂问题行为的改变,行为矫正法的效果并不显著。因为复杂的问题行为常常受多种因素的影响,单纯用改变外部行为的办法较难奏效,必须进行深入细致的心理辅导和思想教育,从改变认知、情绪、人格、信念、价值观、世界观等方面入手。

(4) 恰当运用控制技巧

课堂里往往存在积极的、中性的和消极的 3 种行为。积极的课堂行为指与促进课堂教学目的的实现相联系的行为。中性的课堂行为是既不促进又不干扰课堂教学的行为,例如,静坐在座位上但不听课、出神地望着窗外、在纸上乱写乱画等。消极的课堂行为则是那些明显干扰课堂教学的行为,如喧闹、戏弄同学、扮小丑和顶撞教师等。尽管中性行为影响了学生本身的学习,但毕竟没有干扰其他同学的学习,因此教师不宜在课堂上停止教学而公开指责他们,以避免使其成为全班学生的注意中心。教师可以采用一些控制技巧,把中性行为转变为积极行为,例如以下几种。

给予信号：在问题行为刚刚开始时，教师可使用凝视、摇头、静场数秒、小声咳嗽等信号暗示学生停止。

邻近控制：可走近有问题行为的学生或站在他身旁，或用手轻拍其背，或轻声提醒，或提问此同学邻近的同学等方式控制其行为。

向其发问：向有问题行为倾向的学生提问，集中其注意力。

排除诱因：对分散学生注意力的书籍、玩具可以暂时拿开，以消除诱因。

使用幽默：使用幽默纠正不良行为，没有恶意，可缓和课堂气氛，不会使学生产生反感。

课后谈话：下课之后，找那些有问题行为的学生谈话，使其端正态度。

对于消极的课堂行为，采用直接命令、明确制止和适当惩罚等方法都是必要的。

思考活动

1. 什么是课堂气氛？你喜欢怎样的课堂气氛？
2. 如何对差生传递积极的教师期待？
3. 假如一个学生经常有上课捣乱的行为，你觉得可能有哪些原因？

专题小结

课堂气氛和课堂纪律是课堂管理的重要内容。良好课堂气氛的建立要注意以下几点：采取民主型的课堂领导方式，建立和谐的人际关系，实现良好的课程运作，建立积极的教师期待，维持适度的焦虑水平。课堂纪律的有效管理可以从以下几个方面入手：合理的课堂情境结构，良好的课堂教学结构，恰当的表扬与惩罚，灵活的暗示与提醒。当出现课堂问题行为时，要及时进行调控和处理。

专题三 教师心理

专题导读

在学生的成长过程中，教师起着主导作用，因此教师经常被誉为人类灵魂的工程师。而要成为一名合格的灵魂工程师，不仅需要了解学生的心理规律，而且也要认识自身的心理特点，提高自身的心理素质。教师的心理素质直接影响着教学工作的顺利实施和学生的健康发展。一个不懂教师心理或自身心理不太健康的人，很难成为一名合格的教师。本专题主要内容包括：教师的职业角色；教师的心理品质；教师的威信；教师的心理健康。

一、教师的职业角色

有时我们可以听到学生这样的评价：“这个老师一点都不像老师。”什么是像，什么是不像，这就牵涉到教师的职业角色问题。每一个社会成员都在扮演着各种社会角色，而职业角色是最为常见、与人们的实际生活关系最为密切、同时也是文化色彩最为浓厚的社会角色之一。教师是一种崇高的社会职业,要想成为一名好教师,就必须了解教师的职业角色,了解社会上对教师的角色期待,产生相应的角色意识,表现出符合教师角色的行为。否则,就会成为一个"不像老师"的老师。

(一)对教师的角色期待

一个教师如果整天和学生嬉戏打闹,会被指责为"没有教师样",也就是说他的行为不符合社会对教师的角色期待。虽然不同的社会群体对教师的角色期待有些差异,但主要内容却是共同或相似的,这是由教师职业的基本特征和基本职责决定的。教师的根本任务是教书育人,教师的核心职责是培养合乎社会需要的全面发展的人才。由此分析,我们认为,教师在学校应当充当学习的指导者、行为规范的示范者、心理辅导者、班集体活动的领导者和教育科研者这5种角色。

1. 学习的指导者

学生的学习不是一个被动的接受过程,而是一个积极主动的知识建构过程,因此,教师并不是知识的灌输者,而是学习的指导者。这一角色要求教师指导学生掌握基础知识和基本技能,指导学生在获得科学知识的同时,学会如何学习并发展各种能力,从而保证在未来的社会生活中能够不断扩充知识。有人说过,未来的文盲不是不能阅读的人,而是没有学会学习的人。如果仅仅把教师看成是一个知识的灌输者,那么培养出来的学生很有可能成为未来的文盲。而如果要求教师成为学习的指导者,教师就会重点培养学生学会学习的能力。这一角色期待既突出了学生的主体地位,又尊重了教师的主导作用。

2. 行为规范的示范者

在培养学生道德品质和人格特征的过程中,教师不但要指导学生掌握社会价值观念和行为规范,更要充当示范者的角色,成为学生的表率。对于学生而言,一个成功的教师无疑是他们崇拜与模仿的对象,教师作为社会价值和道德准则的传递者,极易被学生看成是具有这些价值和准则的人。如果教师的行为能与自己的教育相吻合,学生容易受到积极的影响,否则,就会让学生产生困惑或对抗的心理。学高为师,身正为范,教师应努力让自己成为一个"模范公民"。凡是要求学生做到的,教师应该尽量首先做到。当然,教师也是生活在现实生活中的人,不是神,不可能没有缺点,没有必要把自己装扮成完美的人,那样反而会降低自己的威信。但对于自己的缺点,要努力去改正,在学生面前树立坦诚、积极的形象。

3. 心理辅导者

学生的成长过程也就是心理逐渐成熟的过程,在这一过程中,必然会产生各种心理困扰,出现各种心理障碍。现代社会节奏加快,竞争增强,学生的心理压力增大,心理问题也有增多的趋势。因此,现在越来越重视学生的心理教育。尽管现在不少中小学有了专职的心理辅导老师,但面对众多的学生,1~2名心理辅导老师显然是力不从心。只有每一位教师都能有意识地充当心理辅导者的角色,才能真正提高学生的心理素质。从某种意义上说,一个优秀的教师必然也是一个优秀的心理辅导者。这一角色要求教师在教育过程中,多从学生的“心理”这一层面加以考虑,创造一种宽容、和谐的心理气氛,多倾听学生内心的苦闷和烦恼,及时发现和主动帮助那些有心理障碍的学生。为了有效地进行心理辅导,教师需要掌握有关心理辅导的基本知识、方法和技能。

4. 班集体活动的领导者

苏联教育家马卡连柯说过:“最主要的教育手段就是良好的教师集体和组织完善的学生集体。”集体本身就是一种非常重要的教育力量。充分发挥班集体的作用有赖于教师的领导,特别是班主任的领导。要充当好领导者的角色,首先,要求教师在课堂教学中建立良好的课堂秩序,培养学生自觉遵守纪律的习惯;其次,要求教师组织和培养好班集体,确定班级共同目标,注意选择学生干部,培养积极分子,形成有力的领导核心,培养优良的班风。

5. 教育科研者

作为一个现代教师,必须结合自己的工作开展一些教育科学研究,不仅要自觉运用先进的教育学、心理学的理论指导教学,而且要善于把教学实践经验上升到理论,努力成为“科研型”的教师,而不要仅仅成为一个教书匠。充当好这一角色,要求教师具有探讨问题的意识和创新精神,不仅要具有扎实的专业知识,而且要掌握先进的教育理论和教育科研方法。

(二)教师角色意识的形成

教师角色意识的形成过程可以分为3个阶段。

第一阶段是角色认知,表现为了解教师角色所承担的社会职责和行为规范,能够将教师所充当的角色与社会上的其他职业区分开来,懂得哪些行为是恰当的,哪些行为是不恰当的。在一个人正式成为教师之前就可以达到这个阶段。

第二阶段是角色认同,表现为通过亲身体验接受教师角色所承担的社会职责,并用以控制和衡量自己的行为。对角色的认同不仅是在认识上了解了教师角色的行为规范,而且在情感上有了体验。对教师角色的认同是在一个人正式充当了这一角色后才开始具有的。

第三阶段是角色信念的形成,表现为将教师的社会期望转化为个体的心理需要。这时教师坚信自己对教师职业的认识是正确的,形成了教师职业特有的自尊心和荣誉感。

教师角色意识的形成是在教师的教育实践过程中逐步形成的。在从角色认知转化为角色信念的过程中,实践活动非常重要。长期的教育实践会使大部分教师认识到教师职业的社会价值,将社会的角色期待转化为自己的心理需要。

二、教师的心理品质

心理品质是指一个人在心理过程和个性心理特征两个方面所表现出来的本质特征。教师对学生的影响,不仅依靠教师的专业知识,也有赖于教师的心理品质,教师是以自己一切品质的总和来接触和影响学生的。因此,教师应该不断培养和发展自己有利于教育工作的心理品质。我们重点分析一下教师的教学能力、教学监控能力与教师的效能感。

(一)教师的教学能力

教学是教师最主要的活动形式。教学能力是教师在工作中形成的特殊能力,它直接影响教学效果,是教师必须具备的。研究表明,教师教学能力的发展水平是影响学生学习成绩的最敏感的指标。教师的教学能力主要包括以下几个方面。

1. 专业知识

教师的专业知识既包括学科知识,又包括实践知识。学科知识是指教师所教的某一学科的内容;实践知识是指教师在面临实现有目的的行为中所具有的课堂情景知识以及与之相关的知识,即如何传授学科知识的知识。研究者发现,实践知识具有 5 个特点:①依赖内容和学生等具体情境;②经常以案例的形式记忆;③是一种跨学科的综合知识;④是一种熟练后得以自动化的知识;⑤有很多知识产生于教师个体的经验。

2. 组织教材的能力

教师组织教材的能力是指那些区分教材中最本质的以及最主要的内容,并根据学生的理解水平对教材进行分析综合、加工改组,将教材恰当地概括化、系统化的能力。它包括:充分理解教材的知识内容,使之转化为教师自身的知识;明确教学目的的要求和重点,使之成为教师教学的指导思想;根据教学目的要求,确定可行的教学方法和步骤。

3. 言语组织和表达能力

言语组织和表达能力是影响教师教学效果的重要因素。教师良好的言语表现为简练准确、形象生动、逻辑严密、词汇丰富、语句不长、停顿适当、符合学生理解水平和年龄特征等方面。例如,低年级学生由于思维发展的具体性和富于情感色彩的特点,需要教师的言语更富有情感和表现力;而年龄较大的学生由于逻辑思维的发展,更注意教师言语的逻辑性和说服力。

4. 组织教学的能力

这是指教师在课堂教学中,利用各种积极因素,控制或消除学生消极情绪和行为的能力。通过教学组织能力的运用,克服课堂信息传递过程中的种种干扰,控制学生的注意力,调节课堂气氛,调动学生积极性,以保证教学的顺利进行。

5. 教学媒体使用能力

现代教学媒体因其信息量大、丰富的表现力等特点,在教学中起着提高教学质量和教学效率的积极作用。教师除具有使用黑板、挂图等传统教学媒体的能力之外,还必须掌握现代多媒体技术。

(二)教学监控能力

1. 教学监控能力的含义与结构

教学监控能力是教师在教学过程中,为成功地实现教学目标,以教学活动为监控对象,不断对其进行主动的计划、监视、检查、评价、反馈、控制和调节的能力。在具有一定的学科知识之后,教学监控能力成为影响教学效果的关键性因素。

教学监控能力主要由以下 4 个因素构成。

(1) 课前的计划与准备:指上课前,教师应明确所教课程的内容、学生的兴趣和需要、学生的发展水平、教学目标、教学任务以及教学方法,并预测教学中可能出现的问题与可能的教学效果。这是教师进行教学监控的前提。

(2) 课堂的反馈与评价:指课堂中,教师对学生的反应的敏感性和批判性,以及对发现问题的解释和分析。评价和反馈是教学监控能力的基础,教师的教学监控过程都是从他对教学活动的反思、评价和反馈开始的。

(3) 课堂的控制与调节:指在课堂中,教师有意识地、自觉地对自己的教学活动进行调节和修正,使之达到最佳效果,能最大限度促进学生的发展。

(4) 课后的反省:在一堂课或一个阶段的课上完后,教学监控能力高的教师会对自己已经上过的课进行回顾和评价,仔细分析自己的课在哪些方面很成功,在哪些方面还有待改进;而教学监控能力差的教师一般不能认真考虑这些问题。

2. 教学监控能力的培养

教学监控能力不是先天形成的,而是在长期的教学活动中逐渐形成和发展起来的,它也可以通过有意识地培养和训练而得到提高。提高教学监控能力的主要训练技术有如下几种。

(1) 角色改变技术:通过强化教师的教学科研意识和对实验目的的理解,使教师形成正确的教育观念,提高其参加教育实验和教育科研的自觉性和主动性,从而自觉地实现角色的转变。其内容包括专家讲座、听观摩课、参加教育科研工作,并要求教师围绕本班学生设计一个小实验,最终写出自己的研究报告。从根本上说,采用角色改变技术,其实质在于促进教师自我意识的提高,尤其是对自己教学活动的自我意识的提高,而教学监控能力的实质就是教师对自己教学活动的自我意识,因此,角色改变技术用于教学监控能力的培养是有效的。

(2) 教学反馈技术:其目的是使教师对自己教学各环节有一个准确而客观的认识,正确评价自己的教学效果和学生的学习状况。这是教师形成教学监控能力的基础,教学监控过程都是从教师对教学活动的反思与评价开始的。可以采取的教学反馈技术包括许多形式。从反馈来源上分,有自我反馈、专家反馈、学生反馈、同行反馈等;从反馈形式来看,有现场言语反馈、摄像反馈、测验反馈等。

(3) 现场指导技术:这种技术可以帮助教师针对不同教学情景,选用最佳的教学策略,以达到最佳的教学效果,使其最终能达到对自己课堂教学的有效调节和校正。这也是我们培养教师教学监控能力的根本目的所在。

(三) 教师的效能感

效能感是个人对自己进行某一活动能力的主观判断。这一概念来源于美国心理学家班杜拉的自我效能理论。班杜拉认为,效能感的高低会影响一个人的认知和行为。一个人的效能感越强烈,所采用的行为就越积极,努力程度就越大越持久,同时情绪也越饱满。

教师的效能感是指教师对自己影响学生学习行为和学习成绩能力的主观判断。这种判断会影响教师对学生的期待、对学生的指导等,从而影响教师的工作效率。例如,面对一个成绩差、品行不良的落后生,有的教师觉得自己有能力转化他,他就会采取积极的态度,努力运用各种方法来帮助该生;而有的教师觉得自己没有能力转化这个学生,他就会对这个学生被动应付或听之任之,不做努力。

教师的教学效能感可分为一般教育效能感和个人教学效能感两个方面。一般教育效能感是指教师对教育在学生发展中的作用等问题的一般看法和判断,即教师是否相信教育能够克服社会、家庭及学生本身素质对学生的消极影响,有效地促进学生健康发展。教师的个人效能感是指教师认为自己能够有效地指导学生,相信自己具有教好学生的能力。

扩展阅读

教师教学效能感量表

个人教学效能感测题

1. 我能根据大纲吃透教材。

2. 我常不知道怎么写教学计划。

3. 我备课总是很认真、很详细。

4. 我能解决学生在学习中出现的问题。

5. 课堂上遇到学生捣乱,我常不知道该怎么处理。

6. 某个学生完成作业有困难时,我能根据他的水平调整作业。

7. 我能很好地驾驭课堂。

8. 某个学生不认真听讲,我常没有办法使他集中注意力。

9. 只要我努力,我能改变绝大多数学习困难的学生。

10. 我不知道该怎么与家长取得联系。

11. 要是我的学生成绩提高了,那是因为我找到了有效的教学方法。

12. 对于那些"刺儿头"学生,我常束手无策,不知道该怎么帮助他们。

13. 如果学校让我教一门新课,我相信自己有能力完成它。

14. 如果一个学生前学后忘,我知道如何去帮助他。

15. 如果班上某学生变得爱捣乱,我相信自己有办法很快使他改正。

16. 如果学生完不成课堂作业,我能准确地判断是不是作业太难了。

一般教育效能感测题

1. 一个班上的学生总会有好有差,教师不可能把每个学生都教成好学生。

2. 一般来说,学生变成什么样是先天决定的。

3. 一般来说,学生变成什么样是家庭和社会决定的,教育很难改变。

4. 教师对学生的影响小于家长的影响。

5. 一个学生能学到什么程度主要与他的家庭状况有关。

6. 如果一个学生在家里就没有规矩,那么他在学校也变不好。

7. 考虑所有因素,教师对学生成绩的影响力是很小的。

8. 即使一个教师有能力,也有热情,他也很难同时改变许多差生。

9. 好学生你一教他就会,差生再教也没用。

10. 教师虽然能提高学生的成绩,但对学生品德的培养没有什么好的办法。

由图 8－1 可知,教师的效能感是通过影响教师行为而对学生自我效能及学习能力与成绩起作用的,而学生自我效能和学习能力与成绩是相互影响、相互作用的。

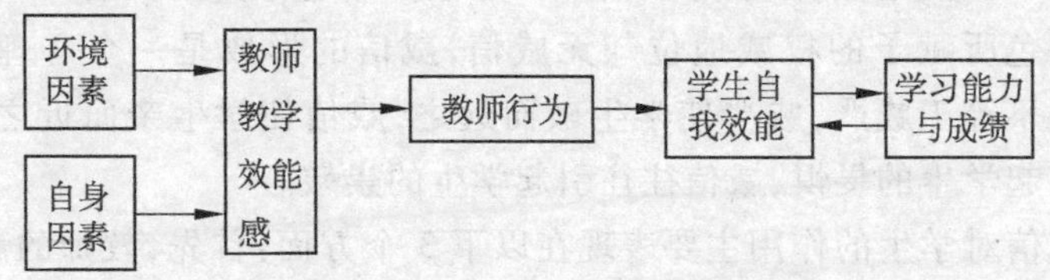

图 8－1　教师教学效能感作用模式图

教师效能感会在以下 3 个方面影响教师的行为。第一,影响教师在工作中的努力程度。效能感高的老师相信自己的教学活动能使学生成才,会投入很大的精力来努力工作;在教学中遇到困难时,也能够坚持不懈,勇于向困难挑战。效能感低的教师则认为家庭和社会对学生影响很大,自己的影响则很小,不管如何努力,收效也不会大,因而常放弃自己的努力。第二,影响教师在工作中的经验总结和进一步的学习。效能感高的老师为了提高自己的教学效果,会注意总结各方面的经验,不断学习有关的知识,进而提高自己的教学能力;而效能感低的老师由于不相信自己在工作中会取得成绩,便难以做到在教学中不断积累、总结和提高。第三,影响教师在工作中的情绪。效能感高的教师在工作中精神饱满、热情洋溢、心情愉快,因而工作效率高,教育效果好;效能感低的老师感到不能胜任工作,常常感到焦虑和紧张,陷入烦恼之中。

由图 8－1 还可看出,影响教师效能感的因素有外部环境因素和教师自身因素。外部因素包括社会风气、为教师发展提供的条件、人际关系等;内部因素主要包括教师的教育观和自信心。外部因素对教师效能感的影响是通过内部因素起作用的。如何提高教师效能感呢?应该从两大因素入手。从外部环境来看,在社会上要树立尊师重教的良好风气,提高教师的社会地位和经济地位;在学校内要建立一套完善的制度,满足教师发展的需要,营造良好的人际氛围。从教师自身来看,要形成科学的教育观,增强自信心。

思考活动

1. 教师的各个角色之间会有冲突吗?试举例说明。

2. 教师的效能感对教师的行为有什么影响?

3. 如何理解个人教学效能感和一般教育效能感?你认为刚参加工作的老师是个人教学效能感高,还是一般教育效能感高?

三、教师的威信

教师要成功地扮演自己的角色,就需要较高的威信。有威信的教师在学生心目中拥有崇高的地位,能赢得学生的尊敬和信赖,对学生具有较大的影响力。

（一）教师威信的含义及作用

威信是指教师所具有的一种使学生感到尊敬而信服的精神感召力量。它是通过教师的人格、能力、学识及教育艺术在学生心理上所引起的信服和尊敬的态度。威信和权威不同。教师角色决定了教师在学生面前居于权威地位，但教师威信并不是教师角色本身所具有的，有的教师有角色所赋予的权威地位却无威信，威信的形成是一个心理过程。威信也不等于威严，威严使学生敬而远之，威信使学生亲而近之；威严往往引起学生的畏惧，威信往往引起学生的崇敬。

威信对学生的作用主要表现在以下 3 个方面：首先，教师的威信是学生接受其教诲的前提。同样一句话，一个有威信的教师说出来比一个没有威信的教师说出来更能让学生接受。学生确信有威信教师的指导是正确的和真实的。其次，有威信的教师能唤起学生积极的情感体验，他们的表扬能引起学生的愉快和自豪感，激发学生进一步努力的愿望；他们的批评能引起学生的自责和内疚，从而使学生自觉地改正缺点和错误。最后，有威信的教师能被学生视为理想的榜样和行为楷模，产生向教师模仿的意向，使教师发挥更大的教育力量。

（二）教师威信的形成

教师威信的形成受到很多因素的影响，有外部因素，也有教师自身的因素，其中教师自身因素起着决定性的作用。从外部因素来看，教育行政机关、学校领导和家长对教师威信的形成都有很大的影响。例如，如果一个家长经常在孩子面前评论某个教师的缺点，就会影响这个教师在孩子心目中的威信。从教师自身的因素来看，以下几个方面在威信形成中具有重要作用。

1. 良好的思想品质和心理品质是教师获得威信的基本条件

在思想品质上，学生喜爱那些热爱教育事业、热爱学生、认真负责、有道德修养、作风正派、言行一致、以身作则的教师。在心理品质上，那些具有良好的认知能力、教学能力和人格特征的教师更易受到学生爱戴。学生喜欢那些知识渊博、教学方法好、讲课生动、表达力强、热情开朗、平易近人、作风民主的教师。教师高超的教学技能与丰富的专业知识对威信的建立起着很大的作用。

2. 教师的仪表、作风与生活习惯，是教师获得威信的必要条件

教师的仪表是教师精神面貌的体现，它对学生心理具有一定影响，特别是对年龄较小的学生影响更大。如果一个教师不修边幅、举止粗俗或奇装异服、招摇过市，都会有损自己的威信。端庄的仪表、得体的打扮、文明的举止，都会引起学生的敬重和好感。教师的作风和生活习惯是指其在日常工作和生活中表现出来的比较稳定的行为方式。例

如,有的教师作风轻浮,有的教师卫生习惯不好,有的教师在上课时有抠鼻、眨眼、抖腿等习惯动作,这都会损害教师的形象。这样的教师不但很难获得威信,而且往往成为学生取笑的对象。

3. 师生平等交往对教师威信获得具有重要影响

教师的威信是在长期与学生平等交往的基础上形成的。一方面,学生容易产生近师亲师信师的心理效应;另一方面,教师主动关心、爱护、理解学生,满足学生的合理需要,则师生感情就融洽,教师的威信就能迅速在学生中建立起来。那些原先在学生中威信不高的教师,如果能努力改变与学生的交往态度,平等对待学生,那么,他的威信也可能随师生交往的增强而提高。反之,已在学生中建立威信的教师如果不平等对待学生,为了维护自己的威严而不恰当地运用威信,与学生关系疏远,他的威信就会下降甚至丧失。

4. 教师给学生留下的第一印象也会影响威信的形成

第一印象是指初次见面获得的信息,它对印象形成具有重要影响,它是深刻而且难忘的。第一印象好,学生对教师以后的言行常常往好的方面解释;第一印象不好,学生往往会大失所望,常从不好的方面解释教师的言行,教师威信就很难形成。而且,今后要纠正不良的第一印象,需要花费较大的力气。所以,教师必须高度重视第一次与学生见面,力求第一次见面就树立初步的威信。

5. 教师要珍惜"自然威信"

所谓自然威信是指在师生交往的初期,由学生对教师自发的信任和尊敬而产生的威信,是教师职业本身所带来的一种不自觉的威信。教师这一角色赋予了教师一定的权威、权力和影响力,在此基础上形成了所谓的"自然威信"。自然威信极不稳定,随着学生对教师了解的深入而发生变化。如果滥用自然威信,会引起学生反感,最终势必丧失威信。相反,如果能在自然威信的基础上,运用自己的学识、人格去赢得学生发自内心的尊敬和爱戴,就会形成稳定的威信。

影响教师威信形成的因素随学生年龄的增长而表现出一些差异。刚入小学的孩子往往把教师看成是至高无上的绝对权威,教师的"自然威信"很高,教师的威信很容易建立起来。八九岁以后,才开始对教师持批判态度,有选择地对待教师,但选择的标准随年龄和教育程度的不同而表现出差异。小学生偏重于情感因素,性格开朗活泼、关心学生、讲课生动的教师容易在小学生中享有威信。中学生偏重于理智因素,具有高尚品德、学识渊博和教学能力强的教师容易在中学生中形成威信。而在大学生心目中,最有威信的教师是那些品德高尚的专家、学者,至于仪表、性格等因素不再是关注的重点。

教师威信形成后,具有一定的稳定性,但稳定是相对的。因为形成教师威信的主客观条件处于不断变化之中，只要某一方面的条件发生了较大变化，教师的威信就会受到影响。因此，教师威信形成后，不能一劳永逸，还要注意维护和发展。教师威信的维护和发展主要包括：巩固已获得的威信；发展不全面的威信为全面的威信，发展低水平的威信为高水平的威信；防止威信的下降和丧失；提高威信的教育影响力等。

四、教师的心理健康

随着社会的发展和文化的变迁，随着教育系统改革的深入，随着学生问题的复杂性和多样性的增加，教师所面临的心理压力越来越大，出现的心理问题越来越多。如果不重视教师心理健康的维护，那么不仅严重影响教师自己的学习、工作和生活，而且必然影响到学生的心理健康水平。

（一）教师心理健康的标准

1. 良好的教育认知水平

这是指教师的认识过程，它集中表现为智力或智力活动。一个心理健康的教师，能够正确认识和对待周围的事物和客观环境，使个人的行为符合社会的要求，与自然环境和社会环境保持平衡，能在教育岗位上发挥自己的能力。一个心理健康的教师，应具备从事教育工作所必需的基本能力，如敏锐的观察力、了解学生的能力、创造性地开展教育教学活动的能力等。

2. 悦纳教师职业

这是指教师角色的认识和接纳。一名心理健康的教师应该承认教师这种专业身份，并愉快地接纳这一职业，应该有足够的职业自居心理。他能理解教师这一职业的价值，热爱学生，并了解自身作为教师所具有的优势和劣势。

3. 稳定而积极的教育心境

在教育过程中，教师要保持情绪稳定，情绪反应适时、适度，情绪自控力强，能承受来自学生、家长、社会等方面的压力，保持乐观和积极的心境。虽然也有悲哀、愤怒、苦闷、焦虑等消极的情绪体验，但能进行自我调节。如果一个教师具有乐观积极的教育心境并长期稳定下来，他们就会对教育工作充满信心，对学生充满爱意，能充分发挥自己的才能。

4. 健全的教育意志

培养人才是一个艰苦的过程，在这个过程中，要求教师必须有坚强的意志，具有自觉性、果断性、自制力、坚持性等良好的意志品质。

5. 良好的教育人际关系

人际关系是否协调,是衡量一个人心理健康的重要标准。教师的教育人际关系主要表现在教师和学生的关系、教师与家长的关系、教师与领导的关系、教师之间的关系等方面。心理健康的教师乐于与人交往,能够正确处理各种教育人际关系。他能被学生、家长、同事等所理解和接受,能与他人相互沟通和交往,人际关系协调和谐。

6. 教育环境的适应与改造

心理健康的教师能对教育环境能做出客观的认识和评价,接受教育事业的新事物,适应发展、变革的教育环境,主动迎接各种困难与挑战。心理不健康的教师则逃避现实,无法适应环境,不敢面对变革,不敢创新。

(二)教师心理健康的维护

1. 有效驾驭压力

教师的职业性质决定了他们在工作中心理压力较大,很多有关教师心理健康的调查都表明了这一点。近几年来,我国教育系统的改革越来越深入,教师的心理压力也在相应增强。适度的压力能引起我们的积极反应,例如,集中注意力、激发斗志、促进思考等,压力过度则可能引起我们生理上、心理上、行为上的消极反应,产生种种身心失调的现象,这些身心失调反过来又“放大”了心理压力,造成恶性循环,最后可能导致心理危机。因此,作为教师,不仅要给学生“减负”,而且要适当给自己“减压”,学会驾驭压力。

首先,形成“压力免疫”。这是通过改变对压力的认知来帮助人们应付压力反应的方法。在应付压力之前,首先要对压力有明确的认识和接受的态度,认识到压力及其反应不是个性的弱点和能力的不足,而是人人都会体验到的正常心理现象。个体还应了解压力反应的机理,从而可以更好地觉察压力所引起的身心变化。然后,个体要学会对自己所处的情境做积极的控制和评价,形成对情境的理智反应,从而避免单纯依靠个体本能的心理防卫机制对压力情境做混乱而无效的解释与应付。例如,在改革中因怕被淘汰而焦虑时,可以做出如下陈述:“改革也许会给我带来困境,但我能控制它。”因利益受损而愤怒时,可以告诫自己“要冷静,一切会好起来的”。最后,个体要把学会的这种陈述方式和控制方法应用于实际的压力情境之中。经过压力免疫的人,面临压力时往往能有效地进行反应。

其次,采取积极的压力应付模式。面临压力,不同的人会采取不同的应付方式。应付即指人们为了防止生活压力对自己的伤害而做出的努力。有人把应付分为主动认知、主动行为和回避型应付 3 种模式。

主动认知应付模式表现为：从有利方面看待压力；回忆和吸取过去的经验；考虑多种变通方法等。主动行为应付模式表现为：不等待而采取积极行动；做有益于事态发展的事情。回避应付模式表现为：封闭情感，自我忍受等。

应付还可分为情绪定向应付和问题定向应付。情绪定向应付与我们内在的自我防御机制有关，以情绪体验和情绪表现为其特征，如伤心痛哭、借故发火、自我安慰等；问题定向应付是指去处理引起压力的事件本身，分析问题，思考解决问题的办法，最后动手解决。

心理学家研究表明，主动认知和主动行为模式能缓和压力事件所造成的不良影响，而回避模式会加重压力事件对身体的不良影响；问题定向应付比情绪定向应付更能减少身心症状和疾病。因此，教师面临压力时，要自觉调整自己，把回避模式转向主动模式，把情绪定向应付转向问题定向应付。

2. 善于调节情绪

情绪调节是个体管理和改变自己或他人情绪的过程。在这个过程中，通过一定的策略和机制，情绪在生理活动、主观体验、表情行为等方面达到良好的、适应的、可管理的状态，从而提高活动效率。教师如何调节情绪，使自己处于最佳状态呢？我们认为以下几个方面是非常关键的。

（1）学会控制情境。面对不能控制的情境，我们往往会产生情绪问题。因此，控制情境的首要一点就是要熟悉教育工作的特点，了解教育的基本过程和具体运作，了解学生的心理特点，做到“心中有数”。控制情境也包括客观分析自己，正确定位，以适应情境。

（2）运用积极认知。改变认知是一种非常重要的调节策略，认知评估是情境与情绪之间重要的中介变量。任何事情都有两面，积极的认知就是在看到事物不利方面的同时，更能看到有利的方面，这种看待问题的方式容易使人增强信心、情绪饱满。而有些教师在看问题时容易“想不开”，使情绪也陷入低落。其实，变换一种看问题的角度，会使自己有完全不同的感受。

（3）注意行为调节。不良情绪已经发生的时候，可以通过一些行为上的改变而加以调控。也许这些行为是琐碎的，但却是获得良好情绪的有效途径。例如，参加文体活动；改变面部表情，对自己微笑；改变行走姿势，抬头挺胸，昂首阔步；进行肌肉放松训练；听听音乐；整理书桌或衣柜，让一切井井有条；找个朋友尽情地倾诉；散散步做做深呼吸；计划一次远行等。这些行为能宣泄情绪，或转移注意力，或产生积极暗示。

3. 主动寻求社会支持

寻求社会支持是我们应付压力和调节情绪的有效手段。当个体受到压力威胁时，他人的帮助和支持可以使我们恢复信心。研究表明，社会支持水平会直接影响个体的心理健康水平，社会支持水平越高，心理健康水平越高，主观幸福度越高，心理症状越少。因此，教师要重视家庭生活，重视和亲朋好友的交往，乐于合群。

上述方法都是教师从自我心理调适的角度入手。但要使教师心理健康，单凭自我调适还是不够的。学校有责任和义务帮助教师更好地适应教育环境，促进心理健康。因此，学校应有目的、有计划地对教师开展心理健康教育，并把它纳入到管理措施之中。

如何对教师进行心理健康教育呢？从广义上来说，应该在学校内部营造一种良好的心理环境，这种环境能促使人们不断地进行自我调适，促进人们的心理健康。良好心理环境的营造，与学校的方方面面都有关系，如物质条件、规章制度、管理措施、工作职责、人际关系等，总之，做任何事情，多从“心理”这一层面加以考虑。从狭义来看，心理健康教育要求我们针对教师，有组织、有计划地进行一些心理测验与调查、开展心理咨询和心理辅导、举行心理讲座或座谈会、增加教师心理宣泄的途径等，提高教师的心理素质，促进教师的心理成长。

专题小结

教师的职业角色、教师的心理品质、教师的威信、教师的心理健康是教师心理的重要内容。一个好教师要有良好的角色意识，完成多种角色行为；要不断提高教学能力、教学监控能力与教学效能感；要注重威信的形成和维护自身的心理健康。

思考与练习

一、名词解释

1. 先行组织者：
2. 教师的效能感：
3. 教师的威信：
4. 教学监控能力：

二、填空题

1. 规则教学有两条最基本策略：__________和__________。

2. 教师的教学效能感可分为一般教育效能感和__________两个方面。

3. 教学监控能力包括课前的计划和准备、__________、__________

和课后的反省。

4. 一般我们把教师的领导方式分为3类：权威型、__________和__________。

5. 先行组织者的概念是由美国心理学家__________提出来的。

三、简答题

1. 如何建立良好的课堂气氛？

2. 如何对课堂纪律进行有效管理？

3. 教师的效能感对教师行为有何影响？

四、论述题

1. 试举例说明如何调控和处理课堂问题行为。

2. 联系教师常见的心理问题谈谈如何维护教师的心理健康。

推荐书目与文章列表

[1] 刘电芝. 学习策略研究[M]. 北京:人民教育出版社,2001.

[2] 卢家楣. 学习心理与教学[M]. 上海:上海教育出版社,2000.

[3] 卢秀安. 现代心理教育[M]. 广州:广东高等教育出版社,2002.

[4] 伍新春,张军. 教师职业倦怠预防[M]. 北京:中国轻工业出版社,2008.

参考文献

[1] 陈筱洁．初中生常见心理问题及疏导[M]．广州:暨南大学出版社,2006.

[2] 樊富珉,王建中,等．当代大学生心理健康教程[M]．武汉:武汉大学出版社,2007.

[3] 泛珠三角地区九所师范大学联合编写．现代心理学[M]．广州:暨南大学出版社,2006.

[4] 何先友．青少年发展与教育心理学[M]．北京:高等教育出版社,2009.

[5] 黄希庭．心理学[M]．上海:上海教育出版社,1997.

[6] 贾晓明．大学生心理健康[M]．北京:北京理工大学出版社,2006.

[7] 蒋有绪,郭泉水,马娟．中国森林群落分类及其群落学特征[M]．北京:科学出版社,1998.

[8] 金盛华．社会心理学[M]．北京:高等教育出版社,2005.

[9] 林崇德,辛涛．智力的培养[M]．杭州:浙江人民出版社．1996.

[10] 刘电芝．学习策略研究[M]．北京:人民教育出版社,2001.

[11] 刘儒德．教育中的心理效应[M]．上海:华东师范大学出版社,2006.

[12] 刘学兰．中学生心理健康教育[M]．广州:暨南大学出版社,2012.

[13] 刘学兰,何先友．中小学生学习辅导[M]．广州:广东高等教育出版社,2004.

[14] 刘勇．团体心理辅导与训练[M]．广州:中山大学出版社,2007.

[15] 卢家楣．学习心理与教学[M]．上海:上海教育出版社,2000.

[16] 卢秀安．现代心理纲要[M]．广州:广东高等教育出版社,2002,

[17] 卢秀安．现代心理教育[M]．广州:广东高等教育出版社,2002.

[18] 卢秀安,陈俊,刘勇．教与学心理案例[M]．广州:广东高等教育出版社,2002.

[19] [美]艾伯特·艾利斯．别和自己过不去[M]．北京:中信出版社,2004.

[20] [美]查普林克·J. P.,拉威克·T. S,等．心理学的体系和理论[M]．林方译．北京:商务印书馆,1984.

[21] [美]戴维·迈尔斯．社会心理学[M]．侯玉波译．北京:人民邮电出版社,2006.

[22] [美]H. 加德纳著．智力的重构——21 世纪的多元智力[M]．霍力岩等译．北京:中国轻工业出版社,2004.

[23] [美]理查德·格里格,菲利普·津巴多著．王垒,王甦等译．心理学与生活[M]．北京:人民邮电出版社,2003.

[24] [美]Phillip. L. Rice 著．健康心理学[M]．胡佩诚等译．北京:中国轻工业出版社,2000.

[25] [美]Roger. R. Hock 著．改变心理学的 40 项研究[M]．白学军等译．北

京:中国轻工业出版社,2004.

[26] [美]R. A. 巴伦,D. 伯恩,等. 社会心理学[M]. 黄敏儿,王飞雪等译. 上海:华东师范大学出版社,2004.

[27] [美]R. J. 斯腾伯格等著. 成功智力教学——提高学生的学习能力与学习成绩[M]. 张庆林等译. 北京:中国轻工业出版社,2002.

[28] [美]S. E. Tayler, L. A. Peplau, D. O. Sears 著. 社会心理学[M]. 谢晓非等译. 北京:北京大学出版社,2006.

[29] [美]斯皮尔曼. 人的能力:它们的性质与度量[M]. 袁军译. 杭州:浙江教育出版社,1999.

[30] 莫雷. 心理学[M]. 广州:广东高等教育出版社,2000.

[31] 莫雷. 青少年心理健康教育[M]. 上海:华东师范大学出版社,2003.

[32] 莫雷,温忠麟,陈彩琦. 心理学研究方法[M]. 广州:广东高等教育出版社,2007.

[33] 彭聃龄. 普通心理学(修订版)[M]. 北京:北京师范大学出版社,2001.

[34] 乔建中. 情绪研究:理论与方法[M]. 南京:南京师范大学出版社,2003.

[35] 钱铭怡. 变态心理学[M]. 北京:北京大学出版社,2006.

[36] 强海燕. 性别差异与教育[M]. 西安:陕西人民教育出版社,2000.

[37] 全国十三所高等院校《社会心理学》编写组. 社会心理学[M]. 天津:南开大学出版社,2008.

[38] 沙莲香. 社会心理学[M]. 北京:中国人民大学出版社,2002.

[39] 申荷永. 社会心理学[M]. 广州:暨南大学出版社,1999.

[40] [美]舒尔茨. 现代心理学史[M]. 杨立能等译. 北京:人民教育出版社,2001.

[41] 唐红波. 心理学[M]. 广州:广东语言音像电子出版社,2009.

[42] 王登峰,张伯源. 大学生心理卫生与咨询[M]. 北京:北京大学出版社,1992.

[43] 王建平,鲍东明. 中小学生挫折教育指导[M]. 北京:中国友谊出版公司,1998.

[44] 王玲,刘学兰. 心理咨询[M]. 广州:暨南大学出版社,2005.

[45] 王玲. 心理健康教育 B 证教程[M]. 广州:广东语言音像电子出版社,2008.

[46] 伍新春,张军. 教师职业倦怠预防[M]. 北京:中国轻工业出版社,2008.

[47] 许思安. 学校心理辅导[M]. 广州:广东省语言音像电子出版社,2009.

[48] 叶浩生. 心理学史[M]. 北京:高等教育出版社,2005.

[49] 阴国恩,李洪玉,李幼穗. 非智力因素及其培养[M]. 杭州:浙江人民出版社,1996.

[50] 俞国良. 创造力心理学[M]. 杭州:浙江人民出版社. 1996.

[51] 乐国安. 社会心理学[M]. 广州:广东高等教育出版社,2006.

[52] 张春兴. 现代心理学[M]. 台湾:东华书局,1991.

[53] 张厚粲. 心理学[M]. 天津:南开大学出版社,2002.

[54] 张厚粲. 大学心理学[M]. 北京:北京师范大学出版社,2001.

[55] 张积家. 普通心理学[M]. 广州:广东省高等教育出版社,2002.

[56] 章志光,金盛华．社会心理学[M]. 北京:人民教育出版社,1996.
[57] 郑雪．人格心理学[M]. 广州:暨南大学出版社,2001.
[58] 郑雪．社会心理学[M]. 广州:暨南大学出版社,2004.
[59] 郅庭瑾．为思维而教[M]. 北京:教育科学出版社．2007.
[60] 周国韬．教师心理学[M]. 北京:警官教育出版社,1998.